El concierto de las fábulas

El concierto de las fábulas
Discursos, historia e imaginación en la narrativa cubana de los años sesenta

Alberto Garrandés

CONSEJO EDITORIAL

Luisa Campuzano　　Francisco Morán
Adriana Churampi　　Waldo Pérez Cino
Stephanie Decante　　José Ramón Ruisánchez
Gabriel Giorgi　　　　Nanne Timmer
Gustavo Guerrero　　　Jasper Vervaeke

© Alberto Garrandés, 2008, 2015
© de esta edición: Almenara, 2015

www.almenarapress.com
info@almenarapress.com

ISBN 978-94-92260-00-0

Imagen de cubierta: Gautier d'Agoty, 1746 (detalle).
Wellcome Library, London

All rights reserved. Without limiting the rights under copyright reserved above, no part of this book may be reproduced, stored in or introduced into a retrieval system, or transmitted, in any form or by any means (electronic, mechanical, photocopying, recording or otherwise) without the written permission of both the copyright owner and the author of the book.

ÍNDICE

Noticia 11

LA TRANSITIVIDAD DE LAS VANGUARDIAS, LOS AÑOS SESENTA
Y EL «EFECTO QUÁSAR»

    Uno 13
    Dos 16
    Tres 23
    Cuatro 26

LOS TEXTOS (LECTURAS EN PERSPECTIVA)

I. LA LEGITIMACIÓN DEL MUNDO INMEDIATO Y LOS MODELOS
   VIBRATORIOS DEL PRETÉRITO (MANERAS QUE TIENE LA HISTORIA
   DE INOCULARSE EN EL SUJETO)

    La vigilia de la ciudad 33
    La guerra, la paz y otros asuntos 36
    La conversión del guerrillero 39
    Policías, conspiradores y algo más 41
    Milicianos y mercenarios a orillas del mar 44
    Los años de Jesús Díaz 47
    En peligro de muerte: clandestinos, rebeldes,
    milicianos y bandidos 50
    Del claroscuro y la profundidad 53
    Las muertes del padre Urbino 58

Hombres y nombres de la guerra 61
El cirquero Kongo Kid muere junto a su león 64
Rachel come cuzcuz con las muchachas del Folies-Bergère 67
Un interlocutor ocluido 69
El diálogo con el estereotipo 73
Desvanecimiento de lo sólido en el aire 78

II. En los límites: el rizoma fantástico y la insurrección
de lo maravilloso (experiencias laterales en varios mundos)

El rey Pirro, las enfermedades del bazo y la criptozoología 85
Ezequiel Vieta: extraterritorial 87
La cuadratura del círculo 90
El minimalista Nelson Rodríguez 94
Ejercicios de estilo en el borde del espectro 96
Cuentos de horror y misterio 99
Por detrás de lo real 102
Miguel Collazo y la ciencia ficción 106
El castillo de tierra roja 109
Staccato con fuoco 113
El fantasma de la libertad y los avatares del sexo 117

III. El paisaje interior y las órbitas del hombre despierto
(el individuo contemplado desde la historia y los otros)

Episodios de una guerra civil 121
Fuera de sazón, o la necesidad de fracasar 124
Las dos hambres de Onelio Jorge Cardoso 126
El hacer y el no hacer 131
Un intérprete de Mozart 133
El retorno de Calvert Casey 137
Labia, verbosidad, palabreo 139
El adversario interior 142
Luis Dascal tiene problemas con el alcohol 145

Anatomía del fracaso.. 148
Cuatro relatos de Humberto Arenal... 152
Dora Alonso: la fábula y la verdad histórica 154
Astros y pistolas 157
Notas sobre la conducta totémica... 161
La severidad de los espejos... 164
Sobre la falta de curiosidad... 168
El factor humano 171

IV. Escenarios novelescos del Gran Gesto: la escritura
y el desafío de la Modernidad (ciertas verbalizaciones radicales)

Un triunvirato inexorable... 175
Más allá de las palabras... 178
De la entomología como ciencia oculta 181
El cimarrón y la escritura reversible... 184
Rouge Melé, o el Delphi desciende a los infiernos........................ 187
La construcción de una voz.. 190
Toda sonora ella.. 193
Una esfera armilar 197
Fray Servando, o la desproporción... 199
A modo de epílogo 205

Bibliografía 209

Para Elsy, por la entereza.
Para mi hijo, por la nobleza.

Noticia

Este libro, en lo esencial terminado de escribir hacia fines de 2004, es el resultado del deseo de enfocar un conjunto de imágenes complejas y difusas. Por un buen tiempo, sobre todo durante mi etapa de formación en tanto lector de ficciones cubanas, lo que yo veía de los años sesenta no era sino un paisaje carente de nitidez, razón por la cual resolví emprender un proceso de lecturas y relecturas en el que me sumergí por espacio de tres años. Sin embargo, entre dicha decisión y el acto mismo de ponerla en práctica transcurrió un accidentado e intenso período creativo. Los sesenta y sus fábulas se me hicieron todavía más borrosos, enmarañados y lejanos. Fue entonces cuando de veras hice mi personal viaje a esa década y empecé, mientras tanto, a preguntarme cuál sería la forma final de mis recuerdos.

Ignoro si logré hacerlo, pero siempre tuve la certeza de que debía pintar un paisaje utilizando dos técnicas casi excluyentes: la de los «realistas» de los bodegones y las naturalezas muertas, y la de los impresionistas. Del detallismo obsesivo de Gysbrechts, en *Reverso de una pintura*, al expresionismo abstracto (o casi) de los *Lirios de agua* de Monet. O quizás, para ir un poco más lejos, de las venas tangibles del Cristo de la *Piedad* de Bellini, a las evanescencias del Renoir de *Conversación con el jardinero*. Dos tipos de visibilidad, dos tipos de comprensión. He aquí el resultado.

A. G.
La Habana, febrero de 2008

La transitividad de las vanguardias, los años sesenta y el «efecto quásar»

Uno

En materia de escritura y poética narrativas, los muy conjeturales esquemas de la lógica evolucionista acaban por indicarnos, o hacernos suponer, que ya en los años cincuenta una zona del cuento y la novela cubanos se encontraba en el umbral de disyuntivas estéticas que iban aproximándose a eso que cabe imaginar cuando pensamos, con toda la irresolución posible, en el plexo distintivo de la condición posmoderna. Sin embargo, lo que ciertas obras de aquellos años muestran al lector de hoy (las obras que indican, con sus maneras de representar, la *posibilidad de aparición* de ese plexo) no significa en definitiva una auténtica revisión, en el ámbito del posvanguardismo, de los presupuestos centrales de la vanguardia, sino más bien su continuación –ya subterránea, ya a flor de piel– o su registro por caminos diversos.

Si se examina con atención el desenvolvimiento del espíritu vanguardista a lo largo de las décadas precedentes, se verá que sin duda existe una voluntad de referencialidad en torno a algunos fenómenos desautomatizantes que llegaron a abolir la vieja percepción literaria de las cosas y que, en general, situaban la construcción cultural en un territorio próximo a *lo moderno* (me refiero a la *cresta* de la Modernidad en tanto franja de *conexión intensa* de la literatura con el resto de los sistemas fonocéntricos e imagocéntricos). Pero, aun así, la voluntad de marras cargaba con necesidades de reflexión propias de un *status* social anómalo cuyos cuestionamientos esenciales estaban, en ese momento, vinculados al concepto de nación, república, soberanía y desarrollo. De ahí que, como he dicho en otros textos[1], lo esencial del vanguardismo cubano

---

[1] Me refiero a algunos ensayos de mi libro *Presunciones*, publicado por la editorial Letras Cubanas en 2005.

estuviese atravesado por una especie de pugnacidad sociopolítica –el aura de la República– de la que nunca pudo separarse del todo.

En Cuba, el vanguardismo estuvo fuertemente ligado a un tipo de indagación social que no dejó que la literatura escapara hacia esos cotos de autorreferencialidad donde la condición posmoderna comienza a hacerse fuerte y a trazar sus emblemas en tanto *exclusivo* proceso de mitosis con respecto a la vanguardia. No llega a fructificar el diálogo con ciertos escritores modernos (pero modernos en marcha hacia «lo desconocido» de la experiencia estética radical), ese diálogo que iba a reproducirse en otros ámbitos lingüísticos, con determinada *productividad de escritura*, en el campo cultural posmoderno, para no mencionar, concretamente, las extremadas resonancias del *efecto* Kafka, ni la gravitación de las vacuolas de Beckett, ni la ubicuidad de los artefactos de Nabokov, ni las engañosas asepsias de la nueva novela francesa, ni las puestas en escena propiciadas por la *beat generation*, ni la muy temprana sombra desintegrativa de Wittgenstein. La insularidad colonial y poscolonial ha sido, y acaso es aún, una mezcla de aptitud egolátrica, periferia irónica, orbitación centralista y suficiencia (real y comprobable, o irreal) en cuanto a la validación de los sistemas de entendimiento y modelado del mundo.

Quizás estas y otras razones autorizan a decir que el vanguardismo en Cuba fue una especie de largo y accidentado intento por alcanzar satisfacciones siempre postergadas, como esos orgasmos tántricos que prescinden del cuerpo (de la manipulación del cuerpo) con el fin de trasvasar y extender los deseos. Los llamados intelectuales de la primera generación republicana, quienes convivían con los más jóvenes de entonces, dejaron una huella significativa en lo que toca a esas búsquedas de definición de un país, una historia y una tradición, y arrojaron en medio del debate cultural la carga premoderna de inquietudes que alcanzamos a ver en el espíritu del siglo diecinueve en Cuba. Si nos preguntamos qué efecto causó esa intromisión de la vanguardia (o el ejercicio *cubano* de las vanguardias) en el ambiente moderno –la *Revista de Avance*, el Grupo Minorista, por citar dos ejemplos– de una nación autointerrogativa, una respuesta posible sería la que pone de relieve el componente a la larga político de dicho ejercicio en medio de preguntas en torno a la precisión de la nacionalidad, el esquema de la identidad cultural y la construcción de un proyecto de autonomía social.

Esa hipótesis probablemente esclarezca, dentro de una época y en un contexto tan preciso, los orígenes de la inmersión profunda de los signos esenciales del vanguardismo. Salvo pocos textos –por ejemplo, algunos de Virgilio Piñera acaso constituyen salvedades–, ninguna de las escrituras de ficción (me refiero a las más sistemáticas y poderosas: las de Alejo Carpentier, José Lezama Lima, Lino Novás Calvo, Enrique Labrador Ruiz) alcanzó a expandirse, de modo consecuente, entre el sistema negador/afirmativo de las vanguardias y la suspicaz fractalidad de la posvanguardia. Pero esto que acabo de decir es muy discutible y tal vez esos autores son, precisamente, la bisagra genuina que articula la vanguardia con su evanescente descendencia. (También hay algunas excepciones muy posteriores que embrollan el asunto: *El arpa y la sombra*, del propio Carpentier; *Pailock*, de Ezequiel Vieta, o la lectura que podemos hacer hoy de *El negrero*, de Novás.)

Este proceso no terminó en las postrimerías de la década del cincuenta. La llegada de los sesenta y de los cambios sociopolíticos de la nueva época modificaron, desde luego, el panorama cultural. Pero los sesenta, ya se conoce, fueron los de las sintonías conceptuales de *Lunes de Revolución*, los de las polémicas sobre la identidad de la literatura, los de las visitas de Jean-Paul Sartre, los del «caso» *PM*, los del Congreso Cultural de La Habana, el Salón de Mayo, la reconexión de la cultura nacional con los movimientos artísticos europeos de entonces, y también los del principio de una política cultural perniciosa, restrictiva y llena de desenfoques. ¿Los sesenta? Poéticas diversas de la praxis cultural, reunidas en una época de escrutinios y grandes gestos. Una época saturada de espejismos, una época casi neo-romántica debido a las necesidades liberadoras que se advertían, equivocadamente o no, dentro de la cultura.

La vanguardia, que venía de los años veinte, pudo haber experimentado un último aire de expansión hasta «agotarse», extemporáneamente, en los discursos narrativos de los sesenta. Pero sabemos que no fue así. Mientras el mundo entraba en el umbral de eso que se llama posmodernidad –o, de acuerdo con algunos culturólogos, *en la caja de resonancias* de la verdadera modernidad, que vendría a coincidir con la segunda gran contracción del espíritu moderno, ocurrida en los propios años sesenta[2]–, la cultura en Cuba sentía aún la sed de la vanguardia histórica, una sed de cierta manera coartada, en el ahora de entonces, por una perspectiva de *totum factotum* que, por poner un caso, colocó un signo de igualdad entre la experimentación literaria y la «frivolidad» ideológica, para no extendernos en consideraciones acerca del lugar concedido

---

[2] La primera gran contracción (o reacomodo crítico) del espíritu moderno se produce, creo, con las vanguardias históricas, alrededor de los años veinte del siglo XX. Como dijo el muy moderno Oscar Wilde, buena parte de la verdad de la vida hay que buscarla en el arte. Yo, que venero a Wilde, agregaría sin intención de ser ingenioso: la verdad del arte hay que buscarla en la vida.

al escritor y las expectativas creadas en torno a él, en un ámbito de excepción: la arquitectura de la utopía social a escala del sujeto.

En los sesenta se intentó remediar esa sed que no resolvieron treinta años de escrituras empapadas de discusión social y comprometidas –unas más, otras menos– con diversas zonas que integraban el debate general sobre la nación y sus problemas. Desde los años veinte, con la llegada de los *ismos* europeos y el nuevo aire creativo, la política trató siempre de involucrar a la literatura en las representaciones finales (las más *esencializadas*) de su desenvolvimiento, como advirtió Marcelo Pogolotti en los ensayos de *La República de Cuba al través de sus escritores*, un libro revelador dado a conocer a fines de los cincuenta. Y la conclusión posible, en lo que concierne a ese asunto, es que la *literariedad*, o la *especificidad de lo literario*, no fue entonces ni una búsqueda ni una preocupación, sino más bien un problema menor que a veces asomaba su rostro difícil, tapado con insistencia por la idea y los valores de un realismo panhistórico cuya lógica era (o debía ser) congruente con las solicitaciones de la vida inmediata. Paradigmas de lo que acabo de decir (el dilema de la literariedad y sus orbes específicos) fueron, en aquel momento –inicios de la década del cincuenta–, los cuentos que Vieta recogió en 1954 en *Aquelarre*, la primera novela de Piñera –*La carne de René*, dada a conocer en Buenos Aires en 1952–, y la única novela de Dulce María Loynaz, *Jardín*, que vio la luz en Madrid en 1951.

Acaso a fines de los cincuenta se produjo en la narrativa cubana una especie de polarización deseable. Sabemos que el momento histórico contribuyó a definir esa polaridad, entre un tipo de realismo que se constituía en una apuesta por la alusión y el diálogo con lo inmediato, y un tipo de construcción alegórico-imaginativa que se situaba en los límites no físicos (más bien mentales) de la realidad y que se comprometía estéticamente con el examen del yo, lo excepcional, lo fantástico y el mundo del ensueño. Este enfrentamiento en términos de poética e identidad literarias no se detuvo con el advenimiento de los giros y mudanzas ocurridos después de 1959. Incluso podría decirse que los años sesenta (los primeros sesenta) fueron un territorio propiciador de esos intercambios.

Dos

El asunto de las fronteras temporales, expresado como problema de los estudios literarios en lo que se refiere a la esquematización (y también al cronotopo, en alguna medida) de movimientos estéticos, tendencias formales y grupos temáticos, no tendría mayor trascendencia si no fuera porque es allí donde se acreditan, reacreditan o desacreditan ciertas nociones de equívoca naturaleza. Tal es el canon que un género podría configurar en algunos textos de condición *tipologizante*, especialmente en sus vínculos con lo que dicho género alcanza a proponer en un momento significativo de su evolución.

Pero ocurre que no se trata tan sólo del canon como expresión *tipologizante* en lo referido, básicamente, a la representatividad que pueden poseer determinadas obras, una representatividad confirmada por su lugar con respecto a la tradición, por su actividad interna vinculada a la *potencia* de sus recepciones, por su medida y peso específico (concentrativos de aciertos composicionales) y por el diálogo, autorizado y *demandante*, que suelen y acaso deben promover con el resto de la serie (narrativa, en este caso). Es preciso, *además*, enfocar el canon como conjunto de libros que declaran, de cierto modo, la actitud de una época (visible en su calidad de entorno creativo y *campo cultural*); el canon *de un momento histórico de la literatura*, que se explica mediante el canon que dichos libros ordenan al proclamar y corporizar *irregularmente* una relativa congruencia con los proyectos de creación y con las poéticas (de máxima generalidad, si cabe hablar en esos términos) que presiden o se hallan en la base misma de un segmento temporal cuya *pertinencia para el debate estético* es comprensible desde una perspectiva según la cual ese segmento *acoge y condiciona* la aparición de algunos fenómenos de escritura propios de él, del segmento.

Los años sesenta siempre me han parecido un territorio en suspenso (o mucho más en suspenso que otros), distinguible por la heterogeneidad de sus *proyectos* de escritura, la convivencia de *realidades* textuales disímiles y esa condición, presente en muchos libros dados a conocer entonces, de *futuridad*. Esa palabra es molesta, bordea el desmerecimiento, pero sirve para designar un problema: la posibilidad, resuelta o irresuelta, de que buena parte de las obras a que hago alusión estuvieran en el punto de arrancada (*o en el punto de una nueva arrancada*, para ser más preciso) de ciertas tendencias estilístico-compositivas, de ciertos *procesos de estructuración y lectura de lo literario y de lo real*. Tal si ellas, esas obras, se comportaran como embriones inquietos (hijos de algo y, a la vez, padres de algo).

Al hablar de eso me ronda la sensación de que he estado haciendo referencia a la teleología de una escritura diversificada, pero encerrándola (a la escritura misma) en un diseño representativo, o confinándola a una etapa que detenta obvias relaciones con *sucesos* narrativos anteriores. Sin embargo, aun cuando hubiera en mis juicios una alusión a la doctrina de las causas finales, nada me impide modificar mi punto de vista. No sé si habría allí causas finales o intermedias, de manifestación mediata o inmediata en una especie de trascendentalismo, al estilo, por ejemplo, origenista, cuando pensamos en la célebre teleología insular. Sí sé, por el contrario, que hay un grupo de libros capaces de expresar los forcejeos internos y las disensiones de varias normas de escritura, textos que, para seguir refiriéndome a esas causas finales, no han dejado de lanzar sus proposiciones a la posteridad (o *posterioridad*) de lo literario en Cuba, la posterioridad de esa moneda cuyas dos caras son la historia y el discurso.

Supongamos que hay un *efecto quásar*, de alejamiento a toda velocidad, de exclusión de ciertos objetos de escritura con respecto al campo visual. Si existe y es detectable en *esas* obras de los sesenta (un efecto que se explica mediante cierta enajenación vertiginosa de ellas con respecto al presente, al hoy, a las circunstancias que denominamos realidad inmediata), el efecto puede demostrarse a la luz de lo sucedido (o lo que *pareció suceder*, claro está) en la narrativa cubana a partir de los años setenta (las rupturas preceptivas, el post-stalinismo tropical), los ochenta (la creación de un tipo de fábula falsamente nuevo, a no ser que pensemos en ciertos personajes y ciertos asuntos *salidos de la dinámica social*, no del discurso, que sería en todo caso un punto de llegada) y los noventa (el diálogo, también pretendidamente nuevo, con las *referencias prestigiosas* de lo literario y la emulsión de la escritura desde la lectura «etiológicamente» interesada de esas referencias). Y no es menos cierto, además, que las obras canónicas de los sesenta, en especial aquellas que adicionan su *canonicidad* a su relevancia artística (o que deben esa *canonicidad* a esa relevancia), están ahí, inmóviles. No se alejan. No se aprestan a ninguna caducidad. ¿Por qué?

El espacio que dichas obras *producen* constituye un análogo *vibrátil* del espacio histórico-social y sus condiciones transitivas, un análogo de esa *incoación* que aparece aquí y allá y que pertenece a *las posibilidades de derivación y predicación* encerradas en ese conjunto capaz de armar, *colectivamente*, el canon de los sesenta. Cuando expreso que no se aprestan a ninguna caducidad, quiero indicar que mi énfasis cae encima de la caducidad esencial (probable o simplemente posible) de varios gestos de escritura, es decir, la caducidad de una *actitud* ante lo literario. Un texto, como fenómeno de construcción lingüística, puede ser caduco, no así su asunto, la historia que nos cuenta (caso de tratarse de un relato, digamos), o el simbolismo de los avatares del sentimiento que sea capaz de despertar a lo largo del tiempo.

El *efecto quásar* es un espejismo en lo concerniente a *estas* obras *enredadas* —puestas ellas mismas en la *red* que arman entre sí—, un verdadero sistema de apelaciones que se distribuyen en la sensibilidad (intuible hasta el punto en que la mixtificación tropiece con el dato real) de aquellos años. El espacio de los sesenta se legitima como espacio *otro* gracias a la concurrencia del triunfo de la Revolución en 1959, pero este hecho, obviamente, le *indica* bien poco al cuento y la novela. Condiciona, eso sí, el tejido y la aparición de ciertos asuntos, ciertos personajes, ciertas evocaciones realizadas desde la plataforma del cambio social. Por ejemplo, la declinación del mundo anterior en *Tute de reyes* (1967), de Antonio Benítez Rojo, o el reenfoque sociocultural del negro durante el tránsito de una época a otra en *Adire y el tiempo roto* (1967), de Manuel Granados[3].

Los libros *ajustadores* del canon de los sesenta traían, a la narrativa cubana de entonces, modos y preocupaciones que no tuvieron después un metabolismo *normal*, para decirlo en términos biológicos. A fines de los sesenta la política cultural cubana se encargó, indirectamente, de dirimir (intervenir en) la querella de la prosa realista con la prosa imaginativa (estas terminologías son defectuosas, pero el lector sabe, creo, lo que quiero expresar con ellas) y tuvo lugar una especie de coartación dualista en favor del realismo social. Un realismo utopista, complaciente y que tenía la *misión* de redramatizar la historia y desdramatizar la inmediatez, envuelta entonces en un *epos* denso y suficiente. La narrativa de imaginación no desapareció, pero sí empezó a avanzar por un sendero accidentado, periférico, situado en las afueras del campo cultural *deseable*.

He subrayado la perentoriedad visible en la simple presencia (*intervenida*) de los libros que forman parte del canon de los años sesenta, una perentoriedad que representa a un gesto que aún hoy no cesa de *significar*. Como si (y esto es, en efecto, lo que sucede) el gesto hubiera sido interrumpido desde la propia literatura (los asuntos flamantes a causa de su emergencia) y desde la política (la adecuación programática del gesto a la nueva concertación social). Y he aludido a otro fenómeno de igual importancia: el *movimiento inercial* que dichos libros ejecutaron entonces.

Antes de referirme a ese *movimiento inercial*, debo decir que los asuntos emergentes de la Revolución son aquellos que la Revolución ayudó a crear en tanto trasfondo creativo y en tanto *añadidura de realidades a lo real*, un acon-

---

[3] Deben mencionarse también los hechos de Playa Girón (*Gente de Playa Girón*, 1962, de Raúl González de Cascorro, y *La guerra tuvo seis nombres*, 1968, de Eduardo Heras León), la lucha contra las bandas contrarrevolucionarias (*Condenados de Condado*, 1968, de Norberto Fuentes) y, asimismo, libros como *Los años duros* (1966), de Jesús Díaz; *Tiempo de cambio* (1969), de Manuel Cofiño, y los cuatro cuadernos que Onelio Jorge Cardoso dio a conocer en los años sesenta: *El caballo de coral* (1960), *La otra muerte del gato* (1964), *Iba caminando* (1966) y *Abrir y cerrar los ojos* (1969).

tecimiento tan sencillo que parece baladí. Por ejemplo, la Crisis de Octubre, la lucha contra las bandas contrarrevolucionarias o Lucha Contra Bandidos, Playa Girón, las llamadas Zafras del Pueblo, la Campaña de Alfabetización y otros fenómenos y sus personajes devienen asuntos de máxima congruencia con lo inmediato o el recuerdo (contrastado) de lo mediato, y poseían, desde luego, un poder de seducción tan enérgico como inevitable. Sin embargo, la tesitura estilística de *Bertillón 166* (1960), de José Soler Puig, pongamos por caso, nada tiene que ver con la de los relatos –de distinta eficacia para lo que Percy Lubbock denominó *the craft of fiction* en su viejo y eficaz libro homónimo– de Reynaldo González (*Miel sobre hojuelas*, de 1964, y sobre todo *Siempre la muerte, su paso breve*, de 1968), o Guillermo Cabrera Infante (*Así en la paz como en la guerra*, de 1960), textos inmersos en una misma circunstancia histórica que tuvo dos características: la incandescencia y la transitoriedad. Cabrera Infante dibujó un intenso espectro de sentimientos y fuerzas humanas y *escapó*, por así hablar, del provincianismo que podría llegar a tener la mirada (el examen) de un asunto local. Su centro es la individualidad irreductible del sujeto (un revolucionario clandestino, un empleado, una prostituta) en medio de situaciones límite y dentro de un espacio en vías de extinción y que lo fascinaba. Los otros dos libros quedan como *absorbidos* por la historia, salvo el segundo de González, persistente gracias a la «incómoda» idea de un joven que se va a la guerra porque cree en su necesidad, pero también porque ama (espiritual y acaso somáticamente) al hombre que se convierte en su mentor, en su ejemplo.

Frente a las colecciones que acabo de mencionar, hay otros volúmenes –*El castigo* (1966), de Esther Díaz Llanillo; *Pasión de Urbino* (1967), de Lisandro Otero, o *Canción de Rachel* (1969), de Miguel Barnet, por ejemplo[4]– que exploran asuntos alejados del aquí/ahora y dialogan con problemáticas estéticas cuya mera enunciación nos indica la existencia de intereses distintos en lo concerniente a la imagen narrativa, la capacidad apelativa del discurso y el peso de la conceptualización de lo real mediante su lectura alegórica. Y es aquí donde ya debo adentrarme en el *movimiento inercial* de ciertos libros.

El espacio ideológico y político de la Revolución en la década del sesenta, en tanto contexto creativo, es uno de los grandes temas inexplorados de los estudios culturales en Cuba. Yo defiendo la idea, más o menos hipotética, de que ese espacio *acogió* (o *toleró*, si cabe usar esa palabra) una parte de lo que venía ocurriendo en la narrativa cubana desde las vanguardias históricas, al par

---

[4] También forma parte de este breve conjunto la ya clásica *Biografía de un cimarrón* (1966), de Miguel Barnet.

que intentó recontextualizar esas expresiones, poseedoras de una genealogía, para armonizarlas con *nuevas estructuras* (de personajes, ambientes y actitudes) atentas, en definitiva, a la novedad de la historia y convencidas de la eficacia artística de ciertas testificaciones fictivas. Pero la *acogida tolerante* es, en cuanto a la literatura dentro de ese contexto iniciático, un fenómeno metafórico que sólo puede acreditarse si lo examinamos desde la perspectiva sociocultural, y al hacerlo descubrimos un hecho configurador, entre otros, de lo que llamo canon narrativo de los sesenta. Por ese motivo es que el hecho en sí despierta interés.

¿Invadieron el ámbito cultural de los sesenta determinadas poéticas *irresueltas*, nacidas en los cuarenta bajo la regencia persistente y demorada de los *ismos*? Sí, lo hicieron. Por pura inercia y por razones de poética. Porque no todas las jugadas habían sido hechas en el campo cultural cubano de los años cincuenta (sus relatos y los tipos *posibles* de expresión) y porque, en general, los narradores no eran ajenos, ya hacia fines de esa década, a la polifonía multicultural previsible en los niveles de asedio moderno de lo real. O sea: ya se había conformado un planisferio de historias (bastante meditativo, por cierto) que respondían a muy diversas tendencias. Y, desde ese momento, ya eran dos las tendencias básicas: la realista y la *irrealista*.

¿Y fue *lo irresuelto* una circunstancia activa en la formación y desenvolvimiento del canon? Claro. Porque los gestos de escritura que iban a solucionar esa irresolución crearon una atmósfera muy peculiar, de interlocución al cabo irregular, llena de malentendidos, entre la llamada nueva narrativa cubana (la primera generación de narradores de la Revolución, una generación *deseablemente realista en lo reproductivo*) y un *corpus* o serie de ficciones que entonces, además de *reverenciar* ciertas tradiciones presentes en los años cuarenta y cincuenta (o invocadas desde allí, *desde algunos núcleos culturales concretos de entonces*, materializados alrededor de disímiles y significativas revistas culturales), iban configurando un correlato epocal, es decir, un sistema de señales *devueltas* al gran sistema (de señales) que distinguió al arte y la literatura en el mundo a partir del segundo lustro de los sesenta. Pensemos en *Tres tristes tigres* (1967), de Guillermo Cabrera Infante, y *De donde son los cantantes* (1968), de Severo Sarduy[5].

Ya después del Salón de Mayo, por mencionar un hecho limítrofe, el ambiente transicional, signado por una convivencia difícil (y en algunos casos hasta exultante) que iba soltando vapores aquí y allá a través de ciertas polémicas centrales y ciertos polemistas distinguidos, llegó a su punto crítico, o al inicio

---

[5] Y *El mundo alucinante* (1969), de Reinaldo Arenas.

mismo de su colapso. Había un despliegue notable de *ficciones de realización social inmediata*, y otro despliegue paralelo, de ficciones sin pretensión alguna salvo la de constituirse nada menos que en *pesquisas estéticas* comprometidas con el yo, las realidades imaginarias y las realidades de un pretérito nítido/difuso. Las alineaciones se habían producido ya, de manera que el «combate» (o, simplemente, el conjunto de los roces más enérgicos, que animaron excepcionalmente el juego de la ficción en aquella época) estaba a punto de comenzar[6].

Lo de la *realización social inmediata* es algo que marcó a varias generaciones de escritores y artistas. Una suerte de meta o requisito específico dentro de la línea general de la Revolución.[7] Si no hubiera devenido una modalidad del más sectario de los oscurantismos (suponiendo que lo que acabo de expresar no sea una redundancia), ese imperativo, la *realización social inmediata,* no estaría (no habría estado) mal, observado desde la perspectiva que podría *despolitizarlo* en favor de una inclinación de balanza que destacara la preeminencia de la historia por sobre el discurso, la vida sobre la literatura, la experiencia del mundo material sobre la vivencia de la cultura, en especial cuando la comprensión/vivencia de la cultura ayuda a comprender (y vivir) la vida. Pero entonces, cuando se aludía a una realización social del texto literario y de la cultura en general, lo que cierta crítica admonitoria ponía de relieve era una realización *en tanto reflejo crítico de la existencia dentro de los márgenes de la necesidad de una utopía hacedera*. Por ese motivo, el llamado realismo socialista –un extravío delirante y lleno de narcisismos al que se quiso llegar por los caminos, trenzados, de la reprimenda y la persuasión– no pudo arraigar y menos aún prosperar. Sin embargo, no hay que olvidar que alguna vez, y a lo largo de muchos años, se leyó activamente (y tuvo un peso innegable) un texto como los «Apuntes sobre la literatura y el arte», de Mirta Aguirre, una de las reflexiones más sutilmente

---

[6] Comprendo que es un exceso hablar de combate, pero sí hubo un chisporroteo de excepción. Por primera vez en la historia de la cultura cubana un acontecimiento de tanto poder aglutinante (lo mismo en la inclusividad que en las notorias exclusiones) como la Revolución hizo coincidir, en un mismo espacio creativo y una misma atmósfera, a escritores de generaciones, tendencias estéticas y formaciones políticas distintas.

[7] Todavía a inicios de los años ochenta, pude oír y *ver* el diálogo de dos profesores universitarios –nada menos que Salvador Redonet y Mario Rodríguez Alemán– cuando, a propósito de una entrevista realizada a Carlos Rafael Rodríguez y publicada en *El Caimán Barbudo*, el político y escritor afirmaba que la obra artística no tenía que alcanzar una realización social inmediata. Yo le mostraba, con cierto entusiasmo, la entrevista a Redonet, y Rodríguez Alemán, al entrar en la oficina donde estábamos, se interesó en aquella novedad. Leyó lo que aparecía bajo mi dedo, sonrió y le dijo a mi maestro: «Yo sí creo que el arte debe tener una realización social inmediata». Fin del diálogo.

prohibitivas y amenazantes que se hayan dado a conocer en Cuba sobre la naturaleza, la identidad, las «funciones» y el destino social de la cultura[8].

Tres

Al llegar el momento del cambio histórico, o por lo menos al conformarse el umbral de ese conjunto enorme de modificaciones sociopolíticas que trajo la Revolución, aún había como he dicho, en lo concerniente a la novela y el cuento, gestos irrealizados, deseos insatisfechos, *operaciones de comunicación ficcional abortadas* y que pertenecían, por simple cálculo cronológico, o por la evaluación a que podemos someter hoy una sensibilidad epocal transcurrida, a un universo que no era ni podía ser el de los años sesenta.

Un fenómeno como la escritura *sorprendida* –la escritura que se hace antes de 1959 y se da a conocer después de esa fecha– es siempre de interés, ya que, en rigor, no se trata de una simple frontera temporal traspasada, ni de la importancia de un dato como el que revela que un texto se concibió en un clima cultural y social equis y se publicó en un clima cultural y social zeta. El año 1959, y especialmente los que le siguen hasta las postrimerías de la década siguiente, constituyen un hiato irrepetible, de reacomodos. Una suerte de tierra de nadie o de «armisticio» cultural que sobreviene *después* de un período histórico liquidado en sus formas institucionales, políticas y jurídicas inmediatas, y que marca el inicio, en lo que toca a la preceptiva de las experiencias literarias (un *deber ser* paternalista), de un proyecto de construcción nacional sostenido en otro punto de vista: la utopía posible de la revolución social.

En las que llamo operaciones de comunicación ficcional abortadas –abortadas no por nadie en particular, sino por un complejo proceso de coyunturas estéticas que fueron barajándose y aplazándose–, se subraya muy bien en la índole de la narrativa cubana a fines de los años cincuenta. Cierta vez, en una conversación con Ezequiel Vieta, me di cuenta de que él era uno de los escritores marcados por el tránsito. Vieta me decía que en el momento de sus lecturas de Heidegger y Gabriel Marcel, justo en el período de una exploración interesada en congruencias posibles de determinadas ideas filosóficas con lo que entonces él escribía –es decir, la escritura posterior a la publicación de los cuentos de *Aquelarre* en 1954–, la Revolución había invadido su vida abruptamente. Y lo había hecho con una fuerza tal que ya no le fue posible continuar por el mismo

---

[8] Se dio a conocer en la revista *Cuba Socialista*, año III, n. 26, octubre de 1963.

camino, circunstancia esta que paralizó la realización, bastante avanzada ya, de su novela *Pailock*, cuyo fragmento inicial, muy independiente debido a su carácter preliminar, apareció en la Colección del Dragón a mediados de los sesenta. Ya en 1959 *Pailock*, un proyecto enorme, estaba desarrollado hasta la mitad, pero Vieta no retomó enseguida su escritura. Dejó que transcurrieran casi veinte años. Esa obra, que debía aparecer en los sesenta en un contrapunto posible con *El Siglo de las Luces* (1962), de Carpentier; *Paradiso* (1966), de Lezama Lima, o *Los niños se despiden* (1968), de Pablo Armando Fernández –novelas concebidas todas antes de 1959–, es hoy un fascinante y extraño megalito colocado a inicios de los años noventa[9].

Este ejemplo me ha parecido siempre paradigmático y, al mismo tiempo, extremado en un temperamento creador como el de Vieta, en quien la tensión vida/literatura se producía con autenticidad genuina, hasta el punto en que accedió a articular en su poética zonas de lo real, de lo inmediato, más o menos periféricas en relación con los mundos imaginarios presentes en sus libros iniciales[10].

Un gesto como el de Vieta se sintoniza con otros. Por ejemplo, el tono y las formas –no así las inquietudes– del Edmundo Desnoes de *Todo está en el fuego* (1952) desaparecen del Desnoes de *Memorias del subdesarrollo* (1965). El Carpentier de *Los pasos perdidos* (1953), explorador de la alienación y la desalienación del intelectual contemporáneo, no es, obviamente, el Carpentier de *El Siglo de las Luces*, preocupado por la modificación y el hacerse de la identidad del sujeto durante las revoluciones. Y si volvemos al caso de Vieta veremos que *Pailock* iba a ser una especie de compendio del «viaje» de las vanguardias en busca de sus límites.

Las operaciones abortadas y que tenían un espacio y un campo cultural en los años cincuenta hallan un ámbito promisorio en ese plexo de discusión, hipervisibilidad y pluralismo estilístico que fue la década del sesenta. Y lo que se abortó fue, precisamente, un conjunto de textos en alguna medida ávidos de *separarse* del realismo social lisonjeado desde antes por la pugnacidad política

---

[9] También cabe en la lista *Pequeñas maniobras* (1963), la segunda novela de Virgilio Piñera, escrita ya a fines de los años cincuenta.

[10] He aquí un ejemplo anecdótico. Cuando el Che muere en Bolivia en 1967 habían transcurrido tan sólo cuatro años de la publicación de un volumen tan violentamente personal como *Libro de los epílogos*. Pero la muerte del Che conmovió de tal manera a Vieta que decidió completar de inmediato el proyecto que luego se titularía *Mi llamada es*, donde el Che es la figura central. Sin embargo el libro, terminado en 1968, no se publicó hasta 1983, quince años más tarde.

del vanguardismo. Textos que habían nacido en la devaluación sociológica de lo real y que tenían como centro al individuo y su mundo interior. Como suelo decir, los inicios del vanguardismo cubano marcaron dos pautas al escritor de ficciones: la refundición del texto en tanto estructura de renovaciones frente a una realidad cultural nueva, y el asedio de zonas de la realidad que resultaban llamativas como folclor y como sistema de referencias dramatizable. Dos atractivos directamente relacionados con los numerosos intentos de poner de relieve la vocación y la necesidad de *servicio* de la literatura.

Cuando señalo que los intentos fueron numerosos quiero expresar lo que fue *casi una convención* de la vida literaria cubana a lo largo de más de tres décadas, en el rico y complejo contexto cultural de aquella época. El vanguardismo, en tanto experiencia más o menos radical con las formas y las ideas, fue sobre todo un momento de la poesía, de la música, de las artes visuales y de las revistas y periódicos, como he apuntado en otras oportunidades. Y en el caso de la prosa de ficción, fue algo que se ventiló en relación con referentes muy puntuales de la historia inmediata y de la periferia «intocada» –los inmigrantes, los guajiros, los obreros, los negros– de la vida nacional.

La recepción vanguardista en el cuento y la novela se verificó, así, en una modalidad del realismo que alcanzó a poseer determinada acreditación como imagen dramática (y *redescubridora*) de la vida: Carlos Montenegro, Labrador Ruiz, Virgilio Piñera, Carpentier, Lino Novás Calvo, Lezama Lima y algunos otros narradores. Y fue en esa modalidad donde se alinearon las manifestaciones de la prosa de imaginación en tanto vehículo de lo fantástico y lo maravilloso, y también las ficciones que subrayaron el desempeño del individuo en tanto *enunciado* de su mundo interior. Curiosamente, la media de esa acogedora bienvenida, el texto donde la emulsión de la experiencia vanguardista se atempera y alcanza su mejor expresión como «rendimiento promedio» de un ejercicio de escritura articulable con dicho realismo, es la novela *Contrabando* (1937), de Enrique Serpa, una obra muy singular, desperdiciada por la inquisición académica, llena de pulsiones estilísticas diversas y muy estratificada en cuanto a sus voces.

La Revolución llegó a la vida nacional y formuló la utopía como construcción legítima y posible, y es entonces cuando se reacomodan y amplían los parámetros de recepción cultural, en una época que hacía de la cultura un sistema de diálogos en todas las direcciones posibles, y sin el dramatismo que habían propiciado la llamada frustración republicana (una ecuación muy distinguida, cuyos orígenes están en el sociologismo implantado por algunos escritores de la primera generación, entre ellos José Antonio Ramos) y los amargores (o amarguras) de la Revolución del 30 y sus secuelas hasta el golpe de estado del 10 de marzo de 1952, por citar dos momentos de importancia. La narrativa cubana posterior a los años del vanguardismo estaba impregnada de esos sentimientos, pero ellos iban, como es lógico, a ausentarse de los libros que vieron la luz en la década del sesenta, salvo en aquellos donde dichos sentimientos se metamorfosearon en experiencias evocables desde un presente que las *impostó* al tematizar interesadamente a la historia.

CUATRO

Este libro esboza una pretensión: examinar, bajo el presupuesto de las relecturas y las nuevas acreditaciones, varios núcleos de textos que conformarían hoy el canon narrativo de los años sesenta en Cuba[11]. Dado que ese proceso es siempre, en tanto análisis selectivo, un acto doble de abstracción –porque de

---

[11] Me refiero a los núcleos *posibles* dentro de un extenso conjunto como este: *El barranco*, de Nivaria Tejera; *Así en la paz como en la guerra* y *Tres tristes tigres*, de Guillermo Cabrera Infante; *La búsqueda* y *Rebelión en la octava casa*, de Jaime Sarusky; *El siglo de las luces*, de Alejo Carpentier; *Algo para la palidez y una ventana sobre el regreso*, de Gustavo Eguren; *Paradiso*, de José Lezama Lima; *La situación* y *Pasión de Urbino*, de Lisandro Otero; *Memorias del subdesarrollo* y *No hay problema*, de Edmundo Desnoes; *El regalo*, de Nelson Rodríguez; *Cetrería del títere*, de Lorenzo García Vega; *El libro fantástico de Oaj* y *El viaje*, de Miguel Collazo; *El regreso*, de Calvert Casey; *Soroche y otros cuentos* y *Staccato*, de Jesús Abascal; *Condenados de Condado*, de Norberto Fuentes; *La guerra tuvo seis nombres*, de Eduardo Heras León; *Gente de Playa Girón*, de Raúl González de Cascorro; *Los años duros*, de Jesús Díaz; *La reja*, de María Elena Llana; *El castigo*, de Esther Díaz Llanillo; *El tiempo ha descendido* y *Los animales sagrados*, de Humberto Arenal; *La vieja y la mar*, de Évora Tamayo; *La guerra y los basiliscos*, de Rogelio Llopis; *Miel sobre hojuelas* y *Siempre la muerte, su paso breve*, de Reynaldo González; *Biografía de un cimarrón* y *Canción de Rachel*, de Miguel Barnet; *Bertillón 166*, de José Soler Puig; *El caballo de coral*, *Iba caminando*, *La otra muerte del gato* y *Abrir y cerrar los ojos*, de Onelio Jorge Cardoso; *El plano inclinado*, de Noel Navarro; *De donde son los cantantes*, de Severo Sarduy; *Los niños se despiden*, de Pablo Armando Fernández; *Libro de los epílogos* y *Vivir en Candonga*, de Ezequiel Vieta; *Mi antagonista y otras observaciones*, de Antón Arrufat; *Celestino antes del alba* y *El mundo alucinante*, de Reinaldo Arenas; *Tute de Reyes* y *El escudo de hojas secas*, de Antonio Benítez Rojo; *Ponolani*, de Dora Alonso; *Tigres en el Vedado*, de Juan Luis Herrero; *Juan Quinquín en Pueblo Mocho*, de Samuel Feijóo; *Adire y el tiempo roto*, de Manuel Granados; *Pequeñas maniobras* y *Presiones y diamantes*, de Virgilio Piñera; *Usted sí puede tener un Buick*, de Sergio Chaple; *Después de la gaviota*, de José Lorenzo Fuentes; *Circulando el cuadrado*, de César López, y *Tiempo de cambio*, de Manuel Cofiño. Mi deseo final consiste en presentar la revisión de esos libros, de manera que un lector competente alcance a detectar así, con cierto grado de comodidad, varios cánones posibles, desde los más permisivos hasta los más restrictivos.

alguna manera ocurrió en las postrimerías de la década y porque lo ejercemos hoy, también, en busca de la naturaleza real de determinadas ficciones–, he preferido no tener en cuenta el plano general (el más abierto posible dentro del ojo que observa y correlaciona) de las fábulas de esa época, pues en ese plano se desdibujan notablemente los detalles y se resacraliza, para mayor énfasis de lo confuso y lo indeterminado, una visión panorámica que suele repetir en sus generalizaciones, casi inevitablemente y con el peligro de la mistificación, los estereotipos más comunes del examen de un fenómeno ya muy alejado de la sensibilidad actual y que pertenece a un momento histórico al que la memoria y la imaginación añaden, de modo muchas veces equívoco, cuerpo y certidumbres harto diversos.

He optado, así, por evitar las interpretaciones coaguladas, al desplegar casuísticamente los «espacios de hiperactividad» (y no el paradigma hegemónico) de lo que fueron la novela y el cuento cubanos en los años sesenta. Las reflexiones que presento a continuación se hallan organizadas en cuatro módulos. Los he enunciado de esta manera: 1. «La legitimación del mundo inmediato y los modelos vibratorios del pretérito», 2. «En los límites: el rizoma fantástico y la insurrección de lo maravilloso», 3. «El paisaje interior y las órbitas del hombre despierto», y 4. «Escenarios novelescos del Gran Gesto: la escritura y los desafíos de la Modernidad». Aunque dichos módulos funcionan más como conjuntos «inestables» que como tendencias esquemáticas, sus contenidos forman, sin embargo, una trama que invita a las lecturas comparadas. Se trata, en fin de cuentas, de textos ensayísticos específicos, y la mayoría de ellos se adjudica un carácter crítico e historiográfico al explicar el alcance –las inquietudes más perentorias y las problemáticas estéticas de mayor significación– de cada uno de los libros integradores de esa médula a que hago referencia. Ojalá mis lecturas se conviertan en revisitaciones desalienantes, o en «estudios del natural», como pedía la vieja Escuela de Barbizon para, simplemente, *ver más claro*.

Los textos
(lecturas en perspectiva)

El poder característico de la literatura es
que nos deja una impresión de extrañeza.
De asombro. De desorientación.
De que nos encontramos en otro lugar.

Susan Sontag

I.

La legitimación del mundo inmediato y los modelos vibratorios del pretérito (maneras que tiene la historia de inocularse en el sujeto)

La vigilia de la ciudad

Aunque la lucha clandestina contra el gobierno de Batista y, asimismo, la violencia urbana –microondas persiguiendo y cazando revolucionarios, niples mechados y rellenos con dinamita, policías torturadores, abogados y médicos comprando bonos del Movimiento 26 de julio, parejas de jóvenes conspirando en un parque entre beso y beso– fueron asuntos que se generalizaron en la narrativa cubana, en tanto regularidades «inexorables», desde los mismos inicios de la década del sesenta, ninguna novela como *Bertillón 166* concentró en una ciudad –Santiago de Cuba– tantos movimientos dramáticos ni tan variadas dislocaciones dentro de un entramado argumental que tiene, en la muerte, su comienzo y su final.

Los lectores avisados pueden recordar una novela habanera, *El sol a plomo* (1959), de Humberto Arenal, donde su autor recurre, con gran pericia, a un célebre secuestro político, y también pueden remitirse a los relatos y viñetas de Guillermo Cabrera Infante en *Así en la paz como en la guerra* (1960), texto de gran riqueza referencial y extraordinariamente abarcador, si los hay, del contexto urbano a fines de los años cincuenta. Pero con *Bertillón 166* aparece un sistema de figuras dramáticas, un sistema que luego, al cabo de los años, alcanzaría a *retorizar* sus componentes básicos al intentar hallar una «legitimación» en lo concerniente a valores estilísticos que, en rigor, no hicieron sino conformar ciertas maneras de predicación en torno a lo histórico.

José Soler Puig dio a conocer *Bertillón 166* en 1960. Ganó con ella, ese año, el premio Casa de las Américas. Es una suerte que, en general, podamos hoy pasar por alto su condición de libro de tercera fila, y en particular algunas ingenuidades de los personajes, frente a la nada ingenua estructuración de los episodios, llenos de un acontecer dialógico que cuida su fluir y que, además, *reconoce* en las acotaciones un modo eficacísimo de caracterizar las actitudes, *mover* la acción y hurgar, sin escape hacia digresiones sicologistas, dentro del trasfondo.

Lo que deseo subrayar es esto: las acotaciones de *Bertillón...* resultan, por su escrupulosidad, casi teatrales, y remueven en el lector un tipo de expectativa congruente con esa tercera dimensión del relato en prosa: el fomento de las vivencias como intensidad y no sólo como cadena hechos.

La ausencia de atildamientos exagerados acaso podría revelar en Soler Puig un conocimiento intuitivo de las necesidades prácticas de la ficción y los trucos —como solía él llamarlos— de la novela. Cuando lo visité en su casa del reparto Sueño, de Santiago de Cuba, hace ya más de veinte años, nos sentamos frente a una mesa baja en la que había una botella de ron Havana Club. Encendió un cigarrillo casi a escondidas de su mujer y empezamos, de un trago a otro, a hablar con entusiasmo de *Noche de fósforos*, cuaderno de relatos del narrador Rafael Soler, su hijo muerto, de quien se acordaba todos los días. Pero de pronto alzó una mano y, como quien sacude un mal pensamiento, me dijo: «El que sí sabía era Arreola». Yo sostuve: «Pero Arreola no es novelista». Me miró lleno de sospechas. «Bueno, sí; *La feria* es tremenda novela», añadí rápidamente, para su alivio. «Ahí hay varias novelas», se repuso del susto. Yo, entonces con veinticuatro o veinticinco años, recordaba la estructura de aquel libro y consideraba a Arreola el estilista más perturbador de la narrativa mexicana del siglo veinte. Me di cuenta de que Soler estaba pensando en los episodios de *La feria* como se piensa en unos naipes que admiten maneras distintas de barajamiento. Y así continuamos nuestro diálogo hasta que le dije, casi como quien esboza una disculpa: «Soler, yo creo que su mejor libro es *El caserón*». Ya se había publicado una novela tan *escoltada* y bien hecha como *El pan dormido*. Vaciló un instante. «Estoy de acuerdo contigo», afirmó confidencial. Todavía hoy no he cambiado de opinión, porque *El caserón* es una novela gótica moderna, del gótico profundo, y dialoga con los muertos desde un misterio muy prestigioso y cuya enunciación se logra sólo cuando el estilo ha condescendido a transformarse en una fluencia sibilina y murmuradora. Y Soler obró esa transformación.

La armadura interna de *Bertillón...* tiene una fornida radicación en dos tácticas que evitan el sobredimensionamiento de la diacronía, toda vez que han sido puestas en marcha de modo que el lector se sumerja en la trama y pueda inspeccionarla, con alguna morosidad, desde la perspectiva de los personajes principales. En primer lugar, acontecimientos en apariencia aislados que desembocan, por lo general, en la historia de Carlos –el joven que desea saber si su cuerpo resistiría la tortura en caso de que fuese apresado–, o en las peripecias del sastre que va en busca de su suegra y lo sorprende la noche, un ámbito que en la novela viene a ser el dominio del crimen y el terror. En segundo lugar, la graficación de un mismo hecho clave –poner una bomba casera sin perjudicar a personas inocentes, digamos– desde distintos puntos de vista a partir de los cuales Soler va tendiendo o distendiendo los hilos de una trama que es, al cabo, eso mismo: un tejido (texto) de acciones unificadas por la densidad de la *suspicacia* y la *posposición* (la ficción), y por la alarma y la consternación generales (la Historia).

Lo más notable en *Bertillón*... es la manera en que Soler se distancia con cuidado de la Historia y de la referenciación directa para radicarse en el predio de la verosimilitud de un relato ficticio. Sabemos que el novelista fue uno de los tantos circunstantes, pero también conocemos que la *etiología* de ese sabor novelesco presente en algo que, por su forma, es una novela, está constituida por las constantes revisiones del paradigma dramático y por las readecuaciones de la lógica de la bifurcación narrativa, actos de creación que prosperan, desde luego, *en el modelo de una realidad*, no así en *la realidad recordable*.

La ciudad de Santiago de Cuba posee un modelo al que Soler llega por medio de una suerte de representación indirecta, *fantasmática*, en la que resaltan los espacios ruinosos, la pobreza doméstica y un tenebrismo visual que es muy congruente con el tipo de vínculo dualista representado por la intimidación, el quebrantamiento y la violencia en general, por una parte, y, por la otra, el recogimiento que proporcionan el temor y los estados de incertidumbre. Asimismo, las campanadas del reloj de la catedral marcan una y otra vez el contexto (literario y, al mismo tiempo, histórico), definiéndolo como *realidad de lo irreal* e *irrealidad de lo real*, y compendiando, mediante los sonidos, el avance de tragedias singularizadas que desembocan en la muerte. *Bertillón 166* empieza con esas campanadas presagiosas y termina, al final de una larguísima noche, también con campanadas.

Soler Puig tenía la intención, me parece, de completar una especie de estructura circular, de que sus lectores sintieran la enorme presión del tiempo subjetivándose en medio de la angustia, y de que el efecto *estético* de abrir y cerrar una historia con sonido de campanas –un reloj– llegara a poseer alguna relación con lo presagioso, lo solemne y con ese duelo conclusivo que encierran las palabras finales del texto, después que uno de los personajes lee la página del diario donde aparecen, una a una, las defunciones del día anterior, casi todas por armas de fuego: «¡Hasta cuando, Señor!»

Esa frase no ha sido pronunciada por nadie en específico. Se tiene la impresión de que su naturaleza es íntimamente coral, pues compromete el pensar de miles de seres humanos en un momento de máxima saturación del avasallamiento, la autocracia y el crimen, precisamente el momento que consiguió encarnar Soler Puig en su libro, cuando vida y literatura tenían más de un punto de contacto.

LA GUERRA, LA PAZ Y OTROS ASUNTOS

Guillermo Cabrera Infante publicó en 1960 un libro de peso en el concierto de la prosa cubana de ficción durante los años transitivos que corrían. Un libro integrado por historias con un despliegue diegético notable y que se correlacionaban por medio de brevísimas ficciones episódicas cuyo carácter, más atmosférico que narrativo, creó una especie de alternancia pendular entre la vida morosa en la ciudad y la cruda inmediatez del peligro. El volumen, *Así en la paz como en la guerra*, iba a conformar para siempre entre nosotros (pero con escasos niveles de flexión posterior) un modelo reciclable y apto para formular distintas operatorias sobre ese gran tema de la violencia urbana que, observada desde sus remansos, introducía en ellas el matiz de la tensión.

El problema estético de la violencia (y los contextos donde ella encuentra o acepta sus heterónimos), su representación en relatos que intentaban incorporar la vida de acuerdo con algunas convenciones de la narrativa contemporánea, era más bien de índole compositiva, es decir, de montaje y resolución temporal, de inserción y concurrencia en un espacio de acciones donde lo más importante, al menos para Cabrera Infante –un escritor obsesionado por los diseños interiores, las texturas y la eficacia del estilo–, estaba en el respetable *goticismo* de la fluencia del relato.

Me explico. El gótico del relato romántico como fenómeno histórico es aquel que se adecua a un grupo de convenciones espacio-temporales, sicológicas y culturales que, dentro de un *mood* aristocrático, explora la belleza, el misterio y el mal. Pero el gótico *real*, el de la lógica de las acciones, es una actitud de ocultación de esa expansividad de lo anómalo. El narrador gótico es elusivo. Nos presenta un inconveniente ominoso, de oscuro origen, pero sin nombrarlo, o nombrándolo lateralmente, contribuyendo así a la densificación semántica del movimiento de los personajes.

Así en la paz como en la guerra es, por momentos, un libro *paragótico*. Y todo gracias a la inmersión lateral de Cabrera Infante en el alma de sus personajes, y gracias, también, al efluvio que despiden los episodios de la violencia. Creo que ambas cuestiones entablan una especie de colaboración capaz de influir ventajosamente en la índole del estilo.

Por un lado, ese pacto de no nombrar (salvo por los efectos que deja) el sufrimiento físico, el combate a muerte de los hombres, la oreja peluda de la tortura, la sangre y la mutilación física. De algún modo, en la lectura de los textos –«En el gran ecbó» resulta un ejemplo inestimable– percibimos el ensombrecimiento elegante de ciertos personajes, su laconismo casi culpable, o sus diálogos reconcentrados y comedidos, como si la violencia y el peligro estuviesen allí, en el trasfondo, agazapados, o sucediendo de manera usual e independientes de la vida de todos los días. Por otro lado, tropezamos con el propósito autoral de diseñar complejas estructuras donde el primer engaño es la suposición de que nada o casi nada sucede, puesto que se trata de significativos dilemas existenciales centrados, por lo general, en la comunicación, o en pequeñas fobias de carácter presuntivo, aversiones y querencias fundadas en esquemas de lo real fabricados por estos personajes que hacen del lenguaje *torcido* un refugio.

En el relato que acabo de citar, posiblemente el mejor de todos, un hombre y una mujer se van de excursión porque saben, sin confesarlo mutuamente, que *deben* hablar acerca de sus vidas. Ninguno de los dos menciona esa necesidad, salvo lo referido a la rutina amatoria de quienes se dan a cumplir un ceremonial de encuentros e intercambios. Se sientan en un sitio agradable a almorzar y allí *sucede* el núcleo del cuento, allí acontece todo.

¿Qué rara apetencia descubrimos en la mesa recoleta, en medio de una conversación dilatada por el silencio y la reflexión, llena de falsos pasos, de tonos sobreelaborados, de respuestas esquivas o que reproducen tan sólo una parte de la verdad? Estos efectos del estilo son causados en el lector por la sinuosidad *paragótica* de la que hablábamos. Un modo de construir el penoso avance de la acción, de casi dibujar lo esencial de aquellas angustias, pero sin que se nos aparezcan del todo, sin que el sentimiento deje de pertenecer a ese reducto de la serenidad donde lo auténtico va a esconderse, pues ninguno de los personajes desea mostrarse, prodigarse, descubrir su interior ante el otro. Cabrera Infante teje la red que el hombre y la mujer tienden entre sí. A este proceder se le ha llamado *diferencia*, por el acto de diferir o posponer las resoluciones graduales que esperamos encontrar en un relato cuyo nudo o problema se nos escapa una y otra vez.

Pero no debemos olvidar que «En el gran ecbó», con todo y ser una ficción sicológica o de circunstancias interiores –a diferencia de otra, «Josefina, atiende a los señores», que se hace notar por la puntualidad de su asunto, la prostitución–, queda también afectada por el entorno general de esa violencia episódica a que hacíamos alusión. Es un momento interlúdico en ese vaivén que va de la guerra a la paz, con la diferencia de que allí, en la realidad del acontecer ficcional, nadie está jugándose la vida física, la vida como fisiología del cuerpo. Mientras la policía va por las calles, interroga detenidos en los cuarteles, apaga cigarrillos en la piel de los sospechosos y mutila el cuerpo para infundir terror, la vida sigue tan compleja como siempre, y no porque ella, la vida, no se haya enterado de que la violencia y el asesinato existen, sino porque no hay, en rigor, absolutamente ninguna razón para que, en otro punto del espacio (el de la dudosa y precaria paz), un hombre y una mujer no interroguen, con solapamiento y alguna dosis de hipocresía, sus vidas y su destino inmediato.

Así en la paz como en la guerra es una estructura de mosaicos tramada con la técnica del montaje de líneas paralelas, un mundo visto desde la doble y obvia perspectiva de las dos caras. Sin embargo, habría que decir que los breves episodios (zonas de predominancia alegórica) mediante los cuales se prepara la extraña continuidad de un cuento con respecto a otro, no expresan siempre la misma tesitura contraída de la violencia, ya que en varias oportunidades caen en lo indeterminante (en el trazo de un narrador no confiable, *unreliable*), o introducen un matiz que ilumina otros textos del libro. Lo que percibimos allí es, quizás, un avatar de los procedimientos usados por Hemingway en sus colecciones de relatos, cuando intercalaba textos breves de gran condensación semántica, en una serie conformada por narraciones de aspecto clásico, o sea, poseedoras de argumentos precisos y personajes contrastantes, e intervenidas por situaciones humanas más o menos universales.

La formulación conseguida por Cabrera Infante en *Así en la paz como en la guerra* produjo escasa resonancia en la narrativa cubana, aunque aquí y allá, aisladamente, en algunas colecciones de cuentos con relieve artístico cierto, alcanzamos a comprobar la existencia de su huella. No es una técnica nueva, aclaremos, pero su eficacia es siempre un goce para el intelecto. Los matices y colores de la «paz» se yuxtaponen a las tonalidades e irisaciones de la «guerra». Y aunque no se unen físicamente, el efecto es siempre distinto y rico, pues Cabrera Infante nos conduce, discretamente, a una estancia que no es ni de paz ni de guerra, sino de *existires* en conflicto sobre un espacio fascinante: el de la historia inmediata.

La conversión del guerrillero

La narrativa campesina en Cuba, cuya tradición nace en el siglo diecinueve, se hizo fuerte como tendencia y sistema (con una tipología propia) ya desde los años del vanguardismo. Alcanzó, como se conoce, un desarrollo visible principalmente en el ejercicio del cuento rural, espacio creativo que se siguió ajustando y perfilando a lo largo de los años cuarenta y cincuenta del siglo XX. En lo concerniente a la novela rural, por el contrario, no hubo una práctica tan acentuada y los ejemplos de valor escasean.

Las transformaciones estructurales que trajo la Revolución al ámbito de la tierra —un dilema asentado en el campo, el mundo campesino, que ha sido y es como una especie de *sur* (una categoría tan equívoca) físico y espiritual— probablemente limitó la escritura rural a la remembranza del pasado, al recuento y la ficcionalización de experiencias más o menos típicas. Y se escribieron y publicaron novelas de ese talante, pero casi con una especie de comedimiento, una como aprensión relacionada con la legitimidad estética (en tanto asunto de las palabras y la representación) de un fragmento de la realidad nacional súbitamente modificado y que, debido a esa metamorfosis, imponía dificultades artísticas a aquellas narraciones que se empeñaban en adentrarse no en el pasado, lo cual era relativamente sencillo debido al repertorio de sus convenciones, sino en el reacomodo y los tejidos verbales del presente de entonces.

Ahí tenemos una disyuntiva estética muy curiosa porque la modificación del mundo campesino más bien complejizó y enriqueció ese universo con la llegada a él de nuevos vectores sicológicos, en medio de una sintomatología que se aferraba, con muy buenas razones, a un grupo numeroso de costumbres y maneras de percibir el entorno que nada tenían que ver con la presencia de la Revolución.

En esa disyuntiva apareció una novela muy significativa. Su autor, un poeta del campo y del mundo interior, de la naturaleza y del orden más íntimo del sujeto, la dio a conocer en 1964: *Juan Quinquín en Pueblo Mocho*, de Samuel Feijóo. Un Feijóo *para-origenista*, materializador (tangibilizador) inmediato de cierto trascendentalismo; un estilista de enorme discreción lingüística y que poseyó una habilidad casi feroz para trenzar narraciones, caracterizar personajes y conducirlos con firmeza por el escenario rural. Un Feijóo, preciso es decirlo, dueño de una mente *posdigresiva*, que va siempre al punto preciso luego de ocultarnos los excesos de solvencia simbólica del paisaje, como si, al pensar en la densidad ambiental y la anchura escenográfica de una novela de este tipo, interviniera en el *tempo* de su textualización como suele intervenirse en el de un cuento.

Juan Quinquín en Pueblo Mocho es una narración de franca simpatía oral, aun cuando se refiere a una realidad (la de los años cincuenta) sombríamente estereotipada por la historia escrita, las crónicas políticas y el rostro egregio de la justicia social. Evade las aburridas transacciones del costumbrismo para insertar tan sólo ciertas células suyas en el torrente de la acción. Desalado y en apariencia ramplón, Feijóo nos cuenta la vida y milagros de Juan Quinquín, cirquero y buscavida, hombre de ética insobornable, presencia atrayente, bueno para el trabajo y amigo del punto guajiro. Consigo lleva siempre la jaula donde vive su canaria Mariela y jamás se separa de su amigo el Jachero. La historia roza por momentos el desenvolvimiento de la picaresca, pero jamás llega a identificarse con él: asistimos al nacimiento de un héroe. Y un héroe que mal se aviene con la enseriada gravedad de algunos héroes de papel, pasados por el filtro de la funcionalidad política. Un héroe, para decirlo en pocas palabras, cuya actuación tiene su origen en el *entendimiento natural del orden y la forma de las cosas*.

Cuando Juan se lleva a Teresa, la que será su mujer incondicional desde toda perspectiva (pero sobre todo desde la óptica del amor romántico), el Alcalde de Pueblo Mocho se enfurece y empiezan los trabajos y las agonías de la pareja. Los tres personajes –Juan, Teresa y el Jachero– conforman el entorno sicológico y moral del amor, la familia y la amistad, figuras inquebrantables a pesar de las vicisitudes. La humildad de Juan y el espesor de un mundo absolutamente provinciano, aunque igual gobernado por el dinero y las posiciones económicas fuertes, tienen una gran capacidad de resistencia al infortunio, lo que hace posible que la trama empiece a acumular momentos de tensión y episodios caracterizadores del verdadero volumen dramático de la persona Juan Quinquín, hábil en el desmonte, en la controversia poética, en la comedia de enredos y, al final, en la táctica militar usada por esa especie de guerrilla primitiva que él capitanea.

Feijóo ha elaborado un vía crucis del héroe romántico, pero observó las reglas de un mundo regido por una mirada exenta de esos conglomerados de *reflexividad acerca del yo*. Poco a poco va endureciendo los contornos de ese héroe, y no concede prácticamente nada a esa reflexividad, a no ser que pensemos –y siempre desde un precario modelo al que el personaje podría someterse– en un espíritu libre, tutelar, lleno de una inocencia estereoscópica, vecina de un panteísmo esencial, y regenteado por un diálogo incesante con los poderes de la tierra y la naturaleza toda. Al enfrentarse de manera sucesiva a la adversidad, Juan Quinquín va modelando instintivamente un ideal que, lo he sugerido ya, no se inspira en ideas políticas ni en programas sociales. Busca la realización de una utopía orgánica, visceral, y así llega a las armas, la pelea armada, cuando reúne a los hombres que oyen y siguen su voz, y prepara una especie de guerrilla para tomar Pueblo Mocho, acabar con los abusos del Alcalde, la guardia rural, y repartir los bienes.

Al final nos damos cuenta de que Feijóo ha apostado por un utopismo que, en lo concerniente a un escritor como él, se apoya en ideas de *ilustración natural* y en una eticidad encarnada en un héroe de destino incierto. En el intento de derrotar a las fuerzas del ejército, enviadas a Pueblo Mocho con el objetivo de sofocar la revuelta campesina, Juan Quinquín cae herido. Dos balazos bastan para que veamos y sintamos su despedida del mundo que quiso arreglar. Dos balazos tras los cuales brota un extraño delirio que expresa su negativa a matar. «No quiero matar», le dice a Teresa entre la vigilia y el ensueño de la muerte. Su última declaración es muy significativa. Y es ahí, en ese punto, donde termina la novela, sin que sepamos con certeza si el héroe muere o si Teresa y el Jachero logran salvarle la vida. Una vida, por cierto, que tiende a reproducirse en el mito del revolucionario santificado por la necesidad imperiosa del bien y cuya conducta exhibe la irreverencia del humor y el apego a una sensualidad exultante.

Policías, conspiradores y algo más

Si no fuera porque las metamorfosis de un escritor resultan lógicas en cualquier trayectoria azuzada por la desazón y la avidez, si no fuera porque el asombro de los críticos ante esas mutaciones no son más que fervientes sustos retóricos, tendríamos que sobresaltarnos de veras, y con goce cierto, cuando identificamos en la personalidad de un escritor la condición proteica que domina sus movimientos y que baraja el repertorio de sus máscaras. No hay nada mejor ni más ameno, en la escritura satelizada por ese camino del exceso que conduce al palacio de la sabiduría –William Blake *dixit*–, que la renovación de fases, incluida en ella la reforma del estilo.

Reynaldo González, el autor de los relatos y viñetas constitutivos de *Miel sobre hojuelas*, ha devenido un escritor de la heterotopía. Dio a conocer ese cuaderno en 1964, cuando tenía veintitrés años, y aunque no todo el libro soporta hoy con facilidad la relectura, cabría decir que sí admite ese tipo de examen perverso desde donde podemos flexionar la escritura para ver lo que ella es capaz de esconder en tanto posibilidad.

González disfruta de una suerte de panopsia y es también como veremos, en lo que toca a los años sesenta, el legitimador de un amor disidente –hoy decimos amor homoerótico, y más si este prospera en un dominio adverso, para que entre de lleno en el campo de los estudios *queer*, repletos de tecnicismos– en su novela *Siempre la muerte, su paso breve* (1968).

De cierto modo, *Miel sobre hojuelas* continúa el tipo de estructuración exterior visible en *Así en la paz como en la guerra*, de Guillermo Cabrera Infante. Su asunto es esa asociación de atmósferas –creadas rápidamente, con trazos muy precisos– y ambientes físicos, tangibles, con sus encuadres abruptos, que convencionalizan el segundo lustro de la década del cincuenta en Cuba. Policías, conspiradores revolucionarios y una violencia que gana sus matices en la introspección y el vínculo amoroso resultan los *shifting topics* de un grupo de narraciones –siete en total– intervenidas por seis viñetas cuyas modulaciones, bastante dispares, quitan y ponen acentos dramáticos y de enunciación en los relatos. Se trata de un tipo de ordenamiento que promueve procesos de lectura completamente deliberados, es decir, atentos a la estimulación y los efectos que alcanzarían a causar en el receptor.

Los cuatro primeros textos («La ventana», «Nuevamente lunes», «4 en un jeep» y «Al mediodía») nos introducen en ese mundo de la violencia y el peligro del cuerpo, la temblorosa sangre fría, el nerviosismo del movimiento, la simulación de la quietud: un hombre joven mira una ventana que no es sino una reja, la reja de su celda; la rutina del trabajo de los funcionarios públicos se contrasta con las maniobras antigubernamentales, o con algún equívoco poseedor de un inmediato y al mismo tiempo lejano sabor erótico; un policía necesita una vivienda mejor y se empeña en lograrla por medio del éxito de una operación de captura en un edificio de oficinas. Y he aquí, también, la astucia de envolver a veces la narración-descripción con el tono que proporciona un ojo testificador.

Esa última operación llega a los lectores de hoy acompañada por los mitos globales y preceptivos de la llamada narrativa revolucionaria, un estatuto vago, grávido de presunciones ingenuas, que ha caído siempre en el descrédito al que aspira tarde o temprano, consciente o inconscientemente –suicida voluntaria o involuntaria–, la mala prosa de ficción. Sin embargo, Reynaldo González ejercita, tan temprano, una discreción no del tono –que hoy puede, por momentos, acaso perturbarnos un poco–, sino del acontecer propio de cada relato. Ellos originan la impresión de que lo que sucede (lo que acontece fundamentalmente ante nuestra vista) es el resultado de sustracciones violentas y, al parecer, intuitivas.

Reynaldo González ha sido llamado *narrador de la Revolución* o algo semejante. La sombra que este libro arroja *a posteriori* no podría más que autorizar esa distinción. Y cuando digo la sombra, no me refiero a la lectura que el presente haría de *Miel sobre hojuelas*. Más bien hablo de una propuesta subliminal que nos hace el cuaderno desde el día de su publicación: leerlo novelescamente.

Un esclarecimiento posible de esta afortunada anomalía se encuentra en las articulaciones, silenciosas o evidentes, entre los cuentos y las viñetas. Un personaje –Eva, por ejemplo– salta de un texto a otro con perfecta naturalidad. El clima sicológico es el mismo en ambos y las variaciones ocurren tan sólo en el plano del relieve narrativo y en el control de las voces. Pero la verdadera dilucidación del regusto novelesco se encuentra allí donde la apariencia y la dramaturgia de un relato nos sirve para completar lo que nos falta en otro y viceversa. Tal es el caso de «Adagio» y «Alguien ha muerto esta noche»; el primero –con mayor aire reflexivo– hurga en el mundo retirado y tranquilo de la clase media alta, refugiada a veces en la referencialidad inefable de los objetos y en la solidez de los inmuebles, y el segundo –cortante y directo– inquiere en contrastes éticos infranqueables, de gran rugosidad y que bordean lo previsible: la vergüenza y el espanto de una mujer cuando se convence al fin de que su marido es un policía capaz de asesinar.

Pero la historia que más interés despierta, por lo temprano de su ejecución, la puntualidad de su asunto y el modo en que Reynaldo González resuelve la lógica de sus posibles narrativos, es esa que lo hace responsable de aquel predicamento: *narrador de la Revolución*. Se trata del relato que le da título al libro, un texto de eficiencia alegórica donde el pretérito que la Revolución quiere abolir colinda –representado por una casa donde viven un esbirro, su esposa y un viejo enfermo de tedio y tristeza– con el embrión de un mundo nuevo encarnado por la casa en cuya familia se esconde un revolucionario herido. Sin embargo, esta fácil distribución de oposiciones es más sutil. En la casa del esbirro vive el anciano de marras, que se entrega al cuidado de un panal de abejas a punto de ser castrado. El panal se halla en un rincón del patio colectivo. Pero el viejo muere y el panal queda en su sitio, la nutritiva miel aguardando por otros, mientras que en una de las casas nace un niño y un rumor de voces –es el primer día del año 1959– se expande por las calles. El revolucionario, herido en una pierna, sale de su escondite. «Ha aprendido a cojear con decisión», nos dice el narrador. Y todos se van a esa iniciática congregación.

El ojo del narrador se mueve de una situación a otra morosamente, con ciertas dosis de deleite, llegando al límite que separa la *reflexividad* de una prosa que *narra hechos*, de la *reflexividad* de una prosa que se esmera, al usar la primera persona del plural como referencia de interlocución, en convertir los escenarios y los puntos nodales de la acción casi en objetos de estudio. Una vuelta de tuerca haría de «Miel sobre hojuelas», aberrantemente, un raro texto para la asepsia del *nouveau roman*, pero sabemos que tras esos usos del punto de vista hay una especie de lirismo próximo al oratorio y no un goce cumplido en las superficies del mundo.

Miel sobre hojuelas se convierte así en una ficción significativa –avengámonos a singularizar el conjunto, para acercarlo a su disimulado anhelo novelesco– dentro de la narrativa de una década donde convivieron, ruidosamente, el final de una época y el principio de otra.

MILICIANOS Y MERCENARIOS A ORILLAS DEL MAR

La llamada narrativa de la violencia, con su programa estético y sus asuntos puntuales, no fue sino un sendero corto, accidentado, en la literatura cubana de los años sesenta y parte de los setenta; por él anduvo un grupo de escritores en cuyas obras el cuento fue un género privilegiado. La violencia, una circunstancia de la Revolución y de sus ficciones, se puso de manifiesto en textos que hoy, como algunos otros, son de lectura ingrata. Pero examinarlos, o tomarles el pulso a ver si han fallecido o continúan vivos (en estado latente, diríamos), es una operación que puede arrojar un saldo de interés, en especial si de ese examen se extraen conclusiones acerca no de lo que un escritor hizo con un asunto equis, sino más bien *de lo que pudo haber hecho y no hizo* (por falta de interés, por impericia, por obcecación).

Raúl González de Cascorro, narrador desnivelado, harto desigual en lo que concierne a la sensibilidad de nuestros días, ganó en 1962 el premio Casa de las Américas en el género de cuento con su volumen *Gente de Playa Girón*, casi un objeto de marcha y contramarcha por un espacio social ajetreado a causa de los enfrentamientos políticos, el debate ideológico y el recuerdo excitante de los días de guerra durante una confrontación que, de inmediato, pasó a formar parte de una mitología de la resistencia en los predios de la utopía social. González de Cascorro fue un narrador formado dentro del horizonte del realismo en los años cuarenta, y resulta importante hacer notar que ese libro *de urgencias*, por así denominarlo, arrastró consigo la experiencia estética de sus ejercicios compositivos iniciales, agrupados en *Cincuentenario y otros cuentos* (1952) y *Vidas sin domingo* (1956). Ejercicios en la tendencia rural de una escritura presta a satisfacer demandas de pronunciamiento y roles de conciencia crítica.

Gente de Playa Girón es, en tanto título, un enunciado sin pretensiones, casi periodístico, pero que revela una intuición a primera vista «reglamentaria» y, a la larga, literariamente correcta. El título entiende los sucesos como un sistema y el libro también. Y González de Cascorro, poseedor de un entrenamiento en principio intuitivo, más o menos perspicaz aunque no brillante, elaboró una estructura dramática que pone en juego dos dispositivos de singular relevancia: el dialogismo de personajes y situaciones y la movilidad espacio-temporal del narrador (los narradores) al situarse, sin esquemas de ninguna clase, casi con candor (o con el candor de la ignorancia), lo mismo en el recuerdo de esas gentes, que en sus sueños, o en el presente de sus angustias y preocupaciones. *Gente de Playa Girón* es un breve manojo de cuentos interconectados y que trazan rutas diversas, destinadas todas a desembocar en la atmósfera y la inmediatez de la guerra.

A pesar de numerosas endebleces dramatúrgicas, las mismas que podemos hallar en sus relatos de diez años antes –porque se trata, sin duda, de un escritor menor, romo, aposentado entre el deseo de realizar una obra estéticamente fuerte y la incapacidad de saltar por encima de limitaciones de sensibilidad artística colosales–, González de Cascorro alcanzó a ver en la cimentación de su libro un atractivo del que probablemente no fue consciente por entero. Al referirse de manera discontinua al cronotopo de la guerra, al evocarla intermitentemente y de acuerdo con la distribución de sus secuencias, pudo realizar sucesivas jerarquizaciones dramáticas de los personajes y, así, fue presentando sus vidas por segmentos, según las necesidades de cada relato, que a la larga se constituyen en necesidades de índole novelesca sin llegar a integrarse en el cuerpo de una novela cabal.

¿Qué efecto causa semejante estructura en la impresión general dejada por el libro? Antes de contestar esa pregunta, en la cual se cifra la aceptable legibilidad de *Gente de Playa Girón* al menos en el territorio de la arqueología literaria, conviene describir un poco los procedimientos de González de Cascorro. Suponemos que se ha planteado el dilema de hablar de Playa Girón sin hacer una crónica, o un testimonio cuajado de reportes plurívocos. Quiere escribir un libro de cuentos y, sin embargo, intuye que no han de ser cuentos al uso, al cabo en peligro de ser absorbidos por la ciénaga de la testificación. Ya en los días posteriores a la victoria de los milicianos la testificación se convirtió en una práctica de cada minuto. El testimonio halló en la historia de aquel momento, y de otros momentos que vendrían luego, una especie de germinación floreciente. Era el género *revolucionario* por antonomasia y no había nada que hacer al respecto.

Y fue entonces cuando González de Cascorro acertó a situarse, con loable ubicuidad, en la mente de varios personajes al mismo tiempo; se aposentó allí, en un territorio de la evocación –del pretérito inmediato, en contextos que retratan bien, con el esquematismo que era de esperar, sus distintas procedencias sociales, sus entornos domésticos, sus temores y anhelos, sus culpas, sus instantes de felicidad, sus imágenes recurrentes–, y tejió todos esos hilos hasta hacerlos converger en ese conjunto o sistema de episodios que fue Playa Girón.

La trama general conseguida así no deja de referirse, con tonalidades que reproducen el aura sociológica de una zona de la narrativa cubana entre los años treinta y los cincuenta, a dilemas específicos como la miseria del campesino, la violencia rural, la prostitución, la represión policial, el desamparo socioeconómico y el analfabetismo; pero todos ellos, al par que reformulan un escenario y una época transcurrida, están ahí, en las páginas del volumen, como motivaciones de la conducta o como fantasmas que salen y se pasean ante los personajes, ocupados en desempeñarse bien en el ámbito crucial de la guerra.

El sabor novelesco que logra imponer *Gente de Playa Girón* es un valor que tiene su origen en la presencia de todas esas yuxtaposiciones de planos dramáticos, recuerdos y sentimientos, cuando por ejemplo, en «El chulo regresa», a la información de la presencia del proxeneta (y éste es como el epítome de todos los proxenetas, del mismo modo que la joven seducida y abandonada de ese cuento y de «Recuerdos de Eloísa» es el epítome de todas las guajiritas encandiladas por las luces de la capital) en un barco mercenario, se añaden secuencias enteras de su vida antes de marcharse a los Estados Unidos. Secuencias que dibujan la estatura moral de él y su mujer y que van agrandándose en la misma medida en que se agrandan sus culpas y crecen el fragor del combate y la resistencia de los milicianos.

El procedimiento, no vamos a negarlo, posee una eficacia comprobable porque permite distribuir determinados énfasis una y otra vez hasta la conformación de una red funcional. Pero ya entonces (y ni qué decir ahora) la escritura donde ella acaba emulsionándose era de una ingenuidad incómoda, llena de lugares comunes y de formas predecibles. No obstante, el libro se salva de pertenecer a una literatura de consignas sin dejar de ser una obra con una solvencia sociopolítica muy concreta. Lo primero es siempre catastrófico. Lo segundo suele ser una virtud.

Los años de Jesús Díaz

Lo que conocemos como unicidad del estilo, una condición que se evidencia muy bien en algunas colecciones de cuentos dadas a conocer en Cuba durante la década de los sesenta, se reafirma por lo general bajo la tutela del imperativo temático, que suele sostenerse en la estandarización de ciertos asuntos *literarios* intrínsecamente ligados al advenimiento de la Revolución.

Si no fuera porque Jesús Díaz halló el modo de explorar, como otros narradores surgidos entonces, el alma de sus personajes desde la perspectiva de la persona; si no fuera porque lo hizo sin abandonar el ritmo interior de sus actos ni la densa peripecia de sus vidas, se diría que *Los años duros* —premio Casa de las Américas en 1966— es un ejercicio en última instancia *también* costumbrista, apoyado en el proceso de semiosis de un amplio grupo de lexicalizaciones que marcan, o acaso condensan, el rumor cotidiano de una época, o de varias épocas, y que emblematizan, ante los ojos del hoy, un mundo transcurrido, lavado por la historia y las palabras de la historia; un mundo marcado por esas lexicalizaciones capaces de conformar un *mood* estilístico y que intervienen provechosamente en la afirmación de un espacio literario lleno de índices acerca del pasado, índices estructuradores de ciertos tipos de vida que perviven ahora mismo en la reminiscencia y la fabulación, y de ciertos fenómenos como la índole de la violencia en tanto frontera de la conducta.

La lectura inocente de *Los años duros*, despojada de sus anclajes circunstanciales, no es posible ya; como muchos otros volúmenes que, principalmente en el segundo lustro de los sesenta, cambiaron el tono, la intención y el rumbo de la narrativa cubana, éste sobreviene hoy como la notable pieza arqueológica que es con respecto al ayer, y como la demostración de habilidad configurativa que sigue siendo. Tal vez por todo ello, cuando conocí a Jesús Díaz en Madrid una tarde primaveral de 1996 y le hablé de mi proyecto de antologar un siglo del cuento en Cuba, tomó con discreta reserva la inclusión de una de las piezas de *Los años duros* en el libro que luego llevaría por título un fragmento de un verso de Heredia: *Aire de luz*. De hecho el texto que él escogió, «Flores para tu altar», forma parte de su novela *Las palabras perdidas* (1992).

Los años duros es un documento de estirpe cinematográfica cuya mayor virtud es la del ensayo de la ficción dentro de los moldes del docudrama;

si bien posee una zona central que funciona como una suerte de tránsito o bisagra entre dos trípticos –el llamado «Muy al principio» y el que cierra el libro, «No matarás»–, la tónica compositiva se adecua a la visión estereoscópica y simultaneada de dos momentos donde la violencia adquiere dimensiones definitivas. Esos dos momentos son respectivamente, en lo que concierne a los trípticos en cuestión: 1) el referido a la lucha de los estudiantes en un ciudad dominada por el terror policial y las delaciones políticas poco antes de la caída del gobierno del general Fulgencio Batista, y 2) el que subraya la dinámica casi coreográfica de la lucha contra las bandas contrarrevolucionarias en diversas zonas rurales de la isla.

Lo que Díaz pudo siempre dominar muy bien fue una técnica sencilla (sin la oscuridad de la pirueta linguoestilística) con la que alcanzó a suprimir determinadas mediaciones del lenguaje al revelar y potenciar el volumen y las adherencias de la oralidad en circunstancias de un gran espesor diegético, avasalladas, digámoslo así, por las voces de los textos. Cuando aludo a esas mediaciones, intento decir que para Díaz –y esto se cumple en su obra posterior, esencialmente novelesca– era importante la constatación del mundo interior de sus criaturas, pero necesitaba testificarlo dentro de la emulsión vocálica, lo mismo en el diálogo interior –en cuya producción llegó a poseer destreza– que en el diálogo directo.

«Muy al principio» podría ser un tipo de cortometraje que se avecina a la perfección formal y que está integrado por «El encuentro», «El cojo» y «El capitán»; se trata de una historia totalizadora que empieza en las aulas de un Instituto, cuando un grupo de estudiantes interrumpe las clases y lanza volantes contra la gobierno; el director avisa, la policía entra en el lugar y se producen las detenciones. A este cronotopo se adicionan el relato de un sabotaje que acaba mal y los recuerdos fragmentarios de otros episodios, en el Instituto y fuera de él. Díaz se da a modificar la perspectiva desde donde los hechos van quedando paulatinamente iluminados, o expuestos con distintos énfasis, o encuadrados por un ojo que se abre y se cierra, en el curso del tiempo, como un *shifting mirror* muy económico. Al final tenemos un grupo de módulos desplazables y a los que el lector regresa para desmontarlos y acabar de entender cuál ha sido la trayectoria de ese personaje llamado el Chino, un joven donde confluyen el temor, el deseo amoroso, la duda, la necesidad de matar para defenderse y el conflicto universal de una sobrevivencia honorable.

Cuando digo que esa primera sección de *Los años duros* se constituye, de cierta manera, en un cortometraje, lo que pretendo indicar es la contracción del tiempo real de las tres historias dentro del dilatado tiempo histórico de la trama que ellas edifican, más las sucesivas articulaciones episódicas que se producen sobre la base de acciones ya supuestas y que se desnudan como regresiones o como evocaciones de uno o varios personajes. He aquí una organización narrativa que funciona gracias al rendimiento del punto de vista y al control dramatúrgico de las tramas.

A diferencia de «Muy al principio», los textos que le siguen se concentran en asuntos muy puntuales, capaces de elaborar esa atmósfera a la que se remiten los personajes. Díaz quiere decirnos cómo eran aquellos años –en realidad, publicado el libro en 1966, la inmediatez de la historia no permite que nos expresemos de ese modo, y sin embargo, más de cuarenta años después, la voz autoral consigue, como cualquier otra, una ilusión de tiempo presente, detenido, y entonces, más que narrar hechos concretos, lo que esa voz hace es testificarlos atmosféricamente– y coloca allí, antes de que podamos leer los cuentos de «No matarás», cuatro narraciones sobre la vida en las unidades militares recién creadas por la Revolución, el extremismo político, la cotidianidad violenta de los cortes de caña, los mitos de la condición revolucionaria como utopía del sujeto y la sordidez criminal de la contrarrevolución armada, tópicos todos que se desenvuelven como un hiato y que recontextualizan la nueva época en sus referentes sicológicos y lingüísticos.

Así prepara Díaz al lector antes de introducirlo en las historias cruzadas de «No matarás» –«Los bandidos», «Erasmo» y «La negativa»–, un ensemble también cinematográfico donde el movimiento modulatorio y las rectificaciones del ángulo de visión subrayan esa plasticidad coreográfica a la que ya me referí, una plasticidad congruente, en cualquier caso, con cierto refinamiento garboso y agreste donde el furor homicida llega a ciertos límites –se trata de hombres que pelean a muerte y que están enfrentándose constantemente, en tensiones extremas, al peligro de perder la vida y las ilusiones– y donde la fealdad de la violencia, provenga de los milicianos o de los bandidos, se expresa con el ardor de las certidumbres que caben dentro del compromiso existencial de la literatura.

En lo que toca a ese compromiso, Jesús Díaz abrió, con Eduardo Heras León, Norberto Fuentes y otros, un camino en la narrativa cubana contemporánea durante los comienzos de la Revolución, los inicios de una época en que la Revolución era un totalizador contexto político, social y sicológico, además de ser un proceso veloz, atomizado, lleno de contradicciones y urgencias, y un tema casi ineludible que, como una sustancia ubicua, empapó de un modo u otro –por presencia o por ausencia– las prácticas creativas de aquellos años.

En peligro de muerte: clandestinos, rebeldes, milicianos y bandidos

A fines de los años sesenta la retórica de ciertos asuntos –la lucha contra bandidos y la violencia urbana, por ejemplo– llegó a un cansancio innegable. Dichos asuntos se habían situado en la orbitación repetitiva de las tipologías que fueron produciéndose allí, en medio de gastados tratamientos literarios. Me refiero a una lasitud que parece muy congruente con el adelgazamiento y la disfunción. De pronto, sin embargo, esas ausencias –las que se originan en la debilidad y el colapso de algunos procedimientos de arquitectura discursiva– se desvanecieron en ficciones cuyo valor, hoy, nada tiene que ver con la referencia a los contextos inmediatos de la historia de la Revolución. Si bien era inevitable que el relato en prosa llegara al estancamiento por el camino de esa retórica, no es menos cierto que, por momentos, el bandido, el joven revolucionario clandestino y el miliciano tomaron un segundo aire. Tal es el caso de los cuentos de Juan Luis Herrero, aparecidos en 1967 bajo el título de *Tigres en el Vedado*, libro con el que obtuvo una mención en el concurso David de esa fecha.

La mirada crítica de ahora mismo no parece concederle prácticamente nada, en términos de crédito, a determinada zona poblada por esos personajes. A primera vista esa actitud no parece infundada, pues ella es un efecto de las automatizaciones y desgastes de lo que vino a llamarse literatura revolucionaria, una praxis y, al mismo tiempo, una concepción fundadas sobre bases de excepcional fragilidad. Aun así, hubo ejercicios como los de Herrero, fabulador desembarazado del virus de los ideologemas tangibles y presto a contar historias trenzadas mediante personajes poseedores de un volumen cierto.

El enunciado final por supuesto que es el de siempre. Y no obstante su repetición, sus agentes –un discurso de rara eficacia visual y una dramaturgia que suele convencernos de que, tras los personajes, hay siempre un problema íntimo, soluble en el espejo interior– se separan de la uniformidad y de ese patetismo de la ineficacia comunicativa.

Me gustaría insistir en la energía argumentativa de esa *flexión* que convierte a un gran gesto épico en un matiz dramático. Una flexión *particularizadora* que separa al lector de los estereotipos y que, de modo natural, invierte la ocupación de los planos: la épica del ideologema, vitalizada por movimientos ya bastante predecibles, se esconde y casi desaparece detrás de una operación de dramaturgia llena de actos y actitudes alejados de cualquier espectador que no se identifique con el yo más íntimo, con las simas del laberinto personal y con la autoconciencia.

La legitimación del mundo inmediato

El procedimiento es muy viejo y no por eso su rendimiento disminuye. Supongo que Herrero se dio cuenta de la necesidad de ponerlo en práctica en un relato como «Acuérdate de Ramón Rodríguez», donde unos rebeldes tropiezan con un jeep del gobierno y sus ocupantes, tres soldados que no ofrecen resistencia y que piden clemencia. El llano está peligrosamente cerca y también un cuartel, y los rebeldes no se deciden a actuar de manera definitiva —matar a los soldados en lugar de dejarlos atados y sin armas—; hay una cuidadosa vacilación que pasa por el deseo de conservar la vida propia, el propósito de no cometer una injusticia y el debate moral que significa pensar en el momentáneo desvalimiento de los enemigos frente a la alternativa de eliminar el riesgo que representan. Al final, luego de atar a los soldados, el más resoluto de los rebeldes nota que uno de los prisioneros mueve con violencia una mano, y hace fuego. La mano, sin embargo, se había movido tan sólo en busca de un molesto insecto.

Lo que allí ocurre es significativo aunque no nos sorprenda. El rebelde dispara y mata a los soldados batistianos *convencido* de la necesidad de hacerlo, pero como ve que sus compañeros no lo están, se apoya en un artificio *práctico* que *apacigua* en ellos el posible sentimiento de culpa. El casquito iba a soltarse, iba a agredirlos; el imperativo era «defenderse» de ellos, pero también, y sobre todo, de la culpa posterior. Nada de esto forma parte del discurso. Se encuentra en el silencio y las miradas de los personajes

Esguinces como ese aparecen en «El chota», la historia de un traidor que hace ciertas declaraciones porque no puede enfrentarse a la perspectiva de ser torturado. Esta narración tiene un complemento en «El juicio», un texto sobre la legitimidad de la vida humana y, también, sobre el tenso diálogo del yo con aquellas decisiones que pueden o no acompañar al individuo, que el individuo puede o no *soportar* en tanto recuerdos. El delator de «El chota» está ahora en el borde de un balcón, sobre una baranda que termina en el vacío de la altura, y va a suicidarse. Mientras decide saltar o no —pues esa decisión depende de lo que está escuchando, del peso de las palabras de sus compañeros—, una pregunta queda formulada: ¿cuál es el castigo mejor, dejar que salte y muera o permitirle vivir con una culpa que no podrá asumir sin el debido sufrimiento?

Supongamos que los públicos actuales no condescienden a entenderse ni siquiera con tales tensiones narrativas, bien por falta de interés o bien por la simple consunción de sus formas; supongamos que esas tensiones no les bastan. Diríamos entonces que, en efecto, ellas no resultan suficientes y que, asimismo, no garantizan nada en cuanto a la gran expectativa del relato, en especial si argumentos disímiles convergen en una tipología que se anexa a la testificación de la historia. Sin embargo, en *Tigres en el Vedado* hay dos cuentos –«No has vuelto a ladrar, Canelo» y «La Niña de Aguadilla»– que sí trascienden esas tensiones aun cuando se trata de personajes típicos. (O atípicos, de acuerdo con las torsiones que experimentan, y porque aspiran a resolver una *ecuación humana* saturada de articulaciones y situada fuera de los marcos del heroísmo.)

En «No has vuelto a ladrar, Canelo» hay un antihéroe que modifica inesperadamente su empaque. Bien avanzado el relato notamos que se trata de un loco. Empezamos a disfrutar, en la relectura inmediata, de los atractivos de esa circunstancia cuando el personaje aparece en un bohío, con su fusil inconfundible –un M-3–, y entabla una conversación donde el otro, su interlocutor, es una voz ausente, sin resonancia, vacía, intercambio este al que se añade el perro Canelo, piedra de toque de un destino deplorable en cuyo centro, aunque quien habla es un disidente solitario y marcado por la desventura, hay cierta comicidad siniestra, cierto filón de andares tragicómicos. El hombre se ha vuelto loco de tanta soledad, y un bandido loco, que dialoga incesantemente con un perro fantasma sobre el hambre y esa especie de destierro que nace en las huidas duraderas, inculca en el tono de la historia un patetismo ambiguo, lleno de detalles que son la riqueza del cuento y que arman, así, su densidad.

Aunque «La Niña de Aguadilla» nos puede parecer, en última instancia, un estudio sicológico, su compostura es la de un relato muy bien construido, virtud que parecen rebatir su sencillez y su ligero modo de fluir. Jefa de bandidos, poseedora de una tropa de treinticinco hombres, la Niña había tenido, sin embargo, un pretérito como soldado rebelde, una especie de origen angélico aderezado, además, por la muerte violenta de sus padres y su propia violación, dos hechos adyacentes y cometidos por una tropilla de cuatro soldados batistianos. Pero ella ha ido haciendo justicia poco a poco y como al margen, digámoslo así, de la Revolución. No olvida (no puede olvidar) la identidad de los hombres que ensombrecieron su vida para siempre.

Herrero, acaso de manera inconsciente, es responsable en este texto de un proceder donde algunos paradigmas quedan invertidos. La feminidad visible de la Niña (antes de su estancia con los rebeldes) se transforma en masculinidad y hombradía (durante su estancia con los rebeldes). En este punto surge el deseo amoroso, o algo parecido, y esa masculinidad valiente se desnuda y aparece otra vez la mujer. Hay una preñez (acaso un punto de *castigable* debilidad, si entramos en el pensamiento de la Niña) que viene a complicarlo todo, a afligir la existencia, y de pronto vemos a la Niña abandonando a los rebeldes, la vemos regresar a su pueblo, sola, ensombrecida por segunda vez, hasta que de nuevo aparece ejerciendo el poder sobre los hombres, conformando el paradigma de la masculinidad sometedora, sólo que allí su signo no es lo angélico, pues ya entonces es la jefa inflexible de treinticinco alzados contra la Revolución y arrastra consigo una leyenda negra, una demonización incierta. Lo más curioso es que Herrero, en una fecha tan temprana, haya alcanzado a desideologizar la trama, transformándola en la historia de una pasión malograda (el amor con Ñico, soldado rebelde) que desemboca en la miseria y la ruina espiritual, en la necesidad de vivir dentro del mal y la violencia, como si sólo una oscura venganza, médula misma del ejercicio de la individualidad a toda costa, pudiera redimir a esa muchacha a quien los milicianos, a la cabeza de los cuales está precisamente Ñico, no le quieren disparar. Ñico y los milicianos están a punto de apresarla y es entonces cuando comprendemos que Herrero ha sabido evadir otro peligro: el desborde sentimental de una historia secretamente romántica en la que florece un perentorio erotismo.

Del claroscuro y la profundidad

Más allá de la rápida (acaso urgente) meditación preceptiva de Enrique Lihn en torno a la «literatura revolucionaria», especie de metódica encapsulada en el espacio de la nota de solapas de *Tute de reyes*, primer libro de Antonio Benítez Rojo (1931) y premio Casa de las Américas en 1967; más allá de lo que podemos adivinar en esa nota, con su adhesión al utopismo cultural y su gozo por la evidencia de un proyecto estético sólido, resulta cierto que las historias de Benítez Rojo parecieron entonces como salidas de una matriz invisible. Lihn nos remite a eso que él llama economía del espíritu, que en Benítez Rojo y otros escritores se traduce a los términos de la discreción literaria.

No es que la discreción abunde, pues resulta difícil ser discreto cuando se cuenta algo –a no ser que el escritor sea muy consciente de la cadena de posposiciones dramáticas con que trabaja–, y más cuando ese relatar completa su identidad lingüística en el obvio y necesario estatuto de la publicación. Supongo que Lihn apreció en *Tute de reyes* los sabores de lo magro, la tendencia de Benítez a construir un espacio literario relativamente «consumido», que queda «exhausto» después de ciertas sistemáticas renuncias de su estilo *como proceso de autorregulación*.

La discreción de *Tute de reyes* es, sin embargo, una certeza llena de altibajos, pues dibuja una sinusoide en la que se ponen de manifiesto las necesidades prácticas de lo explícito y lo implícito. Aun así, al ceñirnos a ese movimiento de intensidades, notamos que el autocontrol no es una meta embarazosa, lo cual nos invita a pensar en la enorme deliberación estilística con que fue escrito este libro, uno de los verdaderamente significativos en la prosa de ficción cubana de los años sesenta.

De lo discreto, de la cautela al contar y referir, de la circunspección que se modera a más y a menos, resulta legítimo pasar a un *totum factotum* de la prosa narrativa de todos los tiempos: el gótico lógico. A diferencia del histórico, o del neogótico –y descontando las operatorias de la continuidad, el homenaje o la mímica en relación con algunas poéticas posrrománticas de aquello que los traductores de Mario Praz al inglés llaman *the gothic flame*–, el gótico lógico no entra en contacto, salvo en muy pocas excepciones donde la referencia se hace densa por su productividad en la significación, con los mitos de la crueldad sobrenatural ni con sus escenarios tradicionales. Recordemos lo que ocurre en algunos relatos de Guillermo Cabrera Infante ya aludidos.

(Por ejemplo, el término paragótico queda dicho, con ánimo conclusivo, en un filme extraordinario de Martin Scorsese, *La edad de la inocencia*, basado en la novela homónima de Edith Wharton, la talentosa seguidora de Henry James. La voz narrativa del filme cuenta cómo nadie acepta, *sin decir no*, la invitación a la fiesta donde se habría de presentar a la sociedad neoyorquina, con las formalidades de rigor, la irreverente, seductora a su pesar y harto moderna madame Olenska.)

Volviendo a nuestro asunto, más bien se trata, creo, de un pacto de no revelación (o de revelación intermitente por medio del rodeo y el acecho), o de un acuerdo entre el dato logocéntrico y su confirmación no logocéntrica, para expresarme con alguna exactitud. Es así que, de cierto modo, Benítez Rojo es un paragótico en determinados momentos fundamentales de *Tute de reyes*.

El cuento que le da título al libro, pongamos por caso, es un ejemplo de comedimiento y de acontecer episódico. Topamos con un personaje como Robledo, a ratos un extraño heredero del hermano de Lady Madeline, la sombría resucitada de Poe en «La caída de la casa Usher». El centro de la historia es el conflicto interior de este Robledo, sitiado por el fantasma de su propia infancia, que encarna en un niño –él mismo, con su gorra marinera– cuya figura se encuentra en los retratos y en la vida cotidiana y morosa. Para los circunstantes, el dramatismo de Robledo –que él intenta explicar sin éxito, ya que el conflicto resulta parcialmente inefable– cae en el territorio de las manías, y aunque el narrador de la historia no alcance a poner sobre la mesa, al final del juego, su tute de reyes, algo misterioso ocurrirá cuando –este momento es sencillamente estremecedor– el personaje se marche con precipitación y se acomode en su Cadillac junto al niño espectral, que es como la muerte en busca de un hombre al cabo de su existencia moral.

Hay que decir que este libro dispone sus piezas en tesituras alternas, en una especie de plan con el que Benítez Rojo intenta configurar un movimiento de lo más tupido a lo menos tupido, como si el lector debiera ir, de su mano, de una historia conceptualmente frondosa a otra que no lo es tanto, o que simplemente llega a esa frondosidad por un camino donde la realidad diaria es más visible. Por ejemplo, a continuación de «Tute de reyes» viene «Salto atrás», una broma altisonante y macabra, con toques fantásticos, sobre el racismo, un texto donde Susana, joven blanca y de buena familia, se enamora de un negro, tras lo cual ella misma va experimentando una mutación en su piel, cambio este donde se aprecia una predecible y a ratos mordaz alegoría, y que precipita los acontecimientos en un suicidio —el de la joven— espectacular, un suicidio que nos revela el costado en ocasiones ridículo de los hechos extremos.

Con «Evaristo» regresamos al espesor a que aludí, una suerte de cohesión en la cual la trama busca su enunciado como la mano su guante. Por medio de este relato, dosificación singular de la médula de un secreto, se nos va descubriendo el mundo cerradísimo de Evaristo, inválido parapléjico en silla de ruedas, y su madre, esa dama que podemos casi tocar y que es un hervidero de aspiraciones y sentimientos disimulados. La madre de Evaristo «gustaba de leer novelas eróticas que le suministraba un chino silencioso», nos dice Benítez Rojo, y con la frase (una delicia) tenemos ya una de esas caracterizaciones audaces y raudas que, de manera impresionista y sin desdeñar el dibujo fino de una psiquis, revelan la índole del estilo.

Como la perspectiva del cuento se sitúa en el personaje-narrador, un mendigo que refiere cómo entró al servicio de Evaristo y su madre —el mendigo es un exoficial de Batista que, a inicios de los años sesenta, muta en pordiosero para evadir la justicia revolucionaria—, los resortes dramáticos y la lógica de los posibles narrativos experimentan un ondulado proceso de aplazamiento. Pero lo que descubrimos casi al final es una realidad atroz, el origen mismo de toda la fascinación del falso mendigo por Evaristo: sobre la figura de éste se recorta la de Luisa, otra paralítica, víctima de aquél durante una operación policial. Y es ese morboso embrujo el que desata los terrores y conjura los fantasmas del intruso, un sádico a punto de ser fusilado.

Leído hoy, el relato muestra una dimensión artística plausible porque sus dispositivos de acumulación dramática funcionan de manera congruente con determinado horizonte de expectativas en torno al nacimiento de aquel embrujo. Hay allí una especie de cálculo, una premeditación desde la que se manipula al lector y con la cual «Evaristo» exhibe su naturaleza teorémica. Sin embargo, otro es el caso de «Puesta de sol», cuyo contexto de acción se prodiga en los espacios abiertos. Aquí podemos seguir el itinerario de Valdés, itinerario que no es sino el proceso minucioso de su humillación, de su fin como individualidad. A Valdés su mujer lo traiciona; en el malecón, durante un diálogo lleno de requiebros con una desconocida, esta le roba; en un café un camarero lo golpea con un trapo. Nadie distingue a Valdés, su insignificancia lo convierte en el genuino hombre invisible.

Benítez Rojo explora compendiosamente, en ese relato, la dolorida y desconcertante objetivación del menoscabo personal, pero es en otros textos, insisto, donde su estilo alcanza a constituirse en un acierto –más convincente porque acaso es más sutil y redondo– del modelado de un mundo aristocratizante, en declive, y, aun así, bello, de una suntuosidad todavía distinguible (es el aire triunfal de todo gran fracaso) en las superficies físicas y en los objetos. «Estatuas sepultadas», uno de los cuentos representativos de su trayectoria, y probablemente uno de los indispensables para conformar la tipología de las inquietudes y dilemas estéticos de la narrativa cubana en los años sesenta, cuenta la historia de una familia con las características que he dicho: mortecina, deteriorada, pero que se aferra todavía a los índices de un pretérito feliz y opulento, y a la simulación, interior y exterior, de un estilo de vida ya extinto, mientras afuera, tras las rejas que resguardan la mansión, las transformaciones que empezaron después de 1959 se hacen cada vez más radicales.

Aunque el texto cuenta, mediante la voz de Lucila, una historia, esta se halla intervenida por circunloquios narrativos que retardan, disminuyen y desdramatizan la actuación de los personajes. Una especie de ojo resolutivo, cuyo emblema esencial es la aglutinación metafórica, se mete aquí y allá, implacable; la mariposa dorada de Cecilia no es una mariposa, sino un símbolo; las estatuas que la hierba oculta, rotas y llenas de fijeza, representan una manera de ver el mundo ya ida; la erotización en torno a Aurelio, un sujeto más bien sin atractivos, forma parte del tenso vínculo de la observación irónica con la construcción paragótica de un universo cerrado.

Pero lo que más llama la atención de «Estatuas sepultadas», junto a su goticismo ambivalente e incierto (por lo general a punto de metamorfosearse en escenario para el sarcasmo y el absurdo), es esa dialéctica de la indeterminación que se materializa en la circularidad del punto de vista, entre cuyos cuidados se encuentra el de mantener los sucesos dentro de un margen de irresolución capaz de espesar la atmósfera del cuento. Sin dejar de avanzar por su escabrosa ruta, es decir, sin dejar de movilizar una estructura de hechos –estructura que nos enseña cómo se desafía la correlación pasado-presente-futuro–, «Estatuas sepultadas» es un estupendo mural en el estilo del mejor tenebrismo pictórico, donde, sin embargo, los hechos resuenan mejor en la mente de los personajes que en el paisaje de su desapacible coexistencia.

Por su parte, «Recuerdos de una piel» se inscribe en el ámbito histórico de la llamada Crisis de Octubre, y, a diferencia de «Salto atrás», pone en juego los amores de una negra expectante y voluptuosa con un blanco desencantado. La situación se torna experimento y Benítez Rojo, consciente de las posibilidades que subyacen en ese combate sobre la declinación y el agotamiento de un lazo sentimental, mueve resueltamente los personajes para ofrecernos un cuadro del arraigo enfrentado al desarraigo, pero con grados diversos de sutilización en lo que toca al proceso de intercambio de sentimientos, cuyo centro lo ocupan la evocación de lo inmediato y un erotismo distanciado, que vuelve sobre sus prácticas más radicales y se enquista en la memoria para, a voluntad, examinar una experiencia vital o los detalles que la convierten en algo trascendente.

Tute de reyes cierra con un cuento «de acción» –la historia de un contrarrevolucionario que pone una bomba– cuya trama se enuncia mediante una especie de estructura que contiene interesantes fundidos cinematográficos y que recuerda los rasgos del docudrama. El texto, «Peligro en La Rampa», no es de los más significativos del libro, aunque bajo su superficie Benítez Rojo despliega con acierto las ambivalencias de la pelea moral del personaje consigo mismo y con otros, hasta su inminente fin.

El relato insiste en el gran tema donde se sostiene toda la colección: la disolvencia de un mundo en otro, el encuentro de dos realidades y la acritud de sus posibles articulaciones, la áspera confrontación de seres que entran de lleno en el espacio de la utopía y aquellos que se incrustan, como efigies de un lienzo, sobre la apagada incandescencia de las superficies, los objetos y las pequeñas ceremonias que aluden a un territorio en tránsito hacia la virtualidad del pretérito. Un gran tema que, por cierto, dominó junto con otros el panorama de la época inicial de la narrativa cubana después de 1959, pero que posee muy pocas soluciones estilístico-compositivas –pensemos en la novela *Pasión de Urbino*, de Lisandro Otero– que colmen o sobrepasen, en ciertos lectores de ahora mismo, esas expectativas relacionadas no tanto con las seducciones de la arqueología literaria, sino más bien con la resistencia y la durabilidad de los textos.

Las muertes del padre Urbino

Lisandro Otero dio a conocer en 1967 una noveleta de aspecto *distinto* si comparamos su hechura –el vínculo de su asunto y su atmósfera con el lenguaje que propone– con la de sus dos libros anteriores: *Tabaco para un Jueves Santo* (cuentos, 1955) y *La situación* (novela, 1963). En el primero de ellos Otero se acercó, por primera vez en su trayectoria como escritor de ficciones, a las convenciones modernas de lo cubano, sus personajes, el contexto vertiginoso y maleable de la ciudad, y puso en juego algunas unidades básicas de lo que iba a convertirse más tarde en su marca de estilo, confirmada en el libro de 1963 dentro de una dimensión muy próxima a eso que denominamos madurez.

Pasión de Urbino no tiene siquiera cien páginas impresas; la crítica suele pasarle por alto y el libro termina escondido bajo el peso cierto de las novelas *La situación*, *En ciudad semejante* (1970) y *Árbol de la vida* (1990), juntadas hoy en un grueso volumen bajo el título de *Trilogía cubana*. Sin embargo, *Pasión de Urbino* es un relato que puede exhibir aún su convincente solidez estructural, acaso emanada de un gran tema de todos los tiempos: la interrelación del pecado, los instintos y el castigo en un medio religioso e hipócrita que usa el espacio mental para cocer buena parte de la vida inmediata antes de que ella aparezca, para hablar cabalísticamente, en el mundo de la manifestación.

Por más de un motivo la lectura de esta tensa historia trae a cuento el tipo de imágenes y secuencias que podemos ver no en una película determinada de Luis Buñuel –para citar a un artista con poética propia y obsesiones parecidas–, sino más bien en el supraenunciado *visible* posteriormente, cuando tropezamos con el inquietante megarrelato de su filmografía. Se trata de imágenes articuladas en secuencias que exploran la perpleja y obliterada sexualidad de los personajes principales, donde el deseo es curviforme y barroco y la religión viene a ser un orbe para la densificación contrastiva del sentido, todo lo cual se recoloca una y otra vez en el gran espacio social de una burguesía aristocratizante, cuyos dineros se encuentran, por lo general, en peligro de perderse por caminos oscuros, y cuyos ambientes muestran tinturas cómplices de diversos estados de ánimo, a menudo discordantes y aptos para comunicar matices que el hablar corriente de los personajes no suministra al lector.

Pasión de Urbino obliga a una lectura tirante, que escamotea cosas para sorprendernos y hacernos regresar sobre nuestros pasos. A su condición cinematográfica –que, por cierto, no tendría que ser tal, pues su cinética viene de su hegelianismo, no de influjos harto fáciles del cine, aunque las evidencias se encuentran, en efecto, al alcance de la mano– se añade su violenta condición introspectiva, en la que ha venido a sostenerse un juego acerca de lo real y su virtualidad.

Me explicaré inmediatamente. Uno podría ser un hegeliano si considera que los cambios solicitados a la existencia ya están ahí, limpiamente *acontecidos* –aunque no estén autorizados por lo que denominamos experiencia inmediata–, si ya dichos cambios ocurrieron *antes* en la mente y tuvieron una forma *efable* en el espacio interior. Lisandro Otero cuenta más con las modificaciones virtuales que con las reales, pues sus personajes, en especial Guido Urbino (quien lleva las economías de la familia), Fabiola (su esposa, amante del padre Urbino) y el propio Antonio Urbino (hermano de Guido, cuñado de Fabiola y sacerdote jesuita), son criaturas hambrientas que se encuentran siempre entre el deseo y la espera, viajando de irresolución en irresolución y saturando así, en una vida orbicular y casi carente de prácticas insólitas tangibles, muchas apetencias que se colocan siempre del lado del compromiso vital con la aventura. Después de examinado el texto sabemos que la posibilidad es su reino, y que ese reino posee un dominio mucho más íntimo y fiero: el de la tentación.

Esta novela trata de las intenciones incumplidas –por pusilanimidad, por pruritos morales a la larga muy dudosos– de Fabiola y el padre Antonio. Pero Lisandro Otero se adentra sobre todo en la misteriosa reciprocidad que se establece entre la saturación y el cumplimiento de los deseos, lo cual podría ser un análogo prestigioso del binomio pensamiento/materialidad, sólo que allí, en la ficción del detalle y los esguinces, en las flexiones equívocas de los anhelos y el degradado plástico de la entonación verbal, dicho binomio se reconcentra al triunfar la enorme sospecha del sujeto, esa sospecha que es mezcla de aprensiones, recelos y necesidades acalladas para constituir el mundo de la identidad personal que se multiplica.

Hay un pasaje que no puedo dejar de citar: el momento en que los amantes viajan a la playa y se dan cita en un lugar solitario para bañarse desnudos y acariciarse como desde una ausencia anticipada. Tenemos la fuerte impresión de que el episodio detenta una matización que es propia del paisaje, una textura que acaso le imprime la naturaleza, que se halla a tono con la erótica dominante. Pero después nos damos cuenta de que los gestos, las palabras, los actos y el entorno mismo son una construcción de la mente, una estructura que se asienta en el beneplácito que ambas identidades se conceden al pensar en esa zona común, de ambos, donde el sexo *debería* acontecer porque *ya* se ha consumado durante el voyeurismo de los amantes, entregados en un espacio harto seguro, la individualidad, y contemplándose cada uno a sí mismo y al otro en una maniobra tan espléndida como inexistente.

También hay en *Pasión de Urbino* un perspicaz juego con el que se desconcierta al lector y que Otero utiliza para negarnos toda certeza en cuanto a los *sucederes reales* del mundo que la novela edifica. Dicho juego pone al sacerdote en el centro de las miradas, como es lógico, y lo hace blanco de las principales, revelando así su condición de cuerpo sacrificial, porque Urbino, jesuita y todo, es un oscuro objeto de deseo –no hay más que reparar en su atractivo físico *ad majorem Dei gloriam*, subrayado por Otero desde la perspectiva de Fabiola– y representa un punto de polémica para su encumbrada familia, especialmente para su hermano, que es quien mediocremente se ocupa de los negocios y las finanzas. Y al haber allí un trastorno, y otro trastorno en sus amores con Fabiola (imaginarios, reales o simplemente *posibles*), se produce una especie de coincidencia en la necesidad de eliminarlo, realidad esta que se reparte entre el asesinato (Fabiola con un cetro, Guido por medio de un mecanismo donde interviene una pistola) y el suicidio, pues el padre Urbino clava en su cuerpo un estilete que se nos antoja un arma tan maleva y ordinaria como eclesial y distinguida.

El breve relato de Otero se constituye en una formulación verosímil de los laberintos de la vigilia ensoñada, de esa vigilia que se metamorfosea en anhelo y que tiende a abolir el hábito de nuestras relaciones con lo real y sus apariencias. Pero semejante formulación tiene la virtud mayor de registrar la vivacidad de unos seres que se dan más al existir en el lenguaje –tomando como punto de partida el mundo totalitario de la noveleta– que al existir en los hechos, una severa anomalía con la cual se echa por tierra la primacía elemental de la acción por sobre la contemplación inteligente de las personas y las cosas.

Lisandro Otero no continuó por el camino sombreado, recoleto, minimalista de *Pasión de Urbino* –él era, en definitiva, un escritor adscrito a un realismo menos brumoso–, pero demostró que era capaz de crear una joya rara justo al principio de su carrera literaria. Una joya, preciso es decirlo, con trazos de Henry James, pinceladas del Pérez Galdós que le queda más cerca a la sensibilidad contemporánea, algunos toques de la cosmética perteneciente al gótico post-romántico y un par de salpicaduras de dos universos visuales inevitables: Luis Buñuel y Orson Welles. Pero una joya que, ciertamente, entró en resonancia con determinada operatoria narrativa de algunas obras del *boom* que hoy, sin mucha discusión, aceptan el calificativo de canónicas.

Hombres y nombres de la guerra

Como asunto de la literatura cubana, Playa Girón vino a conformar un sistema cuya riqueza ha sido mal y bien aprovechada. Mal aprovechada porque el conjunto de los hechos (cadenas de acontecimientos agrupados en módulos temáticos de relativa autonomía y capaces de soportar la tensión de las imágenes *urdibles* desde la historia) tendió a supeditarse, o se supeditó efectivamente, a ciertos imperativos de tratamiento político que, en última instancia, no le hacen ningún servicio a la literatura. Y bien aprovechada porque algunos narradores que se dieron a conocer por medio de la aprehensión de dicho asunto entendieron la guerra no sólo como lo que era –guerra sin adornos ni predicaciones inútiles–, sino también como escenario donde las palabras y los actos formaban una red compleja dentro y fuera de los hombres y los personajes.

Eduardo Heras León ganó con los cuentos de *La guerra tuvo seis nombres* el premio David de 1968. A diferencia de Raúl González de Cascorro, que había publicado *Gente de Playa Girón* seis años antes, y de otros cuentistas posteriores, su acierto consistió, en aquel momento, en reunir de manera concentrativa seis perspectivas intercambiables y dialogantes, seis puntos de mira que le ofrecían al lector de entonces un tipo singular de relación simbiótica sin alterar las esencias de cada individualidad.

Si en el libro de González de Cascorro la mirada reverenciaba formas del relato más o menos clásicas, pero que al mismo tiempo rearmaban el espacio literario como una totalidad de sabor novelesco debido a su fuerte unicidad, en el de Heras León coexisten imperativos existenciales demarcatorios que hacen de cada pieza un breve y pequeño mundo autónomo. Y no es que Heras León hubiera desdeñado la posibilidad de conectar unos cuentos con otros. De hecho lo hizo. Sin embargo, su interés mayor se encontraba en la posibilidad de ejercer pesquisas éticas expeditivas e intensas. Búsquedas espejeantes que, aun cuando nos hablan del mundo interior de un personaje, no dejan de referirse al ámbito general, casi metafísico, de la guerra.

Si sus técnicas de enunciación de ideas y de trazado de microdiscursos no hubieran estado tan a flor de piel (y en aquellos años era común esa especie de exhibicionismo que en Heras León se revela, por fortuna, sin afectaciones), *La guerra tuvo seis nombres* habría sido un libro distinto (no mejor, pero sí distinto) y su autor tal vez habría construido lo que esos seis cuentos empáticos estuvieron a punto de producir: un texto monológico, polivocal, físicamente ininterrumpido y lleno de esas inflexiones que ocurren cuando la escritura se ve intervenida por el diálogo directo en su alternancia con la narración. Cuando digo *a punto de* estoy insinuando sencillamente que Heras León, a pesar de las distancias de ejecución entre los relatos (distancias cortas, es cierto; los textos se escribieron en 1967 y 1968, pero aun así esas distancias conforman espacios de sensibilidad capaces de autonomizarse en relación con piezas de tan singular intensidad dramática), tuvo la posibilidad de escoger, entre varios, el tipo de relieve narrativo que su libro nos enseña hoy.

Seis nombres, seis hombres jóvenes, seis orbes tensos gracias al confinamiento en una realidad límite que obliga a la definición de la identidad moral y humana, y que, en consecuencia, admite y propone exámenes verticales, sincrónicos, dentro de un escenario común. Heras León se fascinó, como ha solido ocurrir en otros discursos narrativos en torno a la violencia, con el miedo, la indecisión, la irresponsabilidad, el heroísmo y la sensación de que la guerra es también su sombra en la paz, en el silencio o en la espera. Y, así, tenemos los rostros de Pardo, Modesto, Piedra, Rogerio, Mateo y Eduardo, sujetos en quienes se destila dramatúrgicamente, en ausencia de esos procesos de mitificación que convierten a ciertos personajes en tipologías de la conducta, la voz autorizada de la verdad, la voz fragmentaria (necesariamente fragmentaria) de la verdad.

¿Por qué escogió Heras León esa estructura tan radical, donde cada relato es un nombre, un individuo? En primer lugar porque comprendió que la compactación de vida y muerte, operatoria en la cual la guerra se hace drama ecuménico, es un síntoma que estandariza la mayor parte de las reacciones y cálculos humanos, y en segundo lugar porque intuyó que la gran paradoja de esos ajustes de sentido (también ajustes estructurales) se encontraba precisamente en la atomización individual, en el fragmento, en esa implosión de lo excepcional dentro de la conciencia. De ahí que esos seis personajes tracen sus respectivos reservorios de sentimientos y actitudes por medio de una densificación de la conducta, una densificación que constituye un correlato de los tupidos enlaces y los empastes presumibles en los ritos de sobrevida y muerte, ritos capaces de expresar la panestetización y el polimorfismo de la guerra.

Porque si bien es cierto que el libro, como otros de su tipo, subraya un patriotismo tanto más acreditado cuanto menos exhibe la filiación política desde donde fue escrito, no es menos verdadero el hecho de que esa panestetización es el proceso al que se articula la dimensión ideológica de los cuentos, proceso en el que se integran, también, los diferentes ángulos que Heras León escoge para calibrar la guerra y tasar el efecto de su visión en tanto autor.

El miedo de Pardo a la ineficacia se explaya en lo repetitivo, en el ritmo de un discurso donde se vuelve una y otra vez a los mismos sintagmas y las mismas entonaciones. Pardo mide los segundos, mide el tiempo todo y se pregunta cuándo acabará la guerra. Y sigue al jefe, se *pega* a él en busca de una certidumbre, una seguridad mínima. Modesto, por su parte, se equivoca al dar unas coordenadas de tiros de mortero, y no lo sabe, o no lo quiere saber; los resultados son desastrosos porque él es el jefe y ha dado la orden de disparar, y se quita la vida cuando Horta le muestra los cuerpos destrozados de sus compañeros. En el caso de Piedra intervienen la indecisión y la sorpresa, el dejarse abrumar por un conflicto de solución perentoria –dar una orden u otra– y por la repentina soledad de sí mismo, observado por hombres que aguardan por él y que empiezan a necesitar de su voz. Entretanto, Rogerio se halla en manos de un testigo terrible que dirá ante todos algo sobre su cobardía; ha transcurrido el tiempo y Rogerio está a punto de ingresar en las filas del Partido Comunista y el testigo, que vive en una silla de ruedas debido, en parte, a aquella lejana cobardía de Rogerio, contará lo sucedido, dirá la amarga verdad del jefe Rogerio cuando se fingió herido en medio de lo más sombrío del combate. Mateo, un niño que derribó un avión enemigo, le dice a su interlocutor que no se siente nada especial cuando a uno lo juzgan héroe; así lo confiesa con sencillez a quienes le preguntan por la experiencia que lo transformó en alguien diferente, o más bien por un recuerdo que debía ser espectacular y que sin embargo no lo es. Eduardo, colocado al final como personaje-cierre, o como testigo de sesgo autobiográfico que se distancia de los hechos y que posee, empero, un drama interior muy concreto –no ha combatido de veras, no ha estado en el centro de ninguna batalla y se siente desconcertado–, es el joven a partir del cual Playa Girón empieza, desde las mismas páginas de *La guerra tuvo seis nombres*, a constituirse en un mito de la historia nacional y de cada uno de los hombres que protagonizaron la victoria. Eduardo está ahí para recibir las flores –por los vivos y por los muertos– y esbozar una especie de despedida en la imagen final de los camiones que se alejan.

Las realidades de hoy –el carácter de la narrativa cubana de nuestros días, las expectativas y los horizontes estéticos del relato en el mundo actual, la azarosa existencia cotidiana en la isla y el vivir de la humanidad ahora mismo– hacen de la lectura de estos cuentos una experiencia extraña y también próxima. Una experiencia que, por varios motivos, puede ser todo un acto de fe, pero que acaso es, además, el dibujo de algo que el lenguaje nos devuelve de continuo: la metáfora del sacrificio humano por la *duración* y el honor.

El cirquero Kongo Kid muere junto a su león

El asunto de la madurez de un narrador, sometido a la lógica de escrutinios estandarizados que involucran el transcurrir del tiempo, el ejercicio paso a paso de la escritura y, en fin, el aprendizaje de un oficio que se supone un proceso delante del cual hay una meta, está lleno de desmentidos famosos. La madurez se encuentra lo mismo al principio, en el medio o al final de la vida creativa; sus condicionamientos tienen que ver más bien con las afinaciones de la sensibilidad y no tanto con las concentraciones acumulativas de la práctica.

En la década de los años sesenta, dentro del grupo de los narradores surgidos con la Revolución y sus perentoriedades temáticas, uno de los ejemplos significativos es *Condenados de Condado* (1968), colección de relatos de Norberto Fuentes que mereció ese año el Premio Casa de las Américas. Se trata de un libro poseedor de un destino accidentado, con una especie de leyenda negra entre los proveedores de la política cultural cubana de los años siguientes y que, a mediados de los ochenta, casi veinte años después, estuvo a punto de reeditarse en medio de circunstancias favorecedoras, originadas a partir de la publicación de una interesante pesquisa de Fuentes: *Hemingway en Cuba* (1984).

Condenados de Condado es, sobre todo, un acierto de emulsión estilística –lenguaje apretado, coloquialismos sujetos a un examen de rigurosa eufonía, combinación eficaz de viñetas de carácter episódico con textos de narratividad más o menos canónica– y se revela aún hoy como un atrevimiento literario deudor de ciertas discreciones compositivas ya clásicas: Isaac Babel, el propio Hemingway y Juan Rulfo, pongamos por caso.

Como un escritor tiene siempre la posibilidad y el derecho de ennegrecer o iluminar, por medio de la imaginación y el registro de las posibilidades y las presunciones de lo real, zonas de la existencia que la historia canoniza o confina a parámetros sociales de legibilidad sociopolítica (incluso sin que la canonización ni el confinamiento signifiquen una adulteración), y como ese proceder es de lo más común en la literatura de ficción, el gesto artístico de *Condenados de Condado* era (o debió de ser) previsible. Incluso si ese libro no hubiera sido escrito, alguien lo habría hecho tarde o temprano. Lo curioso es que apareció muy tempranamente, junto a expresiones por lo general mimetizadoras del referente histórico. La edición que he consultado dice, al final, que los textos fueron escritos entre marzo de 1963 y octubre de 1967.

Condenados de Condado, ya lo insinué, es una torsión de la experiencia y, al mismo tiempo, un grupo de elecciones fictivo-testimoniales que abstrae, de determinados hechos de la lucha contra bandidos, su costado irredento, su magma anecdótico más oscuro, o por lo menos ese fluir raro desde donde lo real puede confundirse con lo imaginario. La operatoria de Fuentes es una cuidadosa reconstrucción de acontecimientos que, conjugados en un sistema de absoluta coherencia interna, dan al cuaderno un fuerte sabor novelesco. Leído sin interrupciones, de continuo, y con la atención puesta en la sinusoide del drama vital allí condensado, el libro revela un curioso control de énfasis, de acentos, al par que nos indica cómo Fuentes atenuó brillos, moduló ciertos tonos y modificó los encuadres en busca de un matiz: lo extraño.

El capitán Descalzo, miliciano que no soporta zapatos porque siente como si le faltara la respiración, es un campesino que ha abrazado desde antes la causa revolucionaria. Sigue siendo un oficial que cultiva la tierra y que no se encuentra a sí mismo fuera del mundo rural. Reducidos los alzados contra el proceso revolucionario a la condición de fieras, un estatuto donde la piedad queda abolida precisamente a causa de los crímenes perpetrados por aquellos, los milicianos devienen cazadores y Descalzo, aunque muy singular, es uno más. Con maña parsimoniosa atrae al muy buscado Magua Tondike, y cuando Magua ya confía del todo en el cumplimiento de las leyes de una hospitalidad que Descalzo prodiga bien, éste le cercena una mano con su machete y lo mata. Después, entre humo de tabaco y sorbos de café, ofrece tranquilo el cuerpo del bandido a la tropa que visita la casa de Descalzo en busca de un momentáneo reposo.

En el relato con que se inicia el libro, «El capitán Descalzo», Fuentes ya pone en funcionamiento el dispositivo que confiere a *Condenados de Condado* la sorda intensidad que posee incluso hoy: la desdramatización de la violencia en busca de un espesor trágico que crece e implosiona en los textos y en la sensibilidad del lector. Para Descalzo no es ningún problema cortarle la mano de Tondike.

Pero no es sólo esto; no es tan sólo el hilvanamiento de núcleos épicos que van de la crueldad al absurdo, o el paso de una epicidad trastornada por la perspectiva autoral a una epicidad que pone en evidencia las fluctuaciones de la identidad humana en circunstancias excepcionales. «El marcado», por ejemplo, suministra una atmósfera de erotismo ritual muy reveladora cuando el interrogador del bandido Claudio le dice insistentemente a éste que coja su pistola, que la acaricie para que sienta la rugosidad fría de las cachas y, en última instancia, su poder. El diálogo donde esto se produce, de una ondulación formal muy rica y significativa, pone de manifiesto no sólo lo que he dicho, sino también una camaradería de la violencia, un como pacto de aceptación de la ferocidad en condiciones extremas, y contrasta por su contenido con el desenlace de «La yegua», donde hay un topógrafo homosexual que se suicida luego de un abrupto y morboso malentendido.

La desdramatización se produce también en hechos tragicómicos que subrayan cierta insensibilidad casi procaz, o cierto enajenamiento o letargo que se han convertido en recursos emocionales del sujeto y en soportes de un mundo de sangre, sufrimiento y muerte. La madre de un bandido va a un depósito a rogar por que le entreguen los restos de su hijo fusilado y los milicianos a cargo no hallan nada, o no saben dónde buscar. El trasiego es de una naturalidad pavorosa y al final juntan un fémur con un cráneo y algunos huesos más para entregárselos a la anciana. La conversación de los soldados posee una inocencia que linda con la indefensión de la ignorancia y también con la irreverencia de la barbarie.

La entrada de la comedia se produce en «Orden número trece», pero sobre todo en «Kongo Kid». El primer cuento es un mandato escrito por el jefe Bunder Pacheco, quien les prohíbe a los milicianos «matar accidentalmente» las reses de los campesinos de la zona. El segundo es la historia de un domador y su león. Los milicianos asisten a una menesterosa función de circo y en el número del domador el león no quiere trabajar; la fiera, un animal flaco y cansado, bosteza. Su conducta es incomprensible, disparatada e irrespetuosa, y Kongo, el domador, golpea (en el hocico, nada menos) al que lo hace quedar tan mal parado. Enfurecido a causa de los golpes, el león se echa sobre Kongo y los milicianos intentan salvar al hombre; ametrallan al león, pero las balas hieren también a Kongo y lo destrozan. Ambos, león y hombre, agonizan ante unos espectadores que huyen entre el asombro y el horror. Al final Kongo es enterrado junto a su entrañable león y el jefe Pacheco pide explicaciones. Él es un hombre insólito: comprende los despropósitos de la guerra y confía en la inocencia de sus hombres.

Esos son los mismos hombres que aceptan con naturalidad la flaqueza final de los condenados a muerte por fusilamiento, en «Paredón», y que callan, respetuosos, frente a la ira y el dolor del miliciano Ramón cuando éste encuentra un trozo de una carta que su novia Florentina ha enviado a Rosalío, bandido de los alrededores. En el fragmento de carta la joven le propone al bandido lavarle algo de ropa. El miliciano quiere vengar esa afrenta, piensa en matar a Florentina con el mismo fusil con que ha matado a hombres como Rosalío. Todo esto ocurre en «El honor limpiado». Sin embargo, después –en «El envío»– conocemos el resto de la carta, el otro fragmento que faltaba y que es ciertamente su cuerpo principal, donde Florentina le exige a Rosalío que no la busque más, que respete su compromiso con otro hombre. No hay un vínculo de inmediación o continuidad física –o sea, dentro del libro– entre ambos cuentos.

Ignoro si *Condenados de Condado* ha sido juzgado más una novela que un libro de relatos. Hoy, sumergidos en la atmósfera de irresolución de los géneros, los lectores tienen la posibilidad de establecer cuestionamientos como ese en lo que toca a obras dadas a lo irresoluto, a la fluctuación genérica. Las páginas finales dibujan un umbral lleno de tensión; el *tempo* narrativo se reconcentra, se precipita; los muertos hablan en «Los condenados», nos interpelan desde la soledad de sus tumbas, y, en «Adiós», tenemos el último combate. Nadie quiere morir ese día y el libro se detiene allí, en la posibilidad de la sobrevida y en la posibilidad de la disolución. Los conceptos de deber y de heroísmo quedan desplazados por esa disyunción anonadante de la vida contra la muerte, de las opciones del destino contra las opciones de la voluntad.

Rachel come cuzcuz con las muchachas del Folies-Bergère

Al verdadero punto de cocción en el itinerario artístico de Rachel, persona y personaje, se llega cuando los lectores de Miguel Barnet nos adentramos en la secuencia de su volátil excursión transeuropea, contada –como sucede en las partes del documento donde interviene la voz de aquella grácil metáfora del teatro Alhambra– con una especie de apego sencillo, y, a la vez, con esa incierta displicencia que se usa ante las grandes experiencias sepultadas ya por el tiempo, pero que no se despojan completamente de sus atractivos, ni terminan de centellar en el autoconocimiento.

Estamos aún en la *belle époque* y Rachel es una esponja. Capta la mayor cantidad posible de estímulos y los emulsiona dentro de sí, convencida de saber que los signos de su destino la llevarán al brillo del éxito y al goce vertiginoso del canto, el baile y la actuación. Se apodera de las esencias de la vida mundana, del espectáculo del color, de la sabiduría que el acto de vivir con plenitud inculca en los cuerpos jóvenes. Reconoce enseguida dónde está la hojarasca del mundo del lucimiento y dónde está el manantial fuerte de ese mundo, el secreto de su fluencia continua. Y se llena, en consecuencia, de estos saberes inmediatos y casi epidérmicos, porque le resultan fascinantes y porque identifica en ellos el principio de un camino irrenunciable. Todo esto es cierto, pues se corrobora en su hablar (el presente del texto) y en sus silencios.

Canción de Rachel (1969), documento cultural de aspecto sólo aparentemente periodístico, se acerca hoy a esa verbalización digital en la que se abren ventanas y más ventanas. Es, en sí mismo, un crecido embrión de narrativa http, por así llamarlo. Sentimos la elaboración de una voz que se recupera ante los públicos del presente, una voz con la que Rachel se sitúa a medio camino entre el pretérito y el porvenir, y esa voz, que no es precisamente (ni tan sólo) una transcripción en forma de reportaje tendiente al docudrama, discurre hacia el final de sus declaraciones envuelta por las voces menores de tramoyistas, coristas, libretistas, cronistas sociales y viejos conocidos que rehacen muy bien el ardor de una época en virtud del concierto y las avenencias a que Barnet los somete.

La singularidad del texto en el segundo lustro de los años sesenta tal vez se halla, en primer lugar, en su manera de esconder la voracidad –intelectual y sensorial– por una demarcación tan exclusiva de la cultura cubana, y, en segundo lugar, en la idea de prodigar, enterizo, el fenómeno del Alhambra, sobre todo esa mezcla sistemática y encantadora de erotismo, frivolidad, política y candor. Barnet se rehúsa a escribir una novela (evita, digamos, la sugestión entomológica de lo novelesco, la *partie de plaisir* de una mirada etno-sociológica dirigida hacia los primeros años de la República y *dentro* del mundo del espectáculo) y entonces construye un sistema de resonancias y correlaciones, de repercusiones y paralelismos donde las voces, atravesadas por un registro central, acuden, enuncian su información (dramática, axiológica, emotiva) y desaparecen de acuerdo con un protocolo de índole casi teatral.

Roland Barthes habló una vez del texto novelesco como cámara de ecos. Y, ciertamente, *Canción de Rachel* es un mecanismo bien engrasado que produce voces y duplicaciones por obra y gracia de la testificación acerca del recuerdo, el regreso al pretérito como manera de completamiento y resolución del yo. Y aunque Barthes, y después otros teóricos franceses, nos recuerdan que la recreación autorregulada del texto es una especie de envés de su fagocitación por parte del lector ideal, no es menos cierto que el documento de Barnet apunta hacia un tipo de escritura invisible (y acaso visible por su audibilidad, su reproducibilidad) en la que descansan, por un lado, la fuerte unicidad de las partes, y, por otro lado, esas concreciones sensibles, reminiscentes y sutiles que conforman el *relleno* no fonocéntrico del texto.

Se trata de hablar, de clarificar mediante ese ejercicio una realidad transcurrida, y cuando Rachel habla, se da a totalizar y confinar; Barnet la metamorfosea en un *reliable raconteur* pues su voz, que es toda aura, posee la centralidad obvia de un protagonismo. Sin embargo, precisamente porque su hablar se encuentra acribillado por intrusiones que emanan de representantes de varios reductos y clases sociales, Rachel se torna menos material. Su figura presumible va espectralizándose hasta parecerse y no parecerse a la madeja de opiniones encontradas que Barnet ha reunido en torno a ella. Rachel se dibuja y se desdibuja cuando acordamos visualizarla tras una aprehensión de conjunto, en el friso (el documento) que los *otros* (los fragmentos y las voces) componen simultáneamente. En cambio, si nuestra lectura no rebasara la linealidad y se quedase en la rayuela de una paulatina fragmentación, si no concertara diacronía y sincronía en lo concurrente, en lo simultáneo, el rostro de la vedette no sería más que un helado retrato parlante, una anciana concebible que se mete en la piel de su juventud ida y que, ridícula o no, hace guiños al hipotético espectador por muy consciente que sea de su declinación. El libro de Barnet propone una Rachel con un rostro cambiante, una personalidad aderezada por las mutaciones y las inconsecuencias, por el desencuentro de los puntos de vista, por la maledicencia y por el buen decir. Una cámara de ecos.

He hecho alusión a un protocolo de índole teatral y debo señalar que, en alguna medida, la colocación de los fragmentos debió de obedecer a un plan cuidadoso. Me atrevería incluso a sostener que ese control fino de las yuxtaposiciones, las adyacencias (en términos de continuidad y de contraste, o a manera de insistencia y subordinación) y las oposiciones que dramatizan súbitamente una zona del discurso de Rachel, o que lo desdramatizan filtrándolo de momento a través de la desacreditación, la ironía o el tono paródico, no es sino el control de los efectos que Barnet deseó causar en sus lectores, efectos de ilusionismo, lo he dicho ya, acerca de una realidad llamativa y provocadora. Efectos de movimiento centrípeto al agrupar en (y en torno a) un personaje de leyenda tantos pareceres y predicaciones, tantas voces de novela y testificación.

Este es, creo, el distintivo mayor del texto: contribuir a la desacralización de la historia desde una zona donde lo histórico se confunde con lo personal y lo ficticio gracias a una seducción que se asienta y permanece en lo muy cerebral. Pero, ¿acaso no habría, también, que eludir ese corto deleite, originado en la verdad a medias, y decir que *Canción de Rachel* es el correlato –cuán simple– de aquel designio (acto) de desacralizar (la desacralización en tanto proyecto al cabo *estético*), aspiración esta que se cumple, sin embargo, después de un acuerdo entre el *sujeto fascinador* y sus *posibilidades de escritura*?

Un interlocutor ocluido

En 1969, fecha de publicación de *Tiempo de cambio*, el cuaderno de cuentos con que Manuel Cofiño ganó el premio del concurso «XVI Aniversario del 26 de Julio», la narrativa cubana se hallaba a punto de ingresar en esa dimensión artificiosa que pretendió, durante años, convertir la ficción en un correlato melódico y más o menos edénico (en lo que concernía a ese realismo que testificaba las experiencias vitales más inmediatas, no así la realidad acabada de transcurrir) del proceso revolucionario y el presente de la isla. En aquella época el módulo político y cultural más *adecuado* empezaba a alzarse sobre la impecable y trasnochada maquinaria del realismo socialista, una invención cuyo tenue ejercicio literario (en contraste con sus nada tenues admoniciones) nos parece hoy tanto más alucinado en sus ofrecimientos y propuestas cuanto más terrible y absurdo fue (el trópico tiene su identidad, al fin y al cabo) en sus (por fortuna) escasos desempeños.

En *Tiempo de cambio* se reunió la mayor parte de los asuntos canónicos de la narrativa cubana en la década del sesenta; el propio título, con el que al inicio se subraya una transitividad de carácter social, se convierte hacia las últimas páginas del libro en una fuerte demanda creativa en lo concerniente al registro de los procesos de mutación –de la sensibilidad, de la visión del mundo– ocurridos dentro de los individuos.

Ante esa demanda, que también se comporta como una especie de autodemanda, Cofiño microcontextualizó el panorama humano –para él los personajes fueron siempre los elementos más importantes de una historia– y se detuvo, con énfasis distintos y variables grados de alusividad, en el espacio urbano durante los días finales de la dictadura de Batista, en la pobreza de las prostitutas, en la violencia y el terror policiales, en la identidad (que se nos antoja hoy bastante acartonada) de los héroes muertos, en la figura del miliciano durante Playa Girón, en las bandas contrarrevolucionarias y sus crímenes (un espectáculo que ahora mismo, desde las páginas de Cofiño y algunos otros narradores, deviene una convención), en la Campaña de Alfabetización y en la sutil atmósfera, capaz de diluir ciertos gestos y actitudes, de la llamada Crisis de Octubre.

El Cofiño de *Tiempo de cambio* tiene en el cuento homónimo una salida a escena con cierta eficacia; oímos a un hombre que recuerda, con un poco de altisonancia, su estupor al dejarse llevar por la insistencia de una prostituta; algo de esa altisonancia, teñida por la gravedad que poseen los asuntos muy serios, colorea el relato, y allí está el hombre saboreando su helado y mirando, o reconociendo mientras lo mira, el rostro de la mujer que antes lo había iniciado en el sexo. La regresión temporal ocurre: al lado de la mujer, tras un frágil tabique, llora un niño; tiene hambre. Ella se excusa; no suele suceder que el niño llore a esa hora. El hombre se despide, abrumado; le deja dinero a la mujer.

Resulta claro que Cofiño intenta conmover a sus lectores, y ese propósito está bien; sin embargo, lo que parece demasiado –y acaso no lo era en 1969, puesto que entonces no había dificultades en identificar con cierto asombro, apercibidas como se hallaban dentro del honorable territorio de la rehabilitación, a las llamadas mujeres de la vida, muchas de ellas devenidas trabajadoras manuales o vinculadas a disímiles programas de escolarización– es esa imprudencia del personaje al insistir en la necesidad de conservar la memoria, de regresar a los hechos para que la gente, tan dada a olvidar, no se desentienda de determinadas experiencias.

Filtrada por el tamiz de una reflexión sicoanalítica de manual, esa evocativa, contumaz y sentenciosa actitud del narrador-personaje deja ver una especie de sadomasoquismo sentimental que tiende hoy al ridículo; es embarazoso reconocerlo, pero el fenómeno se descubre allí con bastante claridad. Cofiño recorría a menudo esos filos de navaja de los que caía bruscamente, o en los que se mantenía como un equilibrista. Tal es el caso de «Los besos duermen en la piedra», donde también hay un interlocutor ocluido, un joven revolucionario muerto, un mártir transformado en el receptor del discurso que una mujer, la voz narrativa del cuento, le dedica desde la soledad de una evocación que se salva estéticamente debido a la franqueza sensual de su reclamo; el joven muerto regresa, en el recuerdo, al escenario de los encuentros amorosos, un parque donde hay una estatua suya que intenta perpetuar una memoria húmeda, *libidinal*, sometida al tópico enseriamiento de la historia.

La muy lírica parafilia de esa narración –un parque, una estatua, unos besos sobre la piedra– contrasta mucho con el destino del capitán Arecio González, el protagonista de «Donde ahora crece un framboyán»; la narración se inicia en un punto escamoteador, pues nos habla de un loco que, con extraña violencia, se dirige a seres imaginarios; poco a poco vamos conociendo el pretérito horrible de ese hombre que había estado al servicio de la represión y la tortura; lo vemos allí, en un espacio modificado, deambulando por un parque (otro más) cuyo peso simbólico suplanta y borra la imagen de la muerte; allí, antes de que el parque fuera construido, se alzaban unas oficinas del BRAC cuyo trabajo era supervisado por el capitán. A punto de convertirse en un suicida, unos policías lo capturan; luego de explicarles, con insólita dignidad, que él es el capitán Arecio González y que el coronel arreglará su situación, el loco es conducido a una unidad. Allí cae en el silencio y se lo llevan a un hospital.

La referenciación del pasado inmediato (y de sus signos posibles en el hoy de entonces) como alegato del dolor –moral, físico–, tiene en «El milagro de la lluvia» otro interlocutor ocluido; de nuevo habla una mujer, Claudia, que, al conjurarlos, se salva de recuerdos y experiencias integrables en un pretérito abolido, un pretérito que se constituye en su otro yo, su vieja identidad; su suerte, como criada al servicio (y al amparo) de la casa de los Menéndez, es muy vulnerable, y, poco después de la radicalización revolucionaria, su novio, Rogelio, en un intento de irse a los Estados Unidos, la obliga, engañada a medias, a huir con él; hay violencia, una luz de bengala, disparos (de parte de Rogelio y de parte de los guardacostas presumibles) y Claudia es herida; en el presente del cuento, mientras ella recuerda la pistola de Rogelio apuntándole y dialoga con el hombre a quien ahora ama, y acaricia las cicatrices de su hombro, la lluvia cae y limpia la ciudad. Se trata de una lluvia a la que ambos salen con la pretensión (y esa es la metáfora que el texto promueve) de descontaminar ese presente.

Las cicatrices de Claudia son, al parecer, *muy* feas, pero ella anhela en secreto que su amante llegue alguna vez a rozarlas con goce puntual y dedicación consciente; por otra parte, las uñas cuidadosamente pintadas de Rita, la joven alfabetizadora procedente de La Habana, resaltan como una incongruencia erótica que se empeña en articularse dentro de un ámbito gobernado por la violencia y la muerte. El sistema de referencias podría ser el de *Crash*, la película de David Cronenberg, pero sabemos que es el de la Campaña de Alfabetización y la Lucha contra Bandidos.

En mitad de ese escenario tenemos también un conflicto que se define en el miedo físico y se resuelve parcialmente en el engaño. Un joven campesino se finge muerto mientras están abusando de dos mujeres; Rita hunde sus uñas en los ojos de uno de los alzados antes de que otro le dispare y la mate; Rosa intenta proteger a los niños, pero es violada. Tiempo después de aquellos sucesos, el narrador es ya otro hombre; sin embargo, siente que necesita exorcizar su cobardía; el interlocutor ocluido le escucha; sabemos que se asombra, que no puede creer en la realidad de lo que el otro le refiere, pero los hechos son esos y debe aceptarlos.

A lo largo de su libro Cofiño nos remite constantemente (y tal vez sea este su valor principal) al carácter anómalo de ese sujeto que se entrega a las grandes transformaciones sociales, pero que reacciona en cada instante, ante cada estímulo, con toda su mente y todo su cuerpo; la historia de Leonardo en «La niña de Damiana», siempre a punto de sumergirse en el melodrama, enfoca aun así al personaje desde un ángulo que lo libra de aparecer como un esquema de sí mismo. ¿Quién es o podría ser Leonardo? El interlocutor ocluido de este cuento escucha a un hombre que ha estado al tanto (demasiado al tanto, quizás) de la vida de aquél y por quien podemos llegar a sentir un ligero desprecio; Leonardo, con el aspecto de ser un contrarrevolucionario, o cuando menos un *desafecto*, desaparece durante los días de Playa Girón; no podemos asegurar (el narrador no es muy confiable) que hubiera intervenido en la guerra, aunque regresa herido, sin una pierna; su conducta cotidiana no es un modelo a seguir: ya se había dado en ocasiones al alcohol, había abandonado a su esposa (que se marcha a España) y traído a su casa a Damiana, una mujer que se ha separado de la Revolución y que tiene una hija con Leonardo. El vínculo con Damiana en muy frágil; cuando se rompe aparece Cristina, alumna de Leonardo en el instituto donde éste da clases. A escondidas, clandestinamente, Damiana envía la niña a los Estados Unidos. Y en medio de una desesperación y un desconcierto brutales, Leonardo mata a Damiana con su pistola. En el desenlace de la historia el interlocutor ocluido se entera de un secreto terrible que nadie más conoce hasta ese momento: la hija de Damiana no es hija de Leonardo.

Soluble o insoluble, muy efectista por su claro tremendismo, la ecuación moral que Cofiño enuncia con ese relato, el mejor del libro, debió de estremecer a ciertos públicos de fines de la década del sesenta. En tanto destinatarios puestos a tiro, por así decir, dichos públicos probablemente le agradecieron al autor ese ejercicio que entonces, con el transcurso de los años –y especialmente en las novelas que habría de publicar–, hizo tan suyo: la manipulación del sentimiento del lector medio desde una fábula donde la armadura compositiva del verosímil artístico estuvo siempre a punto de coincidir, neutra y fatalmente, con las fluencias de lo real.

El diálogo con el estereotipo

En los años sesenta ciertos actos narrativos de referenciación del pretérito (más del inmediato que del mediato) llegaron a experimentar una especie de autoconciencia en la que toda urdimbre (de la fábula, del estilo, de la estructuración interna) se resolvía, en lo fundamental, sobre la base del estereotipo. En primer lugar, la idea que algunos narradores tenían de la realidad cubana aludía casi siempre al ámbito histórico y social de los años cuarenta y cincuenta; en segundo lugar, el sistema de alusiones y modelos se nutría de un conjunto de tópicos cada vez más cargados de discernimiento presuntivo, aun cuando la apropiación de lo real también se originaba en la vivencia directa; en tercer lugar, cada uno de esos tópicos –la lucha clandestina, la violencia urbana, la formación del sujeto entre la historia y el mundo interior, por citar los más generales– tendió a esencializarse al contacto con la singularidad de los fenómenos más individuales, proceso en el cual nacieron macroenunciaciones dadas a generalizar la experiencia por medio de la particularización de la experiencia.

La paradoja que acabo de subrayar se resuelve en el mayor o menor grado de tangibilidad *real* de esa experiencia, capaz de espectralizarse bajo la sistemática evaluación del ojo que refrenda, porque se apoya en la reminiscencia inducida o porque, simplemente, reconoce de inmediato una o varias situaciones.

En 1969 el Instituto del Libro dio a conocer, en su colección «Pluma en Ristre», el libro de cuentos *Ud. sí puede tener un Buick*, de Sergio Chaple. Su brevedad es consecuencia de una poética de la descarnadura, una idea del cuento como género –sustentada en los aciertos de algunos maestros anglosajones contemporáneos– en la que, sin embargo, no todos los textos debían ser llevados a la expresión del hueso limpio, o sea, el hueso estricto y preciso en tanto metáfora de la fábula *desecada* gracias a las bondades y la funcionalidad de una estructura.

Pero Chaple no se afinca tan sólo en la vivencia inmediatamente anterior a 1959, sino que se adentra en los llamados nuevos asuntos de la narrativa cubana: la tópica marcha de los sesenta y dos kilómetros, los conflictos de regulación en la conciencia de personajes que intentan adaptarse al cambio social, la emigración a Estados Unidos, o la violencia contrarrevolucionaria. En rigor, *Ud. sí puede tener un Buick* es una mirada de cotejo y reconocimiento al interior de esas y otras realidades (escenarios e individuos muy concretos del presente, y la reconstrucción selectiva de un pretérito ya parcialmente estereotipado en 1969, debido, acaso, a determinadas figuras del discurso político).

«Este es el año de David y Bethsabé», el primer cuento de la colección, no posee la eficacia artística del segundo: «Los estigmas». Sin embargo, ambos preparan la sensibilidad del lector porque marcan los dos tipos de estructuración presentes en la escritura de Chaple. Por un lado, la evocación simple realizada por un sujeto que nos cuenta (o desde cuya perspectiva se nos cuenta) una historia personal o de otros; por otro lado, el reordenamiento de la experiencia colectiva (testificable o no) en un argumento de índole volumétrica. El primer caso es el del niño de «Este es el año de David y Bethsabé». El segundo caso es el de «Los estigmas».

El niño de marras recibe un pelotazo durante un juego y es sometido a una operación de desprendimiento de retina que se realiza con éxito, pero la situación familiar no permite que la convalecencia se desarrolle con los cuidados requeridos. Los padres del niño evitan hablar delante de él sobre la creciente inestabilidad económica –ya no lo tratan en el mejor hospital, ni con los mejores médicos, ni hay regalos, aunque se ponga en circulación un optimismo terco–, pero el niño escucha y llora por sus padres. Las lágrimas tienden a arruinar los vendajes y la eficacia de la intervención quirúrgica.

La acreditación hoy de esas lágrimas es una tarea que tropieza de continuo con la legibilidad del cuento treinta y ocho años después de publicado. Me refiero al contexto de sensibilidades en que nace, vive y claudica la lectura ahora mismo. Las lágrimas no se acreditan porque no son legibles, o no son legibles porque no pueden acreditarse. Sin embargo algo diferente sucede en «Los estigmas», un relato de mayor cuerpo narrativo y con una mejor movilidad dramatúrgica en cuanto a espacios, caracteres y formas literarias.

«Los estigmas» es la historia de una superchería que se origina en la ignorancia y en la popularidad de ciertos mitos vinculados a la fe cristiana. Nos relata la peripecia de la joven Brígida Armenteros, una estigmatizada a quien Jesucristo se le aparece una y otra vez. Brígida puede curar; de hecho lo hace, o los circunstantes suponen que lo hace; su experiencia mística, aderezada con las marcas de la pasión –promovidas por el extenso cuerpo doctrinal de la iglesia–, arrebata a los testigos y se produce, así, la esperada intervención de la prensa.

Lo curioso del cuento se halla en la ironía abierta que atraviesa sus páginas de principio a fin, una ironía que a veces raya en la burla y que a ratos convierte la peripecia de Brígida en un escenario carnavalizado por el escándalo; Chaple enfatiza la labor obnubiladora del lenguaje radial y juega con sus inflexiones y fraseologismos; caracteriza indirectamente esa labor y la transmuta en fluidos que intervienen en Brígida y su familia y que matizan el texto al modificar su timbre y su tesitura; incluso, cuando el sentido del ridículo no ha sido llevado aún a sus extremos, ya percibimos el patetismo risible del personaje; los periodistas, por ejemplo, visitan la casa de Brígida, que los recibe con una falda bajo la cual se insinúan sus rotundas formas de mujer (en especial sus anchas caderas); este toque de negro erotismo (de cierto modo, en la joven se regula lo sobrenatural y la dolorosa y *seria* intensidad de la fe) documenta la existencia de una sutil (y también desparpajosa) ordinariez que brota a toda costa. Brígida emprende una procesión y, por ejemplo, se detiene en el salto del río Hanabanilla para, medio desnuda, refrescarse. A partir de aquí, y con un Cristo que, según Brígida, usa guayabera y pantalón blancos y que hace pausas como esa, la credibilidad de la joven empieza a esfumarse. La titilación de la fe se apaga y el personaje, que ha vuelto a su condición de ser sin importancia, tiene que retornar al pueblo en un ómnibus. Ha viajado inútilmente por la isla desde la capital hasta el santuario de El Cobre.

Pero el cuento, una de cuyas materias primas es la contumaz frivolidad, está intervenido por notas de prensa, declaraciones públicas, fragmentos de discursos políticos y otros textos que van creando en la escritura un trasfondo capaz de edificar una formulación contrastiva del pretérito: en el primer plano, el juego de ilusiones que una embustera fanática (o al revés) pone en marcha en su búsqueda, quizás, de fama o de simple y efímera notoriedad; en el segundo, ese conjunto de señales y avisos en torno a la vida social, cultural y hasta económica de la Cuba de entonces.

Chaple usa aquí varios estereotipos y anula sus efectos automatizantes al colocarlos en un rizoma sostenido en un tipo de interlocución que recuerda la de alguna novela de John Dos Passos. Y en el intento de hallar y expresar la ficción posible en otro estereotipo –el asalto al Palacio Presidencial el 13 de marzo de 1957–, escribe «A las 3:20 pm», un texto que alcanza a poseer una estructura poliédrica y que tiende a reconfigurar, en la atomización del acontecer y en el subrayado del temor y la violencia, el dramatismo de su referente en los hechos de la realidad.

«Ud. sí puede tener un Buick», el cuento que le da título al cuaderno, fue, en el instante de su aparición, un avanzado *doublonnage* de la jerga marginal en la voz de un negro que trabaja en un parqueo de automóviles. El negro le cuenta a Felo, interlocutor ocluido, cómo se atrevió a sustraer por unas horas un flamante Buick en el que lleva a su hija tullida a ver el mar.

En lo tocante a «Dicen que son ochenta y cuatro» (la experiencia de un miliciano en la marcha de los sesenta y dos kilómetros) y «Marcial Arana» (una retrospectiva que intenta explicar, dentro de la conciencia del narrador en segunda persona, la ruina moral de un amigo), habría que distinguir entre su legibilidad actual y su acreditación en tanto creaciones con un determinado rendimiento estilístico. El primer cuento dibuja una pendulación que va del heroísmo a la agonía; no sabemos bien si Chaple quiso que su lector de entonces se apoderara de una vivencia extrema sobre el heroísmo, o si quiso señalar que en el camino hacia él la dosis de agonía puede llegar a ser algo necesario. Al final del cuento, cuando el protagonista se niega a ayudar a un compañero y después necesita él mismo, para llegar a la meta, la ayuda que otros milicianos le brindan rápidamente, una especie de dolor moral lo invade. Esas tres instancias –heroísmo, agonía física y dolor moral– no acaban de jerarquizarse y por eso el cuento es una pieza irresoluta que, sin embargo, tiene en la ambigüedad (ignoro si buscada o encontrada) su virtud más significativa. El segundo cuento, más breve, también tiene un fondo de indeterminación que se resuelve acaso en una zona invisible de la trama. Marcial Arana, educado (como el narrador) en un colegio religioso, participa en la lucha clandestina contra las tropas de Batista, es combatiente de la Sierra Maestra y comparte con aquél el gusto por la ópera; la Revolución triunfa, el tiempo pasa y Arana se retrae, desaparece con frecuencia; cuando el narrador le pregunta a su padre por él y le dice que ha conseguido un nuevo disco de Björling, el hombre, con cierta vergüenza, le dice que Marcial tiene mucho trabajo. Al final sabemos que el personaje anda en actividades contrarrevolucionarias y es al narrador a quien le toca capturarlo (coincidencia que deja el regusto de un efectismo bastante teatral, por cierto). Arana muere. Hay un detalle sugestivo: tiene el pelo teñido.

En «Capataz» incorpora Chaple fragmentos de un discurso televisivo de Fidel Castro durante la llamada Crisis de Octubre, pero lo intercepta con las reflexiones y evocaciones de Lando, viejo tabaquero cuyos sentimientos contradictorios –ante la vida cotidiana y las relaciones de trabajo en la Revolución– sirven de eje dramático al cuento. El tejido argumental es simple, sólo que Chaple diseña un personaje complejo, entregado a evocaciones de índole comparativa mientras se adentra en la nueva realidad; Lando, experto retirado, regresa a la tabaquería porque los más jóvenes se lo piden; es un hombre al cabo de su vida, un hombre que intenta reconciliarse con el mundo. Logra hacerlo al final, justo en el momento en que, también de un modo efectista, muere mientras trabaja.

Lando representa al hombre reminiscente en el epílogo de la existencia y encarna la dignidad del trabajo, un decoro que al inicio quiere despojarse de la indización política y que después acepta sus marcas; Chaple alcanza a dibujar la experiencia individual cuando se inserta en la historia inmediata y dialoga con ella en una atrayente sincronicidad. Y aunque la cuerda dramática pulsada en el texto bordea esa teatralidad que busca despertar ciertas emociones, no es menos cierto que «Capataz» es una construcción eficaz, independientemente de que pierde la pelea con el estereotipo a causa de sus cálculos e inducciones, lo mismo hace treinta y cinco años que ahora.

En «Camarioca la bella», el último cuento de *Ud. sí puede tener un Buick*, Chaple trenza dos historias que se comunican suplementariamente, o que arman un inquieto régimen de oposiciones; Gloria Caula y Jesús Forte gobiernan esa relativa y cavilosa polarización que se explica, con los matices de rigor y sin morosidad alguna, en los diversos planos conformadores de trama; ambas vidas, la de Gloria y la de Jesús, son compendiadas mediante una caracterización ágil y que se detiene tan sólo en lo esencial. Gloria se marcha de Cuba después de una cadena de desilusiones, entre la realidad del fracaso de su vida y el fantasma de la religión; Jesús llega un día a su casa, durante la etapa de las intervenciones revolucionarias (en las que participa vivamente), y lee la carta que su mujer le ha dejado pocas horas antes de marcharse de Cuba con sus hijos. Durante algún combate de Playa Girón, mientras montan una pieza de artillería, Jesús encuentra en Sergio (el autor de estos cuentos, claro está) al interlocutor frente a quien su drama se trueca en palabras. Ha querido suicidarse, pero ya tiene una vida reconocible. Gloria no la ha tenido, extraviada como se hallaba dentro de misas, tómbolas y suspiros. La mujer y los hijos de Jesús llegan una tarde al puerto de Camarioca con intenciones de que él se reúna con ellos en Estados Unidos. Pasan la noche juntos y al amanecer él los ayuda a embarcar. No sabe cuándo volverá a verlos. Gloria se despide de la iglesia que había ayudado a construir con las rifas y las colectas. Viste de negro (un viejo luto por su hermano Roberto, miembro del Movimiento 26 de julio) y llora.

Lo mejor de estos cuentos ha sido (y acaso es) su capacidad para arrojarnos de lleno, y sin que sintamos esos incómodos mareos provocados por lo ramplón, dentro de situaciones que nos interpelan con perentoriedad, en un espacio breve y no precisamente tupido. El primer libro de Sergio Chaple ostenta esa virtud y deja escapar, como un efluvio —más allá de su obvia filiación ideopolítica—, cierta escogida nostalgia que ya entonces, en 1969, era un síntoma de su compromiso sentimental con la literatura.

Desvanecimiento de lo sólido en el aire

Antonio Benítez Rojo ganó en 1968, por decisión de un jurado internacional —nada menos que Enrique Labrador Ruiz, Eliseo Diego, Andrés Núnez Olano, Juan Marsé y Roque Dalton—, el premio Luis Felipe Rodríguez de cuento de la UNEAC con una colección de cinco piezas narrativas que volvieron a hacer ostensible el carácter proteico de su estilo. El cuaderno, titulado *El escudo de hojas secas* (Ediciones Unión, 1969), pone de relieve —como sucedía en *Tute de Reyes*— su interés en la *complicación* de los intercambios humanos dentro de un sistema narrativo presurizado a causa de la viscosidad y la coherencia rizomática de los elementos que lo constituyen: el deseo de expresar las obsesiones humanas, la necesidad de modelar los pormenores de la conducta y la pretensión de subrayar la naturaleza ilusoria (pero también real) de ese conjunto de microrreferencias que dibujan lo esencial del sujeto.

La legitimación del mundo inmediato   79

Estos tres elementos movilizan una escritura, la tipifican y la marcan más allá de la amplitud del espectro de asuntos y los grandes movimientos del escritor dentro de él. El hecho de que los tres se mantengan equilibrados al formar una estructura capaz de darle sentido a una poética, evidencia la solidez de un programa operativo que, en lo concerniente a los relatos-documentos de Benítez Rojo, se inspira en la *irradiación de dobleces* –simulaciones, actos reales y ficticios– del desenvolvimiento humano, un arquetipo literario que, en este autor, se esencializa en la tradición de la cual acaso bebió y que está integrada por zonas específicas de las obras de Felisberto Hernández, Julio Cortázar, Carlos Fuentes y otras figuras del ámbito narrativo hispanoamericano.

Si algo unifica a estos cuentos es la alargada respiración que alienta en ellos. Benítez Rojo conoce muy bien las magnitudes del *tempo*, la masa y la sinusoide de intensidades previsibles en un tipo de relato que, sin caer de lleno en el lujo discreto de la noveleta, aspira a bañarse en su resplandor. Son cuentos que, en lo tocante al volumen (altura, amplitud, profundidad) y la extensión (duración), se hallan entre la indefinida generalidad de lo breve y la perspectiva arborescente de lo novelesco.

En «La tierra y el cielo» tenemos un personaje escindido por el pretérito mitológico de su raza y los nuevos condicionamientos sociales de la Revolución. El mundo de los haitianos y los hijos de haitianos es el contexto inmediato de Pedro Limón, un joven que experimenta la tirantez doble de su compromiso con la cerrada idiosincrasia que le da origen y con las opciones reivindicativas que la nueva sociedad pone en sus manos. Pedro Limón solapa sus recuerdos, escudriña su vida, mezcla el presente que lo modifica con el pretérito que lo hace soñar. Teje, en fin, ese extraordinario conjunto de vivencias y las va colocando ante sí para responder la pregunta que él se hace constantemente: si su identidad se mantendría a salvo en medio del nuevo significado que su vida cobra día a día.

La superstición, la magia y la lírica sensualidad de aquel mundo están enérgicamente fijadas a la memoria de la raza y Pedro Limón se adentra, con ese precioso legado, por el camino de la lucha social. Sin embargo, en muchas circunstancias blancos (revolucionarios o no), dioses y héroes no se mezclan bien y, aun así, atenazado por esa sospecha, decide abrazar la lucha guerrillera en compañía de Aristón. Este lo lleva a los combates animado por una ancestral ansia de justicia, y le dice que en su compañía (la de Pedro Limón) nada malo podría suceder. Aristón cree que Oggún lo posee y le da fuerzas ilimitadas, y luego de una escaramuza con pésimos resultados el poseso es objeto de duras ofensas por parte de «el hombre del llano», a quien asesina de un machetazo.

Aristón es enjuiciado por sus compañeros y lo fusilan. Antes de morir le dice a Pedro Limón que no tiemble, que nada va a pasar. Cuando el cuerpo de esta especie de Mackandal se desploma (y Benítez Rojo describe esa muerte con dos o tres gestos impecables), un jubo muy carpenteriano escapa hacia el monte.

El orbe primordial, licantrópico, de donde proviene Pedro Limón, choca contra el presente hacia el cual fluyen, arremolinándose, muchos recuerdos de hechos esenciales de su vida, un aquí/ahora en el que Pedro Limón es otro y el mismo. Sin embargo, su actuar es el del caminante perplejo y brioso que avanza entre dos aguas. Y representa al individuo transitivo, protagonista de un combate sutil, íntimo, desgarrador, que lo obliga a mirar la tierra con vehemencia y curiosidad, los mismos sentimientos que nacen dentro de sí mientras contempla el cielo vasto que lo acoge.

Con «El escudo de hojas secas» Benítez Rojo practica un abrupto cambio de escenario. Nos encontramos a fines de los años cincuenta; el entorno es urbano, el de una fastuosa residencia, y topamos con dos personajes nimbados por la exageración. Miyares, devenido marqués de Peñaseca por obra y gracia de una maniobra financiera, es un hombre a quien la brusca suerte lo acompaña de modo obsesivo y siniestro; su mujer, Isolina, es una dama ridícula y obsesionada por la riqueza y el buen decir de los otros. Tienen una hija, Isolinita, que es casi un prodigio circense de gigantismo, y una especie de administrador, Benavides, con quien Isolina tiene coitos esperpénticos y patéticos.

La historia de este relato revela la materialidad de la buenaventura no sólo en tanto intervención del azar, lo extraño o lo inexplicable –la familia tiene un perro nombrado Lucky y, con una pata, el animal señala los números de suerte de la lotería–, sino también como sucesión de espejismos, revelaciones falsas y presunciones más o menos justificables que espectralizan y enajenan la comprensión de lo real y que van configurando un destino forzoso. Narración sostenida en el exceso, resulta una especie de experimento acerca de la fragilidad de la condición humana y el talante ilusorio de sus más firmes realidades.

Se supone que Miyares cumpla con la advertencia inicial de ayudar a los pobres, de liberar una parte de su riqueza, proveniente de dádivas recónditas. Después que el perro se presenta en su vida y las revelaciones tiene lugar, la relativa sencillez de la existencia anterior queda sustituida por una alarmante y enredada madeja de compromisos sociales y de vagos, pero resistentes temores. Ciertas cosas –un pordiosero, el San Lázaro de tamaño natural que ya posee la familia, un sueño, un presentimiento, la lucha en el interior de la isla contra el ejército batistiano– adquieren determinado valor simbólico, mientras las lesiones morales de la familia se acrecientan. La mala suerte se va instalando en la mansión: la cocina explota, hay un robo e Isolinita —que ha sido violada dos veces debido a las confusiones promovidas por su gigantismo— se vuelve loca.

Benítez Rojo despliega un humor negro que muchas veces queda oculto tras una seriedad tenazmente acentuadora y de efecto contrario, pues devela lo risible y lo burlesco. Al final del cuento, el San Lázaro caído muestra a uno de los perros, que se parece mucho a Lucky. Este ya ha abandonado la casa definitivamente. Miyares dice que tiene ganas de tomarse una sopa e Isolina piensa en el regreso del perro como una esperanza. Ambos están en una casa devastada, sumidos en la oscuridad.

¿De qué nos habla este relato? De los efectos de la suerte en las mentes de los personajes, pero sobre todo del desconcierto y el caos que ella podría provocar en la articulación del discernimiento de las cosas con las cosas mismas, del enlace incorpóreo del ojo con el objeto, de los nexos engañosos del yo con el otro, de la vinculación anómala del territorio doméstico —cobijador, aislado— con los escenarios donde la existencia cambia. Al tiempo que la vida de Miyares se derrumba, las fuerzas rebeldes toman Santa Clara. Y aunque la conexión entre ambos sucesos resulta obvia en tanto efecto alegórico, no es menos cierto que la vida de Miyares —hombre desapercibido y de la imprevisión— se ha desenvuelto, entonces más que nunca, sobre el trasfondo de la lucha revolucionaria, expresada aquí como un rumor acuciante.

Hay dos textos de *El escudo de hojas secas* —«Primer balcón» y «La tijera rota»— que admiten, creo, el calificativo de *cortazarianos*, pues entre ambos, y lejos de escapar de las volátiles fronteras de lo real, nos descubren un universo a punto de someterse al asedio de lo fantástico sin que esa táctica —que en ocasiones nos sirve para medir la pericia estilística en una escritura que se repliega y ondula— implique el añadido de actos o circunstancias inexplicables.

Benítez Rojo se coloca en un punto de mira desde donde ciertas situaciones, de la inmediatez o del sueño, experimentan una modulación atmosférica o se desajustan con respecto a la lógica previsible de la relación causa-efecto. En «Primer balcón» hay un juego de espejos, de identidades, en torno a Marcela, una joven ciega que toca el piano y protagoniza ciertas sesiones de espiritismo. Los muy jóvenes Lauro y Lidia Rosa, la narradora de esta historia, son vecinos de Marcela y empiezan a deformarlo todo, en especial cuando descubren la sospechosa coincidencia de esta Marcela con la Marcela de la novela radial «Con los ojos del alma», protagonizada por una muchacha ciega que también toca el piano. Imaginan, o suponen, que la vecina se esconde bajo el seudónimo de Iris Chaillot, la escritora radial responsable de «Con los ojos del alma», y entonces conciben un relato rocambolesco con el que pretenden darle una explicación a la misteriosa coincidencia. Incrustado en esa suma de delirios noveleros y de dudoso gusto, de los que Lidia Rosa es la autora principal, hay un hecho bien definido: ella, una chica medio trastornada por los gestos y el empalagoso sentimentalismo de las novelas radiales, sorprende a su madre en la cama de Lauro y se desmaya. Pero, propensa como es a imaginar cosas, el resto de la familia achaca todo a una visión de la joven.

En ese cuento Benítez Rojo maneja muy bien algunos hechos marcados por la sensibilidad popular del mal gusto –la identidad de Iris Chaillot, Marcela (la espiritista) muriendo de tifus y tocando a Chopin, Lidia Rosa paseándose por el cuarto con una bata de su madre y reproduciendo diálogos de un lirismo amelcochado– y toca resortes que forman parte de algunos textos breves de Henry James, en quien la torsión de lo real y su desplazamiento fuera de los ejes que lo acreditan, llegan a constituirse en un tema prestigioso y congruente con la metálica sinuosidad del estilo. Sin embargo, en el otro cuento esa desorbitación ocurre desde la pertinacia casi malévola de los objetos. «La tijera rota» es la historia de un sueño del que un hombre no puede salir (recordemos «La noche bocarriba», el espectacular relato de Cortázar); La Habana que él va fijando en forma de recortes de periódicos –el personaje, Jorge Emilio Lacoste, ama el teatro vernáculo, es un mulato que pasa por blanco, que presume de serlo y que trabaja en el archivo de un centro de documentación– de pronto se metamorfosea, se desdibuja; la pesadilla de Lacoste empieza cuando descubre que se halla en una calurosa función del Teatro Tacón, en medio de la enervante Habana intramural, y termina en La Habana de extramuros, durante una persecución, confundido Lacoste con un esclavo prófugo.

La historia de Julio, fotógrafo y vendedor de solares, es la que nos refiere Benítez Rojo en «A la gente le gusta el azul», un texto que asume el asunto de la sorpresa desequilibrante de la Revolución en ciertos individuos desligados de las urgencias sociales, esos sujetos (más literarios que reales) que sienten y gozan la noche urbana, de acuerdo con lo que el cuento deja presumir, como una prolongación morosa de la vida doméstica o del mundo que ellos mismos elaboran para sí secreta y públicamente. Julio descubre un día el derrumbe del singular sistema de su existencia y se entrega por un tiempo a una especie de espionaje de tercera fila, más o menos ilusorio, ineficaz y ridículo. Después se radica en los Estados Unidos, regresa al cabo de siete años y busca lo que ha quedado de su Habana. Recuerda a Inés, la aventura en automóvil con aquella muchacha demasiado joven, y Benítez Rojo se complace en reinventar fugazmente, desde el propio texto y su personaje, a Humbert Humbert y su trajinada y excitante Lolita. Con la diferencia de que, al regresar y encontrarla, ella, Inés, muestra una insignia de instructora revolucionaria y no le deja ningún mensaje en la recepción del hotel donde Julio se hospeda.

Julio imagina, por última vez, su noche con Inés, una noche que él guarda como su recuerdo más iluminado y entrañable; la inexperta Inés, confundida por el alcohol, se había ido de su cama al día siguiente. Las imborradas escenas del pretérito se revuelven y confunden con las escenas –posibles, imposibles– de otra noche, la de una íntima y deseable redención, con esta nueva Inés que, al coincidir con él en el elevador del hotel, le pregunta: «¿Pero entonces qué has venido a hacer aquí?»

La rotundez estructural de estas narraciones de Benítez Rojo, escritas de manera que sus principales criaturas respiren con la serenidad sentenciosa de los destinos sin prisa, convierte a esos cinco relatos en ecuaciones interrogativas sobre la perentoriedad de la certidumbre vital. *El escudo de hojas secas* añade al panorama del cuento cubano de los años sesenta un resuello distinto, que no acepta las sequedades ni las desnudeces de cierta estética magra para abrazar, así, una carnalidad evidente, donde la condición de *organismo,* y la sensible musculatura de la anécdota, permiten un adentramiento persuasivo en la boscosa identidad de los personajes, ejemplos cimeros, en esa década, de legitimación de lo inmediato y del modelado enriquecedor del pretérito.

II.
EN LOS LÍMITES: EL RIZOMA FANTÁSTICO Y LA INSURRECCIÓN DE LO MARAVILLOSO (EXPERIENCIAS LATERALES EN VARIOS MUNDOS)

EL REY PIRRO, LAS ENFERMEDADES DEL BAZO Y LA CRIPTOZOOLOGÍA

La relativamente incómoda variedad temática de un cuaderno como *La guerra y los basiliscos*, de Rogelio Llopis, publicado por Ediciones Unión en 1962, se resuelve, diríamos, en la atención que determinados públicos de hoy concederían a una parte de su contenido. Ya sabemos que, durante los años sesenta, la convivencia de la literatura realista y la literatura fantástica produjo curiosos y sintomáticos contrapuntos, y también sabemos que ciertos realismos –los que referencian el pretérito sin el talento necesario para convertirlo en un espacio reactivo– ya no tienen la capacidad de seducir.

Sin embargo, la fabulación lateral de la historia, especialmente los contextos remotos y los hechos legendarios, sí despliega algunas operatorias que se articulan con algún reducto de la estandarizada sensibilidad de nuestros días. Si damos por descontado que hay lectores con una competencia *mínima*, es decir, capaces de absorber, por puro sentido de pertenencia epocal, el aire *distinto* de algunas narraciones muy metidas en la sustancia policultural de esa antigüedad que llamamos clásica, tendremos ocasión de comprobar que dicha articulación pasa por encima de los referentes (en tanto acontecimientos más o menos probados), pero no desdeñaría solazarse en la utilización que un narrador contemporáneo hace de ellos.

En *La guerra y los basiliscos* Llopis incluye tres relatos –los que integran la sección titulada «Cuentos pírricos»– donde el referente es intervenido con saña voluptuosa. Pirro *sale* de las piedras, de los manuales de historia antigua, y lo vemos meditar sobre sus problemas con los romanos, por ejemplo, o lo escuchamos hacer confidencias que prueban su mercenarismo político y que excusan su ambiguo desleimiento en el tiempo. Sin embargo, como nos enseña Llopis, se trata de un monarca de rara modernidad, pues evade cuidadosamente su propia incompetencia, su mediocridad, y rodea estos notorios defectos con una capa de misterio. Es el hombre que cae en hondas reflexiones (piensa mucho en cómo chantajear con eficacia a Roma) y que sabe curar las afecciones del bazo con el dedo gordo de uno de sus pies.

En los desiertos de Libia vive el basilisco, criatura demonizada por la tradición, capaz de matar con su mirada, su aliento y su silbido. Es conocido que el basilisco es un ser híbrido (ave, saurio) imposible de apresar. Aun así, Pirro comunica a los romanos que una expedición integrada por sus mejores hombres está a punto de regresar de Libia con un basilisco vivo. El rey no vacila en difundir la noticia y asegura, a quienes quieren oírlo, que el basilisco se encontrará al frente de su ejército cuando el enfrentamiento con los romanos sea inevitable.

Llopis cultiva una prosa irónica que se encuentra enriquecida por esas relaciones de intersubjetividad detectables en un sistema de personajes donde aparecen relatores memorialistas y citas directas en las que el apócrifo está resuelto por medio de circunloquios y lexicalizaciones. Habría que decir, por cierto, que su estilo se distingue por una suntuosidad infatuada, a veces altisonante, de donde escapan algunos guiños al lector. En medio de una reconstrucción histórica *sin historia* –en tanto gesto inscrito en el trasfondo de la trama–, inmersos nosotros en una *apropiación* (del pretérito) que no se atiene a las superficies de ese mundo casi ignoto ni al sistema de referencias locales que lo hacen mínimamente verosímil, Llopis coloca el dedo gordo de Pirro sobre el abdomen de un doliente, mientras piensa en la legitimación de su poderío con el auxilio de los elefantes que componen su ejército.

La imagen es en sí cómica, pero al impregnarse del tono general visible en las historias pírricas, deviene irónica. Lo demás es el sostenimiento narrativo de una situación de tirijala –los senadores romanos contra el sutil enviado de Pirro– en lo concerniente a los vínculos y favores políticos y la inminencia de una guerra, toda vez que, inmóvil e inalienable, la figura del basilisco se apodera de los sueños de Roma transformándolos en pesadillas y, al final, en desconcierto y chanza. La ciudad se llena de gallos (el gallo atemoriza, dicen, al basilisco) y los ciudadanos protegen sus orejas para no escuchar el mortal silbido del monstruo.

Cineas, el sinuoso diplomático que Pirro envía, y Gayo (sic) Fabricio, un senador romano, enhebran discursos complementarios de testificación. Pirro logra, con Cineas, urdir una red de verdades a medias y de fingimientos: un basilisco está a punto de llegar a los dominios del rey epirota. Los romanos no se quedan detrás y, urgidos por un peligro que desconocen, van en busca de su basilisco con un ejército de quinientas comadrejas exploradoras del arduo territorio de Libia. En este punto, donde política e imaginación se confunden (o son confundidas con absoluta deliberación y corrosiva chocarrería), aparece otra criatura fantástica: el catoblepas. Según Llopis, es una especie de búfalo abominable con un cuello largo y una pesada cabeza similar a la de los cerdos. También mata con la vista. Cuando se refiere al catoblepas, Borges —cuyas palabras en *Manual de zoología fantástica* sirven aquí de epígrafe— involucra al sabio Cuvier, las gorgonas y la etimología.

Los romanos dejan al basilisco y optan por el catoblepas. Pero la expedición se pierde, o se olvida, o cae en el descrédito, y el horror da paso al humor. En las tabernas arrabaleras de la ciudad los borrachos hacen bromas sobre el catoblepas y, confusamente, se dan cuenta de que la política es un largo juego de manipulaciones —trasiego de personas, expectativas y sensibilidades— en interés de unos pocos. Llopis deja constancia de ello por medio de una estructura de carácter alusivo, comprometida acaso con la observación escéptica de la historia y sus lenguajes. Una estructura ciertamente extraña, que lo convierte en un raro de la narrativa cubana de aquellos años. Y la rareza está en el implacable descreimiento que, como una sustancia pegajosa, expelen estos cuentos en torno a un rey mezquino y cazurro, de disfrazada incompetencia moral y capaz, debido a su poderosa autoconciencia, de invadir la imagen de su personalidad para jugar con ella una peligrosa partida que, tal vez, no es sino un modo de matar el aburrimiento, o de escamotear el cansancio esencial y la melancolía del sujeto moderno que él representa.

Ezequiel Vieta: extraterritorial

En 1963 publicó Ezequiel Vieta su segundo volumen de relatos, *Libro de los epílogos*, con una nota prologal (firmada por la ensayista y profesora Beatriz Maggi) que excusaba, en favor de la *experiencia esencializada*, el desasimiento de la prosa y su concepción prerrevolucionaria. En relación con su primera colección de cuentos, estos del cuaderno de marras se constituían en una especie de expansión de la narratividad hacia provincias del relato donde lo digresivo se sostenía en lo lírico.

La rareza esencial de Vieta se había puesto de relieve en 1954 en las historias de *Aquelarre*, cuya singularidad consiste, aún hoy, en la calidad expresionista del estilo y su ajustada precisión dentro de las posibilidades de cada relato.

Libro de los epílogos es, en relación con estas cualidades, una vuelta de tuerca al revés o hacia atrás: subraya la dimensión negadora de lo real y corre el límite de la metáfora por medio de movimientos sin cálculo aparente, pues el escritor se abandona a la naturaleza espectral y sentenciosa de los mitos y los convoca dentro de las exigencias estéticas de un vanguardismo aún en activo.

Los cuentos de este libro debieron de parecer muy extraños y pertinaces a quienes leían entonces pensando en la correspondencia entre la Historia y la Literatura. Los temas y asuntos (y personajes) de la Revolución no tenían nada que ver con los materiales narrativos manejados por Vieta en *Libro de los epílogos*. Sin embargo, se sabía perfectamente que Vieta estaba escribiendo en aquellos años —y lo haría siempre, hasta su muerte en 1995— tan sólo para aquellos que estaban en la obligación de leerlo, divisa esta que coloca a cualquier escritor lejos del deseo de la fama y la notoriedad, y que lo sumerge en su labor hasta el fondo, en el riesgo mismo de la representación, que es el gran riesgo del arte.

Los relatos en cuestión bordean lo que desde hace ya algún tiempo se conoce equívocamente como condición postmoderna. Al refocalizar sus referentes estéticos, dislocar sus fuentes, poner un signo de duda sobre la noción de realidad e interrogar el lenguaje desde la perspectiva de su utilidad ante el dilema del conocimiento, Vieta creó un sistema de avisos acerca de lo literario. Un sistema que, a mi modo de ver, es la zona perdurable de su literatura.

No conozco ningún escritor que escape ileso de la interrogación del lenguaje, sobre todo si dicho trance parte de la incertidumbre que produce su enfrentamiento con la condición humana y sus territorios de prueba. Ya en *Aquelarre* Vieta había entrado con elegancia formal y sibilina disposición en esos territorios, pero sucede que en *Libro de los epílogos* la inmersión es acaso más dolorosa por lo que presupone su interlocución —tan tensa— con el medio expresivo. El azar, la muerte, la locura, el sexo y el sueño son pilares del conocimiento más allá de cualquier contingencia histórica, y el hecho de reconocerlos y asumirlos estuvo siempre, para Vieta, revestido de la mayor importancia, no sólo para la literatura, sino sobre todo para la existencia.

Hay relatos en *Libro de los epílogos* que todavía hoy se dejan leer con cierta renuencia a causa de su espesor simbólico. «Gonzaga el pirata», por ejemplo, coquetea con un surrealismo que no se desentiende del sentido inmediato de la narratividad —que no abandona la progresión dramática, para ser más exacto—, aunque nos lleva a escenarios y acciones más propios de la lógica del sueño que de la lógica de una construcción del soñar, de un modelo literario de sueño. Esta evanescencia, esta movilidad multidireccional de un personaje atrapado en su condición −navegar, ejercer la violencia, posesionarse del mito en tanto persona−, produce un tipo de texto donde los referentes se llenan de un prestigio cultural muy amplio al par que continúan ciñéndose a un desenvolvimiento que, aun alejado de la lógica de los posibles narrativos, no deja de contar, de referir.

«El horno», otro de los cuentos de *Libro de los epílogos*, tiene que ver con el azar, la predestinación y la centralidad de un asunto como el asesinato. Se publicó originalmente en las páginas de la revista *Ciclón* −supongo, por la índole de su trama, que jamás habría sido incluido en *Orígenes*, que no quería saber nada de los límites de la crueldad ni del diálogo con el vacío−; en tercera persona, y apoyado en la suficiencia de un terrible saber, el narrador de Vieta focaliza la personalidad de un hombre-tipo, un sujeto emblemático que escoge sus víctimas al azar. El carácter alegórico del asesino, casi una figura del orbe antiutópico, se pone de manifiesto en su operatoria. Y, de acuerdo con las disposiciones del azar, se pasea por una ciudad trémula, llena de vidas oscuras y fantásticas; una ciudad que, como un gran horno metafísico, cuece designios, avienta destinos y libera existencias para la muerte.

Lo que Vieta diseña en «El horno» tiene mucho en común con ciertas instalaciones textuales de la condición postmoderna, donde la autorreferencialidad de las formas y la reconstrucción anómala e incesante de lo real son ejes que atraviesan las estructuras o que, como pilares, sostienen las proposiciones de esas estructuras. La ciudad de este relato es la ciudad arcaica y elemental del medioevo, pero también coincide con el modelo vertiginoso de la ciudad que se crea en las concepciones actuales en torno a la vida urbana, que es vida fictiva y rizoma mitologizante. La ciudad de Vieta es un conjunto de formas y estados en el cual todo es provisorio excepto algunas pocas cosas, como el azar, la muerte, el sexo y acaso el amor.

Pero Vieta también moviliza ciertas metáforas originales, teñidas de clasicismo, y pone en circulación un texto parabólico como «La astucia de Sísifo», donde este personaje, a causa de su soberbia y sus desafíos, entra al servicio del Ministerio de la Muerte. La Muerte es un sujeto ruinoso, renqueante, que visita a Sísifo. En la visita de la Muerte, cuyo reino es el de la decadencia y la ruina, uno es objeto, destino, mensaje, receptor. Leer esta alegoría del gran diálogo con el fin es una experiencia poco común, en especial porque Sísifo escapa y no escapa de la Muerte al poner en marcha ciertos mitologemas del yo (del suyo y, de algún modo, del nuestro) en el sistema de una vida al servicio de la Nada Final, viviendo al fin en el Tártaro, la región más baja del Infierno.

Estas son las tres narraciones que mejor expresan el sino periférico de Ezequiel Vieta a inicios de la década del sesenta, su autoridad en tanto extraño representante de una escritura acribillada por el deseo de hacer contacto con el universo global de la cultura, pero desde un ángulo del que acaso no era consciente. En él se produce (y es tan sólo un ejemplo) la formulación *otra* del objeto literario que se transforma en instalación audiovisual sin perder su condición de relato. Porque, en suma, Vieta enunció sistemáticamente, con las digresiones de rigor, una poética representada por estructuras, hechos y personajes que se hacen acrónicos dentro de los textos y que elaboran *intensidades de sentido* al contar historias y describir el mundo como representación y deseo del sujeto, y no como prescripción de las filosofías o las políticas. Y este porte suyo, precedido por desplantes jugosísimos y actitudes inesperadas, subrayó oportunamente algo que suele perderse de vista: la independencia intelectual del escritor, su compromiso exclusivo con la imaginación.

La cuadratura del círculo

La elaboración de juegos lógicos supeditados a búsquedas de tipo conceptual que se enmarcan dentro de problemáticas como la identidad, el binomio arte-poder, la neurosis, la idea de lo sagrado y la determinabilidad de lo real, tienen un singular espacio narrativo en los cuentos –escritos de 1956 a 1962– que dio a conocer César López en 1963 bajo el significativo título de *Circulando el cuadrado*. El libro retiene aún una especie de lujo: diseño de Raúl Martínez y doce dibujos de Chago (uno para cada cuento e impresos en tinta ocre sobre papel traslúcido).

Me detengo en estas cuestiones porque la exquisitez y el esmero de una edición así (R, el sello por donde se da a conocer el libro, tuvo casi siempre ese desvelo) no dejan de ser congruentes, me parece, con la orilla literaria por la cual se mueve *Circulando el cuadrado*, un repertorio reverenciador del *intermezzo* fantástico, o que *borda* cuidadosamente el tránsito hacia la irrealidad. A la construcción de un mundo salido de una vigilia casi conceptuosa, pero que se nos presenta en forma de situaciones *efables* dentro del artificio –urdimbre, maquinación, plasmólisis–, le correspondería no una tirada rutinaria, sino una impresión objetual. Un libro-objeto para historias que objetivizan ideas y situaciones eidéticas.

La densidad del juego es contractiva y por eso el volumen, que ironiza sobre su vocación realista, nos obliga a situarnos en una comarca en la que abundan los elementos *pesados* (en cuanto a significación); me refiero a un *territorio imaginario* que se separa de la inmediatez y también de lo real, aunque dialoga con ellos de modo muy activo, como si estuviese lanzándoles indirectas todo el tiempo. Pero sucede que César López nos habla de circular el cuadrado –una dificultad lógica, un aprieto geométrico de acuerdo con las matemáticas clásicas–, y por esa razón estamos ante un tipo de escritura que rompe ciertos esquemas al desdeñar el cartesianismo (atomizarlo) y abrazar la indeterminación y el cálculo de probabilidades (e improbabilidades) que presiden la existencia.

La atomización de las demostraciones, la argumentación (peroración subyugada por el deseo de exactitud) como línea de progreso dramático, constituyen el centro de «Los donativos», un texto cuyo continuo hacerse se apoya en la búsqueda de la pertinencia y el destino de los zapatos (donados) del misterioso Mr. Tam. Los personajes se enzarzan en discusiones de cariz beckettiano y ponen de relieve la vida de una especie de dinastía de los objetos, enfatizada además en «La caja de papel». Esos dos relatos, uno conectado con ciertas tipologías de la literatura del absurdo y el otro levantado sobre la base de disquisiciones que dibujan un *fractal de la utilidad pura de los objetos* –entre adquirirlos y no adquirirlos está la peroración–, representan el vestíbulo del genuino espesor conceptual de *Circulando el cuadrado*.

Luego de ese umbral aparecen historias como «Los visitantes» y «Las confesiones». El primero despliega lo que Henry Miller llama, en *El ojo cosmológico*, una «mente jurídica»: Lops, el protagonista, puede dar vueltas y más vueltas alrededor de un tema sin abordar nunca lo esencial del mismo. Lops da libre curso a su tragedia a partir de la decisión de clausurar una ventana; escucha los puntos de vista de sus vecinos, duda, hace diversas consideraciones y empieza a angustiarse. La intrusividad de los demás no parece afectarle, pero el conjunto de los razonamientos lo transforma en un hombre en suspenso, bajo los efectos de una inmersión profunda en la futilidad. Entonces Lops decide suicidarse. Su cuerpo, hallado bajo un lazo corredizo, es un ejemplo de irresolución, pues en el cuarto hay además un cuchillo, un frasco de píldoras somníferas y un revólver. Los forenses no pueden determinar la causa de la muerte. Por su parte, el segundo cuento nos habla de otra progresión: la historia increíble de Dum, asesino de sacerdotes (confesores o no), general máximo, jefe de estado y Sumo Pontífice. El horrendo hábito de Dum –matar diariamente a un cura elegido al azar– se hace una costumbre llevadera con ventajas profilácticas en relación con la vida eclesial dentro de una sociedad muy religiosa. La extraña pasión de Dum convierte sus crímenes en rituales, y así llega a ejercer un papado cuyo fin es también hijo del azar: Dum, el elegido, se mata. Mas su imperio permanece como una tradición irrenunciable.

Aunque inmersos en inquietudes distintas (y más dados a la interlocución con la cúspide de la Modernidad, en un mundo representable mediante torceduras en las que la fluencia narrativa es una condición precaria), algunos de estos cuentos –«Los visitantes» y «Las confesiones», pero también «Los cómicos»– dialogan con ciertas piezas de Ezequiel Vieta –«El tambor y el forastero», «El verdugo y su hijo», «El horno»– publicadas en *Aquelarre*, su libro de 1954, y en *Libro de los epílogos*, estrictamente coetáneo de *Circulando el cuadrado*. Ante un mismo problema, el de la identidad humana en tanto expresión de disyuntivas lingüísticas reactivas, Vieta exhibe una incandescencia del horror (expresionista, gótico, ensoñado) y López una calidez intermitente (del rojo vivo al hielo polar) que alude a ese horror, mas con el ingrediente del sarcasmo y sus retintines.

El logos del horror se expresa en la severa impudicia de la esquizofrenia. Ahí está «Una señora», texto con una extensibilidad de círculo vicioso y que emana del trastorno. La señora del cuento tiene grandes dosis de afecto que dar, pero en un punto de su monólogo –con el cual construye un personaje que se origina en el soma y el carácter probables de un visitante– ese afecto se metamorfosea en algo ominoso, en un deseo tras el cual se esconde una verdad feroz o trivial. El discurso de la mujer se cierra en ella misma para recomenzar infinitas veces, como el vaivén entre el yo aceptable y el otro inaceptable –de lo extraño a lo consuetudinario, del desorden al orden–, presente en «Los paseos nocturnos». En este relato, López alcanza a dibujar una metáfora de la enajenación cuya estructura se materializa (verbaliza) en un cosmos aberrante. La pregunta que el protagonista se hace, más allá de sus mutaciones –primero odia el día y ama la noche, y después ama el día y odia la noche–, resume la extrañeza del yo, su fragilidad, o su talante vago, impreciso, frente a la posibilidad/imposibilidad de comprender la lengua de los otros, en medio de una quimera (de índole futurista y más o menos orwelliana) que los fantasmas del sexo colocan, por momentos, en los predios de lo inmediato.

«Los cómicos», «En la prisión» y «Los espías» son maneras complementarias de asediar una liosa cuestión: el poder y sus vínculos con la razón, el sentido común y el arte. El primero nos explica, desde el prestigio de las formas canónicas de la fábula, los vínculos del arte con la vida y el poder. Los cómicos llegan a un pueblo que no es feliz, o que no sabe lo que es la alegría, o ambas cosas, y luego de diversas reacciones –espontáneas, inducidas y en todo caso confusas– terminan asesinados. De un lado, el arte (la novedad de lo raro, la angustia de la representación), y, del otro, la existencia. Por encima de ambos, el poder. Pero el poder manipula la opinión sobre el arte y sobre la vida misma. Y con respecto a algo tan disociador como la alegría, o el estado de felicidad, todas estas fuerzas acaban trabadas en una pelea universal. El segundo cuento es una antiutopía sobre la necesidad de hallarle, a toda costa, un sentido a la vida. Los presos son hoy presos y tienen el deber de escapar a través de un túnel. Pero mañana, cuando escapan, ya no son presos, y encuentran durante su errancia un sitio tan parecido a una cárcel que *es* una cárcel. Entonces se convierten en carceleros, en jefes, en el Poder, hasta que la rutina de ese ejercicio los mueve a convertirse otra vez en presos: el Poder y el Sometimiento representan extremos que se tocan, embrollan e intercambian. El tercer cuento constituye una irónica lectura de las sagradas misiones que protegen al Estado. Entre la guerra y la paz hay un escuálido interregno dominado por la labor de los espías. Sin embargo, los espías –todos: de los Grandes Espías a los espías de barrio– son subalternos del Poder, no así de la Razón. Y en el momento en que el Arte (o más exactamente la Cultura) interviene en esas ligazones para subsanar errores de apreciación, ocurre que, cuando menos, los espías *sutilizan* su pensamiento. La Cultura, y el Arte en particular, modulan la Razón, la idea de la existencia y la existencia misma, fenómeno este (de regulación y afinación) que coloca al Poder (y a todo lo demás) bajo una luz tan perentoria e incómoda como definitiva: la luz de la Libertad.

Podemos conjeturar la medida y el modo en que estas exploraciones de César López fueron absorbidas en su momento; podemos presumirlas con una independencia (relativa) de las pautas de una recepción crítica condicionada, en efecto, por la enérgica adscripción del libro a estructuras básicas de una narrativa experimental que se entrega, *además,* a indagaciones de naturaleza existencial, para usar un término resbaladizo. Pero lo cierto es que, a estos razonamientos propuestos desde *Circulando el cuadrado*, se añade uno de mayor importancia y que los preside a todos: el esquivo, cambiante, penoso e inapresable lugar del sujeto en realidades sociales que lo acogen siempre con una porción de suspicacia.

La tradición literaria que César López abarca en estos relatos se determina, creo, ante dos referentes: en primer lugar, un conceptismo hispánico que extiende su ligadura hasta el grotesco esperpéntico –muy bien empleado en «Las mordidas» y «Las meriendas», aunque sin las expresiones cínicas y jergales a que se refiere la Academia– y que no renuncia a las humoradas descacharrantes –como se aprecia en la escabrosa y jocunda sátira del mesianismo cristiano hecha en «Los anuncios»–, y, en segundo lugar, las afiladas asepsias de la entonces nueva narrativa francesa, con el añadido peculiar de la *nouveau roman*, que también viene de (o es ya) *Watt*, de Beckett, y *Portrait d'un inconnu*, de Natalie Sarraute, y que transforma la peroración repetitiva en voyeurismo y *ansia de entendimiento del otro*. Esos dos referentes, puestos en función de un trazado alegórico, dan un matiz estilístico exclusivo a *Circulando el cuadrado*, cuyos guiños se dirigen a la política, las costumbres, la preceptiva social y los tics risibles y lastimosos de una época.

El minimalista Nelson Rodríguez

Nelson Rodríguez dio a conocer en 1964 su cuaderno *El regalo*, título que, por su vehemencia en el gesto, el acto y la cosa en sí, invita, a quien no conoce esta colección de cuentos breves, a imaginar lo inevitable: su condición de prosa irrealista.

Hacia 1940 Virgilio Piñera, su ilustre predecesor, ya tenía concebido un grupo de ficciones súbitas (o más que ficciones súbitas, pues son actualmente legibles como viñetas poseedoras de una gran frondosidad conceptual) de parecido talante, con la diferencia de que en el autor de *Cuentos fríos* hubo siempre, desde sus inicios en la literatura, una especie de sistema creativo donde la prosa encapsulada tendía a hacer visible el tipo de entorno, en este caso más ideal que material, presumible en el trasfondo de su obra narrativa en tanto sistema. Piñera dio a conocer esas ficciones en un libro inaugural, *Poesía y prosa*, y después publicó algunas otras en la revista *Ciclón*.

La ficción súbita y el relato superbreve son notaciones vecinas y, en ocasiones, intercambiables. Ambas son hijas acaso de las *intempestivas* –textos «inoportunos», «improcedentes»– de Nietzsche, enunciados que auxilian al estilo del fragmento en su entrada en la modernidad, pero que, en rigor, son más apropiados para reflexionar periféricamente sobre algunos temas de la filosofía metafísica que para incurrir en ensoñaciones fantásticas. Sin embargo, alguna relación existe entre esos tres modos de expresión que suelen manifestarse con el poderío de los géneros «independientes».

La ficción súbita nace probablemente de un estado de narratividad cuyo origen se encuentra en esa lírica que desdeña encauzarse por medio del verso. Es un gesto historiable, un pensamiento calzado por un acto solitario, una actitud conclusiva que vemos en la construcción a donde conducen las palabras. El relato superbreve hila y teje una concatenación de sucesos con un final inesperado, o que se cierran sobre sí mismos sorpresivamente al apelar, en nosotros, a esa capacidad de comprensión de lo episódico como algo definitivo, aislable y trascendental. Aunque los textos de *El regalo* pertenecen más bien a este segundo orden, hay algo en el estilo de Nelson Rodríguez que nos incita a recelar de su desdén por esa idealidad lírica sobreentendida en las ficciones súbitas.

Una diferencia esencial separa estos textos de la tradición del absurdo lógico, cultivada sin imposturas y con tanta naturalidad por Piñera en muchos relatos suyos. La diferencia consiste en que Nelson Rodríguez se dio cuenta de que hay un instante casi impalpable, casi invisible, en el que la realidad de las cosas y las conductas dejan de inscribirse dentro de la órbita de lo cotidiano y viajan de pronto, o subrepticiamente, hacia territorios dominados por lo fantástico, o por lo extraño. Sólo el humor presente en sus textos salva a éstos de ceñirse a las convenciones del campo *weird*, ejercitadas con aplomo y constancia, pongamos por caso, en el mundo literario anglosajón.

Y así tenemos, en Nelson Rodríguez y su libro *El regalo*, curiosos especímenes de una literatura que se enfrenta a lo real con la convicción de que casi todo es apariencia y, que la movilidad de los mecanismos de la percepción agregan o quitan algunos grados de materialidad a eso que llamamos lo inmediato. La devaluación progresiva del referente real, operatoria inscrita en los manejos posmodernos, es acaso –leídos desde el hoy– el origen de dichos especímenes. También debemos pensar que, en *El regalo,* la textura general de la realidad viene a someterse a los efectos de ciertos filtros que la metamorfosean y la separan de ese acuerdo de convenciones presente en cualquier lectura «inocente».

«Una orden extraña», por ejemplo, reserva para el final su condición revisionista de la historia de Herodes. No sabemos, hasta el desenlace mismo de los hechos, que la inquietud cortesana en el palacio del rey es hija de una de las parábolas bíblicas más conocidas, citada aquí por medio de un *retellig* que no hace sino subrayar el principio de la derrota de las intenciones del monarca. De otro tipo es «El viaje», acaso más piñeriano: un hombre pierde el avión que lo conducirá a China, y como su necesidad es absolutamente perentoria, regresa a su casa, cava en el jardín y sale a la antípoda, consumando su anhelo, que se corona con el éxito al recibir un saludo en chino. También tenemos «La montaña», que no posee, sin embargo, la rotundidad demoledora y llena de esa mezcla de felicidad y angustia visible en «La montaña» de Piñera. En el texto de Nelson Rodríguez los sujetos heroicos tienen el propósito de escalar la inmensa elevación, y el tiempo pasa y pasa y la vejez los consume, y también el olvido, pero ellos continúan la ascensión imperturbables, puesto que el acto es un *acto en sí*. En la escritura de Piñera la montaña es un reto absoluto, banal y absurdo por demás: el protagonista no anhela escalar la montaña sino irla devorando poco a poco, sueño que se va haciendo realidad cuando ve que aquélla pierde, con los días, redondez y altura.

Por su lado, «Anuario» e «Inconformidad» nos parecen hoy algo ingenuos; la ciencia ficción y la filosofía del lenguaje son ahora territorios muy vastos y en ocasiones se cruzan en provechosas alianzas, capaces de iluminar mutuamente, desde ángulos inéditos, un presupuesto lógico de la ciencia y un tipo de ponderación que nos resulta frágil y transitoria, ya que en ella interviene la precariedad del rendimiento lingüístico. Pero si nos detenemos en «La imagen», con su dosis de horror y su especulación lógica acerca del doble, o releemos «En la escuela» –incluido junto con «La media» en una breve y efímera antología del cuento corto cubano publicada muy a inicios de los años setenta–, donde el humor matiza muy bien un caso de licantropía deliciosamente aderezado por la mirada de un niño, nos daremos cuenta de que hay zonas de *El regalo* que merecían la atención de la arqueología de los libros, en especial aquellos que figuran aún en algunos anaqueles y que sobreviven al polvo y a la omisión.

Con *El regalo*, el incipiente y malogrado Nelson Rodríguez encontró un espacio de escritura de difícil ocupación, en especial si consideramos que la década del sesenta en la narrativa cubana acogió, a contracorriente de la tendencia realista y sus poéticas, ejercicios minimalistas o paraminimalistas que exploraban, con algún grado de acierto, el lado invisible de lo real, sobre todo la *twilight zone*.

Ejercicios de estilo en el borde del espectro

Hay una especie de superstición razonable con la que los críticos se refieren a la unicidad temática, y hasta de asunto, en un libro de cuentos. Con ella, al parecer una garantía atestada de misterios convencionales –porque en la unicidad puede caber casi cualquier cantidad de cosas, y así vamos cayendo en el peligro del falso silogismo–, se alude, independientemente de las prestancias dables en el orden de la construcción del discurso, a cierta *homogeneidad* en las historias. Esa premisa es muy distinguida, se explica bien *sólo* a través de sus ejemplos y no creo que sea una mala señal, pero no es lo mismo una congregación bajo la regencia de un asunto que una congregación satelizada por un tema.

Los primeros años sesenta se caracterizaron por una demanda de imaginación y una demanda de historia. ¿Historia como hechos, o historia como reserva de argumentaciones? Ambas cosas. E imaginación como juego y regocijo (diversión) tematizados. El relato llegó a alimentarse de varias tradiciones y, en ese sentido, hubo una anómala sobreabundancia de *realidades para el proceso de ficcionalización*. El relato se hallaba en el borde de un espectro nuevo –restauración de la fábula a partir de su tradición nacional y a partir, también, de otros dos referentes densos y próximos: la novela hispanoamericana y el cuento norteamericano, sin dejar de incluir, en esta descripción de vectores, la instauración de nuevas estructuras económico-sociales en esa misma década– donde el esquema más o menos fijo de *lo real* empezaba a modificarse.

En 1965, en la Serie del Dragón de Ediciones R, apareció una colección de prosas que su autora, María Elena Llana, agrupó bajo el título de *La reja*. Prosas que van, en lo que toca a su genealogía, desde el divertimento fantástico y/o psicológico hasta la narración realista anclada en el testimonio ya regularizado de ciertos aconteceres. De hecho, el contenido de *La reja* se coloca en tres zonas que Llana nombra así: *los divertimentos, las narraciones* y *los hechos*. Probablemente se trata –agrupación *concertante*– de uno de esos segmentos creativos de escritura que un narrador va erigiendo paso a paso y sin tomar conciencia de su posible reunión en forma de libro. No quiero decir que estamos en presencia de un corte temporal simplemente concrecionado en la recopilación y el cosido, por el lomo, de sus contenidos. Simplemente quiero decir que ese acto es muy congruente, en tanto respuesta, con el fenómeno que me apresuré a denominar *demanda de historia e imaginación*.

En la primera zona topamos con un texto que aprovecha muy bien las estructuras canónicas del relato fantástico: «Nosotras». La muy conocida historia, centrada en un problema de identidad y replicación (y, en definitiva, el conflicto de la identidad del individuo pasa por la alternativa del desdoblamiento, la *objetualización* del sujeto), es muy económica en cuanto al uso de artificios y logra conformar una atmósfera vecina de lo tenebroso. Sin embargo, tras «Nosotras» advienen otras piezas, y entre ellas las mejores son «Conócete a ti misma» y «El viaje». Son piezas que exploran el territorio del absurdo lógico, pero que, al mismo tiempo, resultan de una indagación, extremadamente tensa y convincente, del lado invisible de la realidad, o de ese aspecto del mundo en el cual halla alimento una porción generosa de la escritura surrealista.

A diferencia de «Nosotras», que viene a ser la depuración más enunciable, más *narrativa* –si así pudiéramos hablar– de esa zona llamada *los divertimentos*, los demás textos tienden a compactar demasiado la ilusión del relato, excepción hecha de los que acabo de citar. En esa voluntaria compactación se origina una pérdida, también voluntaria, de coyunturas, y Llana accede a lo metafóricovisual, a estados alegóricos con cierta propensión a la fijeza, al estatismo de lo pictórico, lo que no sucede, sin embargo, en «Conócete a ti misma», un cuento que, sin abandonar su lucidez conceptual, viaja de un dilema a su solución presumible cuando el personaje piensa que ha llegado al umbral de la satisfacción de su deseo: la elaboración de una personalidad propia. Por su parte, «El viaje» es una suerte de lección sobre el carácter paradójicamente central (en cuanto a los mitos de la domesticidad y el cortejo amoroso) de las periferias culturales. Su atractivo consiste en razonar el falseamiento de lo arcádico desde el punto de vista de una historia con nativos –Koa y Kapola– y un extranjero (uno piensa de inmediato en el gran Gauguin, sifilítico y manipulador) que fuma en pipa.

La segunda zona de *La reja* contiene *las narraciones* y marca una diferencia con los textos anteriores, pero sobre todo con los que aparecen después, integrados en el ámbito de *los hechos*. Llana sabe perfectamente que las diferencias afectan allí el orden de la construcción artística, y declara, mediante ellas, la existencia de distintos tipos de enunciación, tono y relieve. Pero *las narraciones*, de acuerdo con Llana, tienen de juego verbal y de examen de un entorno material y psíquico; por eso la historia de Carolina –me refiero a «En la ventana»– posee un equilibrio tan peculiar, un sabor distante y a la vez próximo, capaz de visibilizar a ese personaje que dice, detenido como se halla en el tiempo: «pertenezco a esa clase de mujeres que nunca son jóvenes ni dejan de serlo». Este relato tiene una intensidad parecida (o que causa en el lector el mismo efecto) a la de «Derrota», donde conocemos un drama universal –el fracaso y la mediocridad social del sujeto–, a partir de un personaje trazado escuetamente: el profesor Adolfo. Un hombre con ambiciones, pero sin el menor encanto.

La sección marcada como *los hechos* no podía menos que dialogar con un asunto más bien citadino y entonces en vías de retorización: la lucha clandestina contra las fuerzas policiales del gobierno batistiano. Pero siempre desde la perspectiva de Llana, que en gran medida conforma su estilo de aproximación a personajes, espacios narrativos y atmósferas (y no podemos desconocer que la autora experimenta una especie de fascinación cuando se enfrenta al chisporroteo que produce *lo que sienten* ciertos personajes y *lo que ellos mismos son capaces de expresar*).

Estas certezas subrayan la singularidad de los dos relatos concebidos aquí como *los hechos*: «Nochemala» y «La reja». Ambos se desmarcan, incluso, de una muy joven tradición –mayormente exteriorista, con sus estereotipos visuales y su propensión a un rápido decurso de imágenes violentas– interesada en testificar, fabular y exorcizar el pretérito inmediato del crimen político urbano y de una épica apoyada en el escondite, la valentía personal y el crédito de una ideología.

Como acabo de decir, esos relatos se alejan de la tradición aludida –una tradición joven porque se refiere a la Revolución, pero que posee una larga práctica en cuanto a *contenidos sociales* desde, pongamos por caso, el ciclo narrativo de la Revolución del 30–, y lo hacen precisamente por medio de inquisiciones interiores capaces de enseñarnos dónde se desarticula la *experiencia* con respecto a su *verbalización*. O para explicarlo con razonable sencillez: dónde se divorcian, cuando nos situamos en el interior de los personajes, *el contenido real de la experiencia y su expresión en el pensamiento y el lenguaje.*

Para la narrativa cubana de los años sesenta es obvio que *La reja* representa, por esos motivos, una especie de punto y aparte, aun cuando se trata de desiguales ejercicios en busca de determinada madurez, ejemplos de una destreza inicial cuyos mejores aciertos estilísticos, de tono y de relieve habrían de reconfigurarse, a lo largo del tiempo, hasta desembocar en la estupenda emulsión de acontecer gótico, exploración psicológica y realismo visual que es *Casas del Vedado* (1983), su alejado segundo libro.

CUENTOS DE HORROR Y MISTERIO

En los años sesenta el único cuerpo de ficciones que, de modo consciente y sistemático, accede a la infiltración de lo sobrenatural en términos de horror gótico, es el de Évora Tamayo, quien dio a conocer en 1965, en la Serie del Dragón de Ediciones Revolución, los relatos de *La vieja y la mar*, un libro de notorias desigualdades en cuanto a escritura y elaboración de personajes, pero en el que aparecieron historias de un singular relieve estilístico. La mayoría de ellas volvió a publicarse, a inicios de los años ochenta, en *Cuentos para abuelas enfermas*.

Évora Tamayo hizo del horror gótico un espacio fuertemente contaminado por el humor (negro) y el lirismo. El horror gótico, ya lo sabemos, es una convención (extensible) de la sensibilidad romántica, y desarticula algunas verdades probables del individuo (en un entramado de hechos sujetos a la *suspensión de la incredulidad*, como pedía S. T. Coleridge), mientras activa ciertos mecanismos de simulación capaces de potenciar un misterio convertido en secreto. La añadidura del humor introduce, en ese espacio de escamoteos, un matiz acentuador de la verosimilitud, pero en ocasiones el texto así conformado resbala hacia el predio del absurdo, o se enreda en una lógica vecina (por pura analogía en cuanto a sus efectos en el lector) de la que hallamos en la apelación surrealista. El lirismo, una cuerda que Tamayo pulsa raramente en sus relatos, confiere a determinados textos un aire distinto, casi excepcional en el concierto narrativo de los relatos fantásticos (llamémosles así, por el momento) de los años sesenta. Somos testigos de una disyunción (el humor o la poesía) no siempre estable, y por eso *La vieja y la mar* es un libro de calidades irregulares.

La infiltración de lo sobrenatural de produce en estos cuentos como algo que no necesita explicarse porque ya estamos en un territorio cuya atmósfera es muy *weird*. Évora Tamayo coloca rápidamente a su lector en medio de una puesta en escena hecha mediante gestos narrativos que revelan, por un lado, cierta gracia y una desenvoltura irradiadora de frescor, pero que a veces, por otro lado, acusan un desaliño capaz de arruinar la incontestabilidad de una historia, emancipada de la convención a causa de su índole *lateral* (comprobable en el espesor de sus sentidos y/o en el brío de su graficación). Aun así, *La vieja y la mar* contiene piezas significativas en las que se distinguen los aportes de la autora al segmento no realista de la prosa de ficción en aquellos años.

El mejor cuento de la colección, el que aún conserva una legibilidad que lo acredita ante las suspicaces recepciones de hoy, es «Silvia», una historia de espectros matizada por la metáfora del mar, la casa y el amor. La vuelta de tuerca a que se refería Henry James en su noveleta homónima se produce en Helio, el carpintero, quien representa el mundo de la realidad posible, ese mundo de aventuras que, sin embargo, no rebasa los parámetros de la aceptabilidad doméstica. Helio visita la casa de Silvia, conoce a los niños que viven o se manifiestan allí, y empieza a notar la presencia de una torsión nueva, otra, a la que al cabo se somete lo real. Silvia es una anciana y es una atractiva mujer de ojos verdes. Las dos cosas a un tiempo. El nivel de escamoteo del cuento coincide, precisamente, con el plano de las acciones; hay sucesos o detalles de sucesos que debemos inferir, pero enseguida nos percatamos de que la peripecia fluye como a saltos, regida acaso por una lógica vecina del ensueño o la pesadilla. Una lógica que Évora Tamayo ha conseguido reproducir y que, de cierta manera, prospera en lo invisible y en la metáfora narrativa. La autora ha trasladado la admisible frondosidad tropológica del estilo a ese plano de acciones que, en apariencia, alude a lo real.

La pertinencia de «La abuela de la caperucita», por ejemplo, no se halla a la altura de la de «Silvia» en tanto graficación de una dramaturgia de lo fantástico; en aquel texto se produce una intervención que desautomatiza y parodia las relaciones de poder en un relato lleno de convenciones, pero dicha intervención (tan común en algunos relatos posmodernos) no alcanza a rebasar el juego donde tiene su origen. La imagen se va por encima del concepto, por así decir. Algo similar sucede en «La vieja y la mar», el cuento que da título al libro, cuyo saldo es acaso de mayor interés como intervención (no así como parodia, aunque su referente lo hallemos en la célebre noveleta de Hemingway), pues los vínculos de amor/odio entre el océano, la anciana y la aliada del océano (una aguja que es como la sierpe del dios Neptuno) conforman una dimensión narrativa de *algo* —una especie de ficción súbita— que tiende a expresarse poemáticamente.

Évora Tamayo subvierte el canon moral (y estético, qué duda cabe) que sirve de sustento al relato feérico; al utilizar el absurdo, el humor y hasta la obscenidad desdibuja el medievalismo del cuento folklórico (algunas de cuyas versiones originales ya encerraban su propio absurdo, su propio humor y su propia obscenidad, en ocasiones cruel) y se apropia de una tipología de la fábula popular en la que concurren módulos no reverentes de la tradición. Un buen caso es el de «El secreto de la princesa», donde hay un príncipe consorte a quien se le revela un conocimiento incongruente: la princesa suele hurgarse la nariz.

A la obscenidad se añade la crueldad, como he sugerido, y surge entonces lo siniestro; en este componente se diluye a ratos el humor, que es leve, atmosférico. «Hoja de álbum para Elisa» cuenta la historia de una hermosa mujer que escoge «mal» a sus maridos; su condición permanente es la de la viudez. Ya enfermos, próximos a la muerte, los hombres con quienes Elisa contrae matrimonio mueren rápidamente adormecidos en un bienestar pleno de arrumacos. La sensualidad de Elisa es un correlato del refinamiento de lo macabro, pero al final sabemos que su padre, dueño de un circo, alimenta a las fieras con los cadáveres —muy frescos— que ella suele proporcionarle.

Sin embargo, no es tan sólo el juego (aunque se trate de juegos de carácter modelador) ese dispositivo que produce los textos de Évora Tamayo. En un cuento como «Los misterios de Teresa» encontramos personajes que, independientemente de su ligadura con el absurdo en el primer plano de la composición del relato, definen sus vidas en relación con la vaciedad que encuentran en el mundo exterior. Se trata de seres que rehúsan enfrentarse a lo cotidiano porque lo cotidiano los convertiría en sujetos patéticos. De hecho ya soportan ese patetismo, pero lo disfrazan, lo transforman en otra cosa, lo esconden de los demás bajo una estructura de excentricidades. En la perspectiva de dicho texto hay una mirada crítica que, de alguna manera, mezcla el pudor y la insolencia, emulsión que en «Milo» se metamorfosea en una sátira bastante definitiva: el perro Milo secuestra a Esteban y lo conduce a la mítica ciudad de Pyr, donde todos los perros se expatrían alguna vez; Esteban se somete al dictamen de un jurado canino que lo devuelve a la comunidad humana, pues el jurado se ha dado cuenta de que él es una criatura muy inferior.

En *La vieja y la mar* se destacan, además, dos historias sobre la aciaga naturalidad del artificio: «La adolescencia del sapo» y «El jardín». En la primera, Évora Tamayo confecciona un tipo de estimulación grotesca: un sapo apasionado se enamora de una vaca, tienen sexo —como en esas pornografías periféricas que subrayan, en algún comic de ciencia ficción, el fárrago de un coito entre un pulpo inteligente y un humanoide— y nace un sapotauro; un día el sapo cae por un descuido bajo una pezuña de la vaca y muere al instante. Ni la vaca ni el sapotauro se dan cuenta de lo sucedido. Y ambos van en busca del sapo, a quien ellos suponen, bohemio y rumboso como es, de regreso a la laguna. La vaca y el sapotauro se adentran en el lodazal y perecen ahogados. En la segunda historia Évora Tamayo vuelve a ese territorio donde los límites de lo real empiezan a abolirse. O más bien se diría que la escritora regresa a la metáfora como ritual (y como estructura) de un conocimiento oblicuo. Son tres los personajes: Ambrosio, Delio y Juan. La médula del cuento se halla en los vínculos que ellos establecen con las plantas. Pero ese diálogo, que entraña una engañosa placidez, muy pronto es sustituido por el carácter alucinatorio del mundo de las plantas cuando estas se constituyen en un refugio, en un coto de retiro, que sirve para huir con eficacia del mundo; las plantas —en principio artificiales— cobran vida antropomorfa (o zoomorfa, si contemplamos los hechos desde otra perspectiva) y se integran somáticamente (aquí se produce la articulación de lo horrible) en los personajes.

Évora Tamayo nos habla de un jardín monstruoso, vitalizado a causa del deseo y cuyo predicamento cultural (el arquetipo del jardín) es un hecho que se verifica en el ámbito de las representaciones simbólicas. Leemos un texto reverenciador del rizoma de lo fantástico, pero que esta vez marca el horror desde la razón de la poesía.

Por detrás de lo real

La tradición contemporánea del relato fantástico en Cuba tiene un momento de particular importancia en *El castigo* (1966), de Esther Díaz Llanillo, cuaderno de cuentos en los que resulta posible ver un registro singular de situaciones extraordinarias, fuera de lo común, o derivadas de una torcedura impuesta a lo real. Se trata de la primera publicación de Díaz Llanillo y son notables los desniveles de calidad e intensidad de sus narraciones —efectos acaso de una configuración estilística infraguada, muy temprana–, aunque es lícito decir que algunas piezas de *El castigo* revelan la presencia de una marca expresiva y de determinado grado de eficacia (eficacia discursiva) detectable allí donde algunos textos alcanzan a poseer una simetría perentoria para activar uno o dos mecanismos de lo fantástico.

La nota de contracubierta del libro, preparado por Ediciones R, nos invita a tomar en consideración que tal vez la alquimia de algunos relatos incluidos allí estuvo precedida o acompañada por dos estudios de Díaz Llanillo de presumible influjo en la conformación –o autoconciencia, para ser más preciso– de su discurso: un ensayo sobre la narrativa de Alfonso Hernández Catá y una tesis doctoral sobre los cuentos de Jorge Luis Borges.

Podemos suponer, aunque no aquilatar con exactitud, cómo se emulsionaron dos sistemas literarios tan disímiles dentro de la entonces muy joven sensibilidad literaria de Díaz Llanillo. Ambos, Borges y Hernández Catá, surgen bajo la vasta aura del modernismo y se separan frente al horizonte de las vanguardias. Por ejemplo, las lecturas del primero son inglesas, muy lógicas y muy filosóficas, mientras que en el segundo se adivina la huella de ciertos prosistas franceses finiseculares y de la meditación positivista. Y aun cuando gustan de universalizar sus entramados desde la óptica de un cosmopolitismo con mucho encanto, ambos también posan la mirada en lo telúrico y condescienden a dialogar con asuntos y personajes que constituyen marcas de lo nacional.

Resultaría muy interesante detenerse en ese tópico, pero los atractivos de *El castigo* son más seductores y puntuales. Allí, en los años sesenta, y en medio de una disputa más o menos silenciosa por la legitimidad de la ficción narrativa (en tanto fabulación abierta) y sus géneros laterales (en especial luego de la repetición indiscriminada de una pregunta: ¿cuál es la función de la literatura?), el libro de Díaz Llanillo (y, sin duda, *La vieja y la mar*, de Évora Tamayo) expresa una convicción inteligente acerca de lo literario y se adentra, con esa intrepidez de las pertenencias que no se abandonan nunca, en un territorio que entonces ya empezaba a ser demasiado mental, demasiado artificioso, de acuerdo con algunas concienzudas teorías de ocasión sobre el *compromiso* del texto y la *implicación* de su autor en la historia. El segundo lustro de la década de los sesenta subraya el fin de una época y el inicio de otra. Y también indica, contemplado a la distancia de tantos años, que en ese espacio se compendiaron, recapitularon y arreglaron diversas transiciones de una sensibilidad a otra, de un sentido de la cultura a otro. Porque, bien miradas las cosas, la verdadera congruencia entre la torpe política cultural revolucionaria de aquellos años y los textos narrativos empezó aproximadamente a partir de los años setenta con las «prescripciones facultativas», para usar la terminología de los avisos farmacológicos.

En un expediente sobre lo fantástico que publicó la revista *Quimera* (n. 218-219, julio-agosto de 2002), hay un ensayo de Jean Bellemin-Noël que se adentra en las relaciones de ese mundo con el inconsciente. Allí Bellemin-Noël nos habla de ciertas escenas o momentos del pasado, o de aquello que juzgamos lo real del pasado, y nos dice que la imaginación construye momentos *mediadores* capaces de abandonar lo ilusorio para responder ciertas preguntas inquietantes, o solucionar ciertos enigmas que rodean y condicionan nuestra existencia. En otra parte de su disquisición leemos que el relato fantástico se alimenta a menudo del equívoco sugeridor, de segmentos vitales *asignados* a la fluencia de lo real y que, sin embargo, no son sino lagunas que la imaginación intenta llenar ante la amenaza de lo extraño y lo incomprensible.

Curiosamente, algo de esto sucede en dos narraciones que me parecen esenciales para calibrar la eficacia discursiva de *El castigo*. Allí tenemos textos de substrato parabólico, artefactos lógicos, o divertimentos que conjugan la frialdad del cálculo con el acaecimiento del absurdo, pero también topamos con «La venganza» y «La amenaza», dos historias instaladas en la realidad cotidiana de lo doméstico, un dominio trascendido y quebrado gracias a la perspectiva de quienes narran: dos mujeres que, en primer plano, se desempeñan como sujetos agredidos por determinados hechos reales, pero que, en el fondo, representan comportamientos paranoicos (de hiperarticulación).

Los relatos a que me refiero son importantes porque se atienen a un envoltorio fantástico, elaboran o diseñan un acontecer *fantasmático* –lleno de incertidumbres lingüísticas y de modalizaciones que revelan la existencia de un narrador *no confiable*– y dependen del gótico en tanto efecto de la torsión de lo muy cotidiano, de lo muy común. Sin embargo, resultan historias significativas debido al hecho, central en muchas narraciones fantásticas, de que ese envoltorio, ese acontecer y ese efecto gótico tienen su origen en un problema familiar ligado al *no decir*, al circunloquio. Un problema que, asimismo, se desea ocultar bajo diversas capas de hechos disuasivos, como si sus custodios hubieran determinado, consciente o inconscientemente, edificar una estructura adyacente en forma de señuelo.

En «La venganza» lo determinante, el núcleo invisible, podría ser una atmósfera que no se quiere abandonar, pues representa el residuo básico de un estilo de vida venido a menos y que, en rigor, está muy relacionado con esas actitudes conformadoras de la vivencia aristocrática, según lo que podemos entender por aristocracia en esas mansiones habaneras de los años cuarenta y cincuenta, habitadas por representantes de la clase media-alta. Sin embargo, una muerte –la del ubicuo Charlie, hombre que se prodiga en el éxito– y una añoranza que va del dolor auténtico a la frivolidad más escandalosa, sirven a la narradora-protagonista para darle curso a la impregnación fantástica, que llega a graficarse mediante las apariciones de la sombra de Charlie, seguidas por la consecuente investigación de los hechos.

En «La amenaza», el dilema de fondo es más sutil y posee un desarrollo constantemente accidentado a causa de actitudes y hechos que se comportan como las salidas en falso de un juego, o como los corredores ciegos de un laberinto. Leticia –la narradora– y Frida son dos muy jóvenes hermanas. Ambas han crecido separadas (no se nos dice por qué) y se ven esporádicamente. Por un momento, antes de morir, la madre pronuncia una advertencia ominosa que compromete sus vidas y que tiene, sin embargo, un sentido más bien oscuro. Un día, cuando ya las dos hermanas viven juntas, un hombre se presenta en la casa y sucesos violentos, de ambiguo significado, tienen lugar. No sabemos si ha habido un forcejeo erótico con Frida –algo tan específico y también tan general–, o si confundimos simplemente el aspecto sinuoso de esa circunstancia –que puede representar la llegada de una extraña figura paterna, o el advenimiento de un desconocido amante de la madre– con otra cuestión más esencial. Lo cierto es que, al parecer, un hombre se ha presentado para reclamar algo; tal vez seguía desde antes, por una razón que se nos oculta, los pasos de Frida, que es una mujer independiente, vigorosa y bastante determinada. Las hermanas huyen, se mudan varias veces y acaban al servicio de un francés que les da protección y empleo. Al final, el desconocido vuelve a rondarlas y Leticia lo sigue y consigue matarlo con una daga del francés. Entonces Frida se marcha como si tal cosa, desaparece de su vida.

¿Qué ha sucedido? Todo y nada. Las claves para comprender el sentido de esa historia de obsesiones (que me gusta porque se expresa por medio de un discurso exhausto y restrictivo) se encuentran en el pretérito de la realidad textual, y es suficiente, así, para que aparezca el misterio de una presencia incansable, una especie de predador del alma, del que no se puede escapar salvo por medio del asesinato. En el desenlace, cuando Leticia le da vueltas al cuerpo para ver su rostro, este desaparece de su memoria y ya no es capaz, ni siquiera en ese instante, de recordarlo. La ocultación y la incógnita siguen allí, ante sus ojos y en su vida entera.

Es obvio que «La amenaza» detenta un trasfondo psicológico de gran densidad, y que en la relación de las hermanas –Leticia cultiva el retiro, pero es valiente y cuenta con un mundo interior; Frida es abierta, arregla incluso sus propias citas, pero es timorata y frívola–, sin descartar el extraño vínculo de ambas con su madre, se funda quizás la racionalidad que ansiamos para explicarnos lo que sucede. Sin embargo, un acontecer *fantasmático* hace que algo simplemente atroz, o simplemente banal –como diría Borges–, adquiera una viscosidad inquietante al bordear un enigma que equidista de lo terrorífico y lo fantástico, en una de las mejores narraciones de su tipo publicadas en Cuba.

Miguel Collazo y la ciencia ficción

Justo en la órbita de la literatura fantástica y de ciencia ficción dada a conocer en Cuba durante el segundo lustro de la década del sesenta –ese círculo reactivo, tonificador de un género que de súbito alcanzó a tener realizaciones atendibles en un panorama dominado esencialmente por el realismo social–, se destacan dos piezas de un narrador de estirpe lírica, un fabulador meditativo: Miguel Collazo. Me refiero a *El libro fantástico de Oaj* (1966) y *El viaje* (1968).

El dilema estético de una literatura como la de Collazo estriba en las sucesivas metamorfosis que detentan su prosa y los asuntos asediados en sus libros. Metamorfosis de índole estilística en lo que toca al lenguaje, ciertamente, pero que poseen un basamento temático a primera vista muy anómalo, pues las motivaciones, personajes y cronotopos del espectro por donde transita esa literatura constituyen, en apariencia, una disparidad. Hago alusión a un dilema estético de primer orden, capaz de problematizar la escritura de Collazo al punto de enriquecerla y dotarla, así, de varios registros integrables en un hondo desasosiego por la búsqueda de la identidad humana.

La renegociación dramática de los tópicos de la ciencia ficción es una operatoria que, en Collazo, está llena de matices. Es indudable que conocía las tipologías básicas del género y que creyó en ellas hasta un punto. A partir de dicho punto aparecieron esas dos ficciones iniciales, *El libro fantástico de Oaj* y *El viaje*, con las que, en su momento, Collazo propuso el intercambio de aquellas tipologías con dos instancias alejadas (o que por lo menos *se desvían*) de la canonización primaria del género: el humor y la poesía.

En varios trabajos sobre la literatura de Collazo he sugerido que el levantamiento de su poética es posible gracias a una sobrearticulación compleja de elementos disímiles que anhelan agruparse para vencer determinadas distancias estéticas. En *El libro fantástico de Oaj*, pongamos por caso, Collazo interviene el referente urbano –son los años cincuenta en La Habana– y modela un espacio muy regional, marcado por la interioridad, por la graficación de los usos y las costumbres, por el paso firme de lo cotidiano, todo lo cual se resuelve mediante la colocación, en una estructura de adyacencias, de escenas y episodios que se van desenvolviendo hasta configurar un relato de gran fuerza. Decir esto y no dar explicaciones es como si nada. Hablo de la fuerza de convocatoria, la energía resolutiva, el vigor de las apelaciones (muy diferentes unas de otras) de un texto cuya composición se asienta en el fragmento, o más bien en la capacidad que ellos poseen para imantarse en una lectura competente.

El espacio costumbrista de Collazo viene a ser un esquema (pero un esquema muy rico) de lo real; la historia, en tanto *pathos*, queda allí excluida. Entendámonos: excluida como *acontecer notorio*, ya que la historia es una presunción dentro de un contexto más bien tonal, atmosférico, poblado por personajes bien seleccionados y que se manifiestan de acuerdo con las distintas resonancias, en cada uno de ellos, de un suceso extraordinario: la visita de los extraterrestres. El esquema de Collazo reinventa la ciudad bulliciosa sin las regulaciones emocionales que producen los sucesos históricos, aunque el texto despliega numerosas zonas de conflicto (*conflictos de baja densidad*, por así llamarles) no ligadas al relato central, pero que nos llevan a esa presunción de la que hablo: la existencia del paisaje de un acontecer que ha venido a *circunstanciarse* detrás de la trama.

Cuando mencionaba la sobrearticulación compleja de elementos disímiles, hacía alusión a ciertas sustancias aglutinantes que determinan, contemplada la obra de Collazo en su totalidad, la congruencia de unos textos con otros. Entre esas sustancias se halla el humor. La entrada de los extraterrestres en escena es un acto sinuoso y también llano, natural, sin efectismos, que involucra la pesadilla, la ensoñación, o la caída de la acción *in medias res* –habitaciones en penumbra, esquinas soleadas, bares, callejuelas sin importancia–; no se trata de un conflicto (enseriado, científico) causado por el vínculo imprevisto de dos civilizaciones, pues Collazo coloca en el centro del relato a Oaj, un escritor alienígena, una criatura de otro mundo que se fascina con facilidad y que se deja seducir gozosamente por La Habana y, muy especialmente, por los cubanos y las cubanas. Oaj, escritor de ciencia ficción, escribe acerca de un territorio ignoto, una región extraplanetaria presentada en la imaginación y en el sueño: el mundo de La Habana, o el mundo de la cubanidad. Y, así, el libro fantástico es un grupo de crónicas en torno a la gracia de lo nuevo, la gracia consuetudinaria (del lenguaje a la emoción, de las palabras a los gestos) y la gracia del enfrentamiento a lo desconocido. Una gracia que vuelve a revelarse, de acuerdo con las naderías y los absolutos de personajes dominados por el alcohol, en cuentos de Collazo dados a conocer en *Dulces delirios*, a mediados de los años noventa, cuando ya la ciencia ficción no era un género de su interés y se sentía tantalizado por la inmersión en ciertas existencias yermas y trágicamente inmediatas.

Dos años después de la publicación de *El libro fantástico de Oaj*, relato inscrito, según dije, en la estética del fragmento (Collazo promovió un artefacto novelesco elaborado y resuelto por medio de la exacerbación de su fertilidad en lo dialógico), aparece *El viaje*, texto que cultiva una distinción aún solitaria.

Los atractivos de ese libro parece que no cesan; más bien se incrementan a la sombra de una tipología en la cual la ciencia ficción se enfrenta a tradicionales colocaciones periféricas con respecto a la centralidad de la denominada «alta literatura». Hay una ciencia ficción «dura», también victimizada por las exclusiones canónicas, y que tiene su origen, en tanto ordenamiento de síntomas y situaciones dramáticas, en el *milieu* tecnológico de una circunstancia conflictiva real o irreal. Frente a esta ciencia ficción se alinean variantes que prefieren el examen de contradicciones y aprietos codificados en algunas figuras del espíritu, y sin que la tipología básica, de género, deje de constituirse en una estructura de control. Dichas variantes son tales debido a la objetividad de textos que fomentan el sondeo interiorista, filosófico, donde las preguntas poseen un costado moral comprometedor del sentido último de la verdad, el conocimiento y la vida.

El viaje pertenece a esas variantes; la lectura del libro, una novela de avances lentos y transida de una meditación casi trascendental, nos deja el mismo sabor que identifica algunas obras maestras del género. Collazo se apodera de dos o tres arquetipos culturales —el fin del mundo como obra de arte, el viaje como estructura dinámica para la revelación del yo, la búsqueda innombrada como sustituto eficaz de las respuestas a las interrogaciones finales del sujeto— y crea una historia que es toda una *pulsión de pensamiento* en medio de un paisaje desolado, cuya devastación es casi bíblica y que nos recuerda los grandes viajes del hombre, desde la marcha de las tribus prehistóricas por la nieve inhóspita, custodiando el fuego, en busca de mejores tierras, hasta las grandes migraciones religiosas de la época moderna.

Collazo no volvió nunca a escribir una novela de ese tipo, apresada por intensidades de sentido tan coherentes y de una universalidad tan voluptuosa, si es que cabe usar esa metáfora. El viaje de sus personajes, habitantes de la sobrevida en el planeta Ámbar, se realiza en el espacio, pero apunta hacia el pasado remoto, o hacia los orígenes y la comprensión de esos orígenes, donde se encuentra una especie de claridad capaz de iluminar el sentido de la pérdida, el proceso de un menoscabo fatal. Los seres que en la novela representan ese éxodo a ninguna parte, un éxodo más bien mental dentro del mundo físico, llevan consigo una esperanza oscura. Ella, o el conjunto de sus definiciones posibles (vislumbres, percepciones fugaces, razonamientos que van y vienen por el texto), determinan la progresión del relato hacia el mito, hacia el ritual.

Pero la forma de *El viaje*, que de todas maneras es: 1) un relato, y 2) de ciencia ficción (pero acerca de una certidumbre perdidiza que al cabo se somete al régimen de las ideas filosóficas), no podía cuajar en un objeto textual que no se avecinara siquiera a la naturaleza de lo poemático. La novela es un extenso *narrative poem* que alcanza a entenderse con una peripecia cuya disposición, en términos narratológicos, posee la simplicidad transustanciada de las historias primordiales.

Después de la saga contada (y conjeturada) en *El viaje*, Miguel Collazo clausuró sus incursiones y errancias por la ciencia ficción. Pero del lirismo reflexivo que se había adecuado, en tanto matriz de su poética, a una tipología representativa de un género, nacería, hacia mediados de los años setenta, una obra maestra: *Onoloria*.

El castillo de tierra roja

A mediados de los años ochenta, mientras leía delante de mí una entrevista concedida por Reinaldo Arenas a una publicación extranjera, Ezequiel Vieta reparó con pesar y cierto asombro en el disgusto que todavía manifestaba el autor de *Celestino antes del alba* en relación con *Vivir en Candonga*. Como bien se sabe, con esta perentoria novela ganó Vieta en 1965 el premio «Cirilo Villaverde» de la UNEAC –era la versión inaugural de ese concurso–, mientras que el libro de Arenas obtuvo la primera mención. También se sabe, pero menos, que el único voto contrario a aquel fallo fue el de Camila Henríquez Ureña, quien hizo notar su predilección por *Celestino antes del alba*. Años después, en 1969, cuando la editorial Diógenes, de México, da a conocer *El mundo alucinante*, el retintín de Arenas se hace sentir. Dedica su sorprendente texto (ganador de la mención honorífica del mismo concurso, pero en 1966) a Camila Henríquez Ureña y a Virgilio Piñera «por la honradez intelectual de ambos».

Celestino antes del alba fue publicada por Ediciones Unión en 1967, y con el paso de los años ha devenido una de las novelas más reveladoras de la narrativa cubana contemporánea. Su estructura coral, el modo en que Arenas elabora y proyecta la voz de ese niño inventor de Celestino, la visión del mundo campesino cubano y la casi imperceptible densificación conceptual de la historia hasta poner sus énfasis en la figura –filosófica, cultural, política– del Poeta, han convertido a ese libro en una especie de objeto de culto mencionado por muchos y leído por pocos.

Más o menos en mitad de la trama (circularizante, pues avanza con una voluptuosidad próxima al fervor barroco, y a veces repite fragmentos de sí misma con alguna variación significativa), cuando el narrador-protagonista (el yo del niño que Arenas había sido, digamos) y Celestino se entregan con devoción al levantamiento de un castillo debajo de una ceiba, Arenas consigue relatarnos un acontecimiento iluminador. Después de terminado el castillo, hecho con piedras y tierra roja y adornado con flores, los niños deciden visitar su obra. Han visto a la Reina pasearse orgullosa por sus dominios y, entusiasmados por el éxito del trabajo, empiezan a adentrarse en el castillo con el propósito de recrearse en su contemplación detenidamente. Sin embargo, descubren con estupor que los centinelas les impiden pasar. No son bienvenidos. Aun cuando casi todo el tiempo el niño y Celestino –su yo del *querer ser*– actúan de acuerdo con las reglas del orbe fantástico (y fantasmagórico) en que viven, hacen saber a los guardias que han sido ellos, con su juego, no sólo los creadores del castillo, sino también de *todos* sus habitantes. Los centinelas escuchan, pero nada cambia.

Esa metáfora sobre las relaciones del mundo *acreditado* con el *ondulante descrédito* de lo imaginario, nos habla de la posibilidad de construir lo irreal, de enunciarlo y fundarlo con coherencia, *no así de habitarlo*. El niño y Celestino suponen, lógicamente, que les es dado visitar el castillo, pero el imposible físico no brota aquí como una intromisión que podría fracturar los persistentes sistemas ilusivos en que la novela prospera, sino más bien como un imposible situado dentro de esos sistemas, o dentro del gran juego que ellos proponen. Así, pues, son los guardias del castillo quienes les niegan la entrada a él. La culpa es de los guardias.

Aunque en *Celestino antes del alba* se vuelven a asumir los presupuestos de la narrativa rural cubana, los procesos sublimatorios del estilo hacen de aquellos una herencia poco menos que atomizable. Arenas, desligado en buena medida de la inmediatez del cronotopo campesino, se siente tantalizado allí por las voces, por las contracciones y expansiones vocálicas –en definitiva, el trazado de los personajes es menos físico que suprasensorial–, y no por el realismo del paisaje y sus contenidos. De hecho, cuando sentimos que el paisaje nos enseña lo suyo con puntualidad (árboles, flores, insectos, nubes), lo que estamos viendo en nuestra imaginación es lo que la volátil mirada ficcional del niño nos deja ver.

La novela arma, ante su lector más competente, un *continuum* de episodios que discurren en varias direcciones (como en una tela de araña), y en ese singular espacio hay dos instancias proveedoras de sentido: la mutabilidad de los personajes y el carácter sibilino (los gritos, los murmullos, los susurros) de las voces de un escenario *para la representación*. En las últimas páginas Arenas desvela esa manifestación sibilina (como de confidencias no herméticas) de las voces, reunidas en una contienda final de índole simbólica; en ese instante, Arenas escribe diálogos con la notación típica del texto dramatúrgico, lo que produce un cambio de relieve en el estilo al dar paso a una autoconciencia con respecto a la representación. La escritura tiende a convertirse en *lectura de sí misma*. Incluso aparecen citas de grandes poetas. Citas que apoyan un discurso que tal vez *querría* volverse ensayístico.

Más allá de las cualidades de *Celestino antes del alba* como texto de provechosa inestabilidad, y canonizable dentro de las expresiones del realismo mágico en el entorno de la nueva novela latinoamericana, habría que explicar cómo una zona de esos *encantamientos verosímiles* (por representables) tiene su origen en la infiltración gótica. El realismo mágico es un punto de vista metastásico (en el sentido etimológico) de las culturas populares, una refracción suya, y es también una variación del telurismo supersticioso que se suma a la búsqueda de cierta pureza y esboza su devoción por los orígenes. Pero el artificio gótico se funda en un designio y expresa sentimientos tensados al máximo en presencia de sucesos elementales como el amor, la muerte y la contemplación de la naturaleza. Todo esto da lugar a una *poiesis* donde reina el alma romántica, y entonces las palabras adquieren un valor muy especial. La novela de Arenas nos muestra procesos licantrópicos, conversaciones con fantasmas, heridas mortíferas que no matan, amenazas letales, brujas, personas que vuelan. Junto a un acto lírico como el de escribir en las cortezas de los árboles un poema infinito –y de esto es responsable Celestino, o el niño, o ambos–, se encuentra otro, más o menos folklórico y por completo mágico: una nube destrozada cae y los pedazos, muy afilados, le cortan la cabeza al abuelo, hombre cruel. En este punto podemos recordar a Bárbara desenterrando la luna caída en las páginas iniciales de *Jardín*, de Dulce María Loynaz.

Ni la vida ni la muerte son estados resolutos, y entonces la acción se carga de una espectralidad (ya nos hallamos en la inquieta mente del niño) donde las voces desempeñan un papel de primer orden. Las voces, las articulaciones de muchas voces, semejan signos, advertencias, mensajes cifrados por la gramática de una narración anticartesiana, capaz de avanzar con la violencia de una resaca, y que fluye de manera irregular, pero con una respiración vecina de lo elegíaco. Y, en el centro de todo, un problema escandaloso: un niño que escribe textos oscuros, raros, en las cortezas y hojas de los árboles (los que el abuelo, avergonzado y furioso, derriba luego), y que se hace acompañar de una entidad llamada Celestino.

No hay que olvidar que Celestino «llega» a la casa del niño con un libro, y de la mano de su madre muerta. Esta imagen, la de un niño presentándose así ante otro niño, es sencillamente escalofriante y posee un prestigio que registran las genealogías imaginales del romanticismo. Sólo que aquí el paisaje es otro: el campo cubano, la pasión de una vida pobre, que fluye a ras del suelo y en la que las metáforas son tan naturales como las lagartijas.

Muy pocas son las circunstancias en que un escritor alcanza a imprimir legitimidad al hecho de mezclar su vida con lo que escribe. Arenas se construyó un pasado mítico, lo aderezó y al mismo tiempo lo virtualizó. Escribe su autobiografía fabulosa, el segmento de su existencia anterior al alba, es decir, antes de que el mundo, las personas y las cosas aparecieran ante él como en realidad fueron. El título formula eso: la fantasía de un vivir que se nutre de la imaginación, pero justo en el límite de la adultez, o en su umbral, cuando la realidad empieza a implantar sus convenciones y la tierra de los hechizos y las maravillas queda atrás. ¿O será que el alba es para Arenas el verdadero renacer de la mirada poética, la que se asienta en el asombro, en un entrenamiento que pasa por una edad oscura y luminosa donde, al final, el niño y Celestino se enquistan sin desaparecer, para que el pretérito de los prodigios continúe alimentando la integridad y la *decencia* metafórica de esa mirada?

Celestino antes del alba ilustró de manera indirecta la pelea sempiterna entre el poder castrante y la poesía. Si bien ese binomio se diversifica de muchas formas y se manifiesta en lo convencional, no es menos cierto que Arenas dibujó una alegoría íntima de ese combate, cuya estructura sigue un esquema donde el transcurso del tiempo se precisa muy bien. El libro tiene varios finales, y cada uno de ellos está marcado por un hecho de relieve: la llegada de la sequía y el hambre (es la primera vez que lo real se vuelve inexorable), o la destrucción-reconstrucción de la casa, un breve proceso en el contexto del cual se revela un sentimiento capaz de subrayar la *anterioridad* de una vida, su precedencia, sus contrastes: la nostalgia.

Este es el sitio de aparición del Poeta, o más bien del hombre *consciente de que su futuro estará ligado siempre a la poesía*. La novela empieza a extrañarse de sí misma, de su materia inicial, mágica, sibilina, y Celestino muere simbólicamente (es, en su último avatar, un ave forastera, insólita, como el yo del poeta) para incorporarse en ese niño ya crecido, de cuya sexualidad emergente y tenaz –fetichismo, zoofilia– nos habla Arenas. Pero quedan el sueño y el ensueño, y la novela acaba en medio de una figuración ensoñada, un espacio que permite la avenencia con la enorme figura de la madre (a ratos brutal, casi sin ternura, muy poco dada al cariño). Ella está junto al pozo y va a salvar al niño (se trata ahora de un niño que escapa de la vigilia adulta); la madre y él dibujan la armonía definitiva, recuperada por medio del amor que ella representa, un amor que deja fluir otro amor, transfigurado en una invención tan sintomática como la de Celestino, la gran compañía del niño poeta.

Acaso allí se encuentra la razón por la que el libro de Arenas –su semilla la hallamos en la estirpe que se instituye en un diálogo conjeturable: el de los dispositivos de Lewis Carroll con las atmósferas de Juan Rulfo… pero este viene a ser un razonamiento casi mezquino– es, además, la historia de un gran sueño, o de muchos sueños superpuestos o en yuxtaposición, contados con una especie de ingravidez estilística, sin aspavientos, sin el gesto o la huella torpe de los grandes esfuerzos de la literatura en tanto espectáculo. Un sueño fragmentario que se entiende muy bien con las pesadillas de la infancia y con el horror numinoso antes del despertar, *antes del alba*. Un sueño que reproduce el nacimiento del poeta y la épica de los trabajos y los días en un mundo prelógico, gobernado por fuerzas primordiales, arcaicas, capaces de mezclarse dentro de las simultáneas y oscuras interlocuciones de lo real.

Staccato con fuoco

En los años sesenta fueron muy pocos los cultivadores de ese espécimen que hoy se llama minicuento, o cuento superbreve. Como he explicado, en la década del cuarenta ya Virgilio Piñera había dado a conocer algunas prosas de ese talante –un tipo de ficciones que los anglosajones nombran con sencillez *short short stories*–, pero no es hasta mediados de los sesenta, aproximadamente, cuando reaparece el minicuento, en dos libros de dispareja intensidad: *El regalo* (1964), de Nelson Rodríguez, y *Staccato* (1967), de Jesús Abascal.

Colocado muchas veces (lo dije antes) en las imprecisas vecindades de lo que algunos críticos denominan ficción súbita, el minicuento se independiza de la efusión lírica que acompaña a ese fenómeno y se constituye en un relato de índole episódica que dialoga armónicamente con la *estética de la cápsula*, por así llamarla. La cápsula piñeriana se hace notar, digamos, por la tenacidad de un hecho definidor de un carácter, una vida, o un entorno, y posee un ascendiente irresistible debido a su eficiencia estilística. Estos distintivos sedujeron de algún modo a Nelson Rodríguez y Jesús Abascal.

En lo que toca a Abascal, autor también de *Soroche y otros cuentos* (1963) –ya veremos que este es un libro cuyas piezas giran alrededor de un gran tema, el adversario interior, pero que se muestra incapaz de esconder ciertos altibajos cualitativos–, diríamos que el minicuento produce, ejercitado por él, una nota de rispidez en ciertas excelencias distinguibles en algunos textos. *Staccato* abandona a ese adversario interior que mucho depende de un naturalismo de cariz existencialista, y asume la riqueza que la mirada irónica propaga cuando la lectura de lo real no alude tan sólo a referentes de vitalidad inmediata, sino también y sobre todo a referentes pasados por el filtro del examen cultural, como sucede en este caso.

Pero no nos adelantemos. Me refiero a una circunstancia creativa que es, en específico, un componente de la poética de *Staccato*, obra que desea asentarse con comodidad en la justificación de sus agudezas y que muestra su acelerada perspicacia como un trofeo; Abascal tensa la ligadura posible con su lector ideal y bordea, sinuoso, un ensayismo de perspectiva, no de práctica; es decir, dispara sus situaciones narrativas con alguna dosis de espectacularidad, pero sin ocultarnos que tras ellas hay una suerte de conceptuosa errabundia.

Ya el título nos indica, con su flechazo metafórico, que ese término italiano tan usado en la música convierte al libro en un conjunto casi *cantabile*; imaginemos que los textos son notas; sabemos que cada nota (cada texto) *debería* tener una duración *menor* que la habitual, y que por ese motivo se hace una breve pausa entre ellas, un hiato lleno de sentido que les otorga al cabo una definida singularidad. Para el ejecutante, *staccato* es un puntual *señalamiento de modo* (modo de escritura, modo de lectura) en el que se subrayan una marca de estilo y una intención de significado. Resulta evidente que la apariencia de estos textos estuvo siempre en el umbral del programa operativo de Abascal, tantalizado ahora por la virtud anonadante del minimalismo narrativo.

Abascal va al grano rápidamente; su tránsito de *Soroche y otros cuentos* a *Staccato* es abrupto. Acaso podríamos especular un poco y sospechar, o percibir, la irrupción de determinadas lecturas que modificaron velozmente su estilo, pues la condensación perfeccionista a que aspira en éste, su segundo libro, no tienen nada que ver con esas esporádicas (aunque molestas) salidas de tono del primero.

El cuaderno abre con una pulcra parábola de la fe: «El creyente». Como emisario de una multitud sedienta, Matías va al templo en busca de agua y el Gran Sacerdote (no sabemos si con el propósito de probar la fe de Matías, o si animado por una perversa necesidad de ostentar, mediante un juego, su poder de convicción) le ofrece un ánfora llena de agua. El ánfora es grande, pesada e invisible. El Gran Sacerdote ejecuta una mímica entre lo burlesco y lo majestuoso y Matías sigue ese juego: acepta la existencia del ánfora, la recibe, evita incluso que se derrame y se la lleva consigo.

La crueldad del poder obliga a la práctica de la fe más allá de lo verosímil, y hace de ella una estructura de dominio cuyo envés es el castigo. En «El creyente» la fe es ejercida desde una credulidad medrosa; en «El perdedor», Abascal modula el mito de Job –su personaje se llama J. Ob– y nos cuenta una historia donde el personaje bíblico tiene una disputa con un joven que le hace ver su absurdo servilismo y que lo insulta porque J. Ob miente sobre su paciencia y su aceptación, dos actitudes fingidas y tras las cuales se esconde su odio a Dios. Al final, incapaz de convencer al joven, J. Ob lo asesina.

Estas prosas electrizadas suelen invertir los paradigmas con el objetivo de resaltar el valor de una heterodoxia fundada en la idea del sujeto como reducto total. «La sentencia» recalca la culpabilidad del protagonista e ilumina la extraña decisión de sus jueces: Claudio es condenado no al encierro, sino a vivir en libertad entre los hombres. Por su parte, «Los jugadores» privilegia una alegoría del azar: un juego de cartas donde tres hombres silenciosos y empecinados, súbditos de la casualidad, intentan repasar los vicios y defectos humanos. El juego se alarga de una ira de copas a un orgullo de bastos, hasta que gana el más joven de los tres con un as de esperanza. Abascal visita el mito griego de la caja que Pandora destapa con la consiguiente escapatoria de los males humanos. Cuando los males se avientan, en el fondo de la caja queda la esperanza, un sentimiento de fuerte ambigüedad ética.

Los dilemas de la esperanza, el bien y el mal, más la heterodoxia que sazonan el humor negro y las ideas sobre la redención, se encuentran muy bien entretejidos en una pequeña obra maestra titulada «El enviado». Ámbito canónico por excelencia, la mitografía bíblica es, en *Staccato*, un abrevadero de temas obligados a la torsión desde la óptica cultural y filosófica. Moisés trabaja cerca de un pozo donde un hombre cae por accidente. El hombre grita, pide ayuda y Moisés deja su labor y se acerca a la boca del pozo. Le dice al sufriente que su pena ha terminado. Este se alegra, le da gracias a Dios, y Moisés, instrumento del Altísimo, carga una pesada rueda de arado y la lanza al pozo. Al no escuchar más los gritos del hombre, se retira discretamente a continuar su trabajo.

Las explicaciones que «El enviado» admite rozan un siniestro nihilismo y trastornan la noción del bien. Se trata de un texto desnudo, que cuenta exactamente lo que ocurre sin consideraciones de naturaleza sicológica y sin fisuras en cuanto a la reacción de ese Moisés corpulento, molestado en sus cruciales tareas por un tonto que se ha caído en el pozo. Moisés es un hombre demasiado ocupado para dedicarse a la salvación del infeliz; su mente está gobernada por un ideal práctico, un ideal congruente con la ejecutividad perfecta en tanto asistente del Señor de los Ejércitos, ese dios tiránico y legalizador que, para decirlo en pocas palabras, era una especie de gatillo alegre que no creía en nadie.

En *Staccato* son frecuentes las apuestas y articulaciones de la lógica. No todas detentan la misma eficacia narrativa –«La pesadilla», «La despedida» y «Memorias de un caracol», por ejemplo, son textos más bien menores–, pero hay algunas (pensemos en «Terquedad») que aún se dejan leer gratamente. «Terquedad» debió de admitir, en su concepción, el soplo de la literatura de Jorge Luis Borges, pues involucra elementos que se conectan con el cálculo de probabilidades, el bizantinismo aritmético, la teoría de los signos y la querella entre la determinación y la indeterminación de lo real.

El relato pone en escena al sabio Astrakapoulos, encarcelado por insistir en su negativa ante la posibilidad de deducir el número de voces que intervendrían a coro, como dice el texto, en la apoteosis final del homenaje a los Signos. Abascal construye la situación de manera que veamos cuán intenso es el meditar de Astrakapoulos sobre el rendimiento de las palabras, al darse cuenta el sabio de que únicamente el lenguaje podría expresar, al final, la caducidad y la renovación perdurables de una instancia del pensamiento –el orbe de los signos y la representación– dentro de la cual (y sólo dentro de ella) sería posible comprender el fluir del mundo, pero no su fijación en un intervalo.

Otros juegos lógicos como «El insecto» e «Ingratitud» amplifican sin más el costado supositivo –inversiones, reversiones– de las experiencias extrañas, lo que los convierte en auténticas piruetas, en gráciles ejercicios sostenidos en sus efectos especiales, por así decir. Sin embargo, Abascal asume un problema como el de la relación del hombre con la máquina, de la naturaleza con el artificio, del soplo vital con la materia inerte. Partícipe de un mito de naturaleza prometeica, el personaje de «Un descuido imperdonable» tiene un pequeño muñeco parecido a un robot. El hombre del cuento se dedica a colocarlo en disímiles posiciones que imitan el movimiento humano, y en una ocasión, por la noche, descubre que puede obligarlo a asumir la postura del loto. Al día siguiente, cuando despierta, repara en un hecho increíble: el muñeco está de pie, firme, rígido, negado a articularse otra vez. El minúsculo robot encerraba dentro de sí a un yo que, durante la posición del loto, se había liberado de su lazo con el mundo exterior.

Así, pues, dentro del panorama de la narrativa no realista dada a conocer en Cuba en aquellos años de recapitulaciones estéticas y fundación de un espacio de inquisiciones creativas, estas prosas del segundo libro de Jesús Abascal constituyeron y delimitaron, con suficiente claridad, una diminuta pero tupida parcela donde se advierte la fruición del diálogo entre la elegancia estilística (resuelta por medio de la inteligente supresión de lo accesorio) y cierta densidad conceptual que tiene su origen en las inquietudes de un escritor atento a la desilusión cósmica del individuo y los espejismos del bien.

El fantasma de la libertad y los avatares del sexo

Cuando las decantaciones del gusto se explican, de modo sospechosamente invisible, mediante argumentos que aspiran a la objetividad, el destino de ciertos libros se adentra (mucho después de su publicación) por caminos inesperados, o se somete al rigor de las preferencias y discrepancias históricas, dadas con frecuencia a producir espejismos (justificables o no) y convenciones por medio de las cuales el dilema de la verdad sobre una o varias escrituras queda resuelto, ¡ay!, de un plumazo. Como se conoce, en 1968 Norberto Fuentes ganó el premio Casa de las Américas en el género de cuento por su volumen *Condenados de Condado*. Se trata, como he explicado, de una colección valiosa, que todavía le dice bastante al lector cubano de hoy, o a cualquier lector competente del ámbito latinoamericano, aunque no es menos cierto que algo ocurre con la intransigencia de ese hecho si sabemos cuál es la identidad y la naturaleza de la obra finalista, la obra que, ese mismo año, obtuvo la mención del concurso en dicho género: *Después de la gaviota*, de José Lorenzo Fuentes.

Ya se había insertado Lorenzo Fuentes en el contexto narrativo cubano de los sesenta con un libro como *El sol, ese enemigo* (1962), novela sobre la búsqueda de un horizonte moral que hiciera del sujeto (en especial de las quimeras y realidades de su vida) un orbe configurador de la persona dentro de un mundo hostil, pero manejable. Cinco años más tarde, en 1967, intervino otra vez en ese contexto con los relatos de *El vendedor de días* y con otra novela –*Viento de enero*, premio Cirilo Villaverde de la UNEAC–, cuyo trazado revela los efectos del advenimiento de la Revolución en el espacio doméstico y la conciencia de los personajes. Pero su obra artísticamente más importante de esos años es, sin duda, *Después de la gaviota*.

Una de las particularidades esenciales de la narrativa en el siglo veinte fue el dibujo de la figura del hombre abocado (a medias o por completo) a la incomunicación, en las circunstancias de un proceso que lo articula con el enfoque del relato *dentro de la conciencia del personaje*. José Lorenzo Fuentes *enturbió* el mundo inmediato de sus criaturas para lograr una difuminación del espacio, y después rompió la delgada frontera que divide la realidad de la ilusión. He aquí las premisas de una escritura que no se parece a ninguna de las que predominaron, o ejercieron algún influjo, en el panorama del cuento y la novela cubanos a lo largo de aquella época.

Hay un gótico esencial, lógico, en *Después de la gaviota*. El cuento homónimo, una de las historias más extrañas que haya producido la literatura cubana contemporánea, muestra la perspectiva de un niño licantrópico, satisfecho de resolver su claustrofobia de espíritu mediante avatares que lo transforman en perro, toro, zunzún, grillo o mariposa, hasta dar con una identidad casi perfecta, la de la gaviota, luego de la cual el niño se inmoviliza en forma de paisaje, un entorno idílico alimentado por el amor de Estela y Raimundo; éste, movido por el interés de perpetuar un instante de felicidad, toma una fotografía de su mujer en medio de ese paisaje que se metamorfosea entonces en retrato. Y cuando la rutina deviene hastío, llegan las discusiones violentas y el acto final que le impide al niño acceder a otras formas de libertad: Raimundo destroza la imagen, la representación de un mundo feliz.

La idea del salto de un reino a otro para lograr la plenitud viene a concrecionarse de modo radical, pues el niño licantrópico –rubio, pecoso; responde precisamente al nombre de Lorenzo– se enamora del amor; la paradoja, sin embargo, reside en esa congelación viva del espíritu, esa suerte de contemplación extasiada –la del paisaje-retrato– que se alimenta de una pasión a punto de expirar. La libertad mayor es la felicidad mayor, una dádiva resuelta en lo inmóvil, o en el apresamiento del momento justo, cuando el amor lo era todo y había conseguido llenar dos vidas (o tres) con una sustancia a primera vista incorruptible.

Pero donde José Lorenzo Fuentes dialoga fuertemente, por así decir, con la tradición fantástica y las tipologías que ella ha dejado en la literatura sobre todo después de los años cincuenta, es en «Tareas de salvamento», «Señor García» y «Patas de conejo», tres narraciones que, junto a «Después de la gaviota», envuelven al libro en una atmósfera única y capaz de constituirse en su distintivo. Los demás textos –«¿Te das cuenta?», «La sombrilla de guinga», «Ya sin color» y «En la página siete»– matizan el repertorio de gestos y acciones puesto en marcha de manera menos perentoria en aquellos tres relatos, construcciones que acaso poseen mayores dosis de destreza y una saña discursiva que mueve a pensar en una ordenación estilística de primera magnitud.

«Tareas de salvamento» es el relato de una neurosis negadora que se aposenta y apoya en insólitos detalles magnificados de la cotidianidad, como si lo habitual se poblara de acertijos y robusteciera así su depósito de curiosidades. El personaje principal, Reinaldo, alquila una pieza en el hotel de Gonzala; en la pieza hay ratones –cuarenta y cinco exactamente–, pero aun así Reinaldo se siente bien; le es permitido cultivar una soledad juiciosa y socializante, y la habitación cumple el requisito de transformarse en una especie de guarida donde el hombre tiene pesadillas *cultivables*, efables, que se desenvuelven en forma de serie y que se encadenan apenas sin solución de continuidad para armar un sistema donde el verosímil artístico se tensa hasta romperse; en este punto, al saber nosotros que el hotel de Gonzala es una instancia deducible de la mitografía del infierno (Gonzala tiene incluso unos simpáticos cuernos: breves, redondeados, muy femeninos), nos damos cuenta de que el personaje ha estado soñando todo el tiempo y que su verdadero estado es el de una agonía en tránsito hacia la muerte.

El salvamento que se desea merecer con el despliegue de estas tareas del ensueño y con el abrazo de lo irreal, representa, desde luego, un antídoto del vacío. Pero más allá de estas «fintas graduales», para usar una frase de Jorge Luis Borges, se encuentra la naturalidad con que Lorenzo Fuentes hace avanzar su prosa. El destino de esa prosa, encargada de allanarle el camino a una ligera impregnación fantástica, es el de un intercambio rápido y «normal» entre situaciones y personajes; la naturalidad se expresa, incluso, por medio de episodios donde lo sentimental roza el ridículo y lo cómico salpica a veces, fugazmente, alguna escena distinguible a causa de la viscosidad de sus escamoteos.

En «Señor García», que tiene numerosos puntos de contacto con «Tareas de salvamento», topamos de nuevo con un personaje reservado, neurótico, lleno de manías oscuras –olfatear, por ejemplo, el teléfono de la oficina donde trabaja, para sentir el aroma de Dinorah, una joven y estúpida secretaria– y ávido de romper el torpe y barato esquema de su vida, pero incapaz de sobreponerse a su persistente monotonía. Según se lee en el texto, García concluye por *amar la irrealidad de la existencia*; es un iluso sin remedio que realiza acciones tímidas por cambiarla. Se une a María Elena, una chica que llega a abandonarlo por otro hombre. García tiene la costumbre, para él muy excitante, de fotografiarla desnuda, y allí, en los encuadres de la cámara, se desata y pervive un apetito ensombrecido, una sed que ni siquiera tiene el encanto de la perversión. García es un hombre que se enajena de su fracaso; su molde lo hallamos, tal vez, en el Sebastián de Virgilio Piñera, aquel personaje en cuya carne no cabían los compromisos. Lo de García es peor, atrapado en la indefensión de la ingenuidad y en la insolvencia de su visión para aquilatar la índole real de la vida.

Sin embargo, «Patas de conejo» es el texto donde José Lorenzo Fuentes subraya el carácter alevoso de la percepción y expresa las certidumbres de lo real en tanto fluir inapresable. Casi una noveleta, la historia de Artemio Pereda es una de las construcciones más complejas de la década: privilegia el surgimiento de una estructura de ires y venires en el tiempo y funciona como un detector de identidades que va comportándose a la manera de un palimpsesto sicológico. Artemio Pereda vende baratijas –patas de conejo para la buena suerte, anillos de acero níquel– y de repente se ve envuelto en una trama policial que, sin involucrarlo directamente (él es un mero testigo), lo coloca en una situación de observador ensoñado desde la vigilia. ¿Por qué? Porque Artemio se entrega a la inevitable fábula de los hechos, *filtrados* gracias a aquella percepción, y se deja confinar por los atractivos de un señuelo: *el lenguaje en que esos hechos necesitan sobrevivir*. «Patas de conejo» tiene su origen en el juego que determina al sujeto como residuo de varios procesos, algunos de los cuales se relacionan con la vehemencia de la erotización. Este relato cierra *Después de la gaviota* y se ocupa de la sincronicidad mental de épocas distintas –con sus personajes y sus escenografías–, al centrarse en la constancia de actitudes humanas universales, regularizadas, y que desdramatizan los cambios históricos al situarlos en el trasfondo.

El libro de José Lorenzo Fuentes emana, es posible advertirlo, de una inquietud por la libertad, ese fantasma acuciante que aquí, en estos cuentos, conforma una experiencia ligada a la interrogación del yo y la detección y examen del deseo. Entre el extravío *suave* de lo real –una andadura laberíntica en pos del espejo– y el extravío *intenso* del cuerpo –el sexo como estancia escondida o disimulada, pero siempre crucial–, los personajes de *Después de la gaviota* representan, para lo que fue el rizoma de lo fantástico en los años sesenta, una reactivación de la conciencia amenazada por el caos y el orden.

III.

El paisaje interior
y las órbitas del hombre despierto
(el individuo contemplado
desde la historia y los otros)

Episodios de una guerra civil

Justo en el umbral de la década del sesenta, la Universidad Central de las Villas y los impresores Úcar, García, S. A. dieron a conocer una novela estremecedora por su asunto y por su resolución discursiva: *El barranco*, de Nivaria Tejera. La obra, publicada en 1959, es un sondeo microscópico privilegiador de la intimidad, y nos revela el paso de la Guerra Civil Española por la conciencia –exaltada y metaforizante– de una niña. Para ser más exactos, cabría decir que *El barranco* nos convierte en testigos de una voz que todo el tiempo teje y desteje el mundo exterior para adecuarlo a una observación deslumbrada de la existencia, un examen de las cosas y de la vida (del horror de la guerra y del infortunio) atento a sus más pequeños detalles y comprometido, de manera inconsciente, con un vitalismo esencialmente purificador.

El relato que Tejera desarrolla en las páginas de *El barranco* se ubica en la región de La Laguna, en la isla de Tenerife. La historia, más bien simple, contiene pocos hechos decisivos. La familia de la niña queda de pronto escindida cuando los jefes de la conspiración contrarrepublicana apresan al padre y se lo llevan lejos; el padre intenta diluir los tintes, muy sombríos, que va adquiriendo la situación, y de hecho es liberado por un tiempo; después vuelven a detenerlo, esta vez bajo cargos más serios, y lo confinan en un campo de trabajos forzados; por último, la familia recibe un telegrama en el que las nuevas autoridades subrayan escuetamente la categórica y dudosa decisión del tribunal: el definitivo traslado del padre a Isla de Hierro.

Durante todo ese suceder, prodigado con lentitud y desde una perspectiva en la que la mirada se distrae y anhela enquistarse dentro de un orbe poco menos que solitario e intransferible, Tejera cuece el hilo central de la novela. Un hilo tenso, desovillado con minuciosidad y robustecido por tres mitos tutelares en lo concerniente a ese espacio maravilloso e incorruptible (por ascético y excluyente) de la niña: el mito del padre, el mito de la guerra y el mito del abuelo.

El primer mito, verdadero soporte de la construcción verbal –el discurso de la novela y el discurso de la niña son una misma materia extensible y apretada, con dos apariencias: lo exhausto y lo inabarcable–, se constituye en un interlocutor apenas fonocéntrico; el proceder de la niña, a la vez gárrulo y silencioso, rebota en el padre, lo hace blanco de sus circunloquios y sus meditaciones, al tiempo que lo rodea de una imaginería casi ritual. El segundo mito, el de la guerra, viene a concrecionarse en un territorio vecino del mundo de la niña y lo vemos como una comarca que de súbito se ha tragado a ese mundo y lo ha transformado en algo tan feo y enrarecedor, que ella no alcanza sino a metamorfosearlo en un gran juego de incógnitas para incorporarlo después en su conciencia. La guerra pasa por un filtro que atenúa las crueldades y las conviete, junto con sus personajes –los militares, los jueces, los presos–, en una especie de guiñol turbador que, sin embargo, nunca llega a experimentar un auténtico proceso de desdramatización. Por último, el mito del abuelo, pivote del universo doméstico y núcleo de un diálogo que se espectraliza hasta fundar una intensidad simbólica –capaz de aludir a la sobrevivencia de los recuerdos y la afirmación de la vida–, realza su espesura de sentidos porque, a pesar de la adversidad, representa sin fatiga la conexión perenne con las tradiciones, la idea de la perpetuación familiar y el abrazo constante de la tierra.

Nivaria Tejera encontró en el personaje de la niña la posibilidad de desdoblar un tipo de articulaciones *realistas* que, aun así, no se desembarazan de la inevitable *observación lírica* de la realidad. Mediante ellas reconfigura la tristeza de un entorno vapuleado por la violencia, y hace de ese sentimiento, la tristeza, una atmósfera que empapa el estilo y materializa un tono sin altibajos a lo largo del texto. Esas articulaciones realistas son devotas de un claroscuro interesado en representar casi todos los matices de una existencia menesterosa, signada siempre por la humildad y que de pronto se ve asolada por el peligro y los amagos de la muerte. La observación lírica de la realidad, por su parte, funciona como un escamoteo virtual de la desdicha; sabemos lo que sucede, conocemos la tragedia y la infelicidad de la niña; asistimos, entretanto, al espectáculo del derrumbe progresivo del abuelo, cuyo secreto de sobrevida está en el hecho de saberse testigo de la prolongación familiar. Pero todo eso se encuentra como emplazado por la voz interior de la niña. El emplazamiento es, en rigor, un desplazamiento: de la realidad inmediata a la realidad de una conciencia implacable que no deja escapar ningún detalle. De modo que es en el escamoteo, independientemente de esa vigilia ensoñada y contaminante, donde tiene su origen el énfasis del desamparo y la desgracia. Un énfasis paradójico, que roza lo monstruoso.

Que yo sepa, en la narrativa cubana contemporánea nunca se había ejecutado un examen tan intenso del dolor moral, y con la añadidura de que la autora logra hacerlo encarnar flexiblemente, tan lejos y tan cerca de ciertas convenciones, en una mente infantil. Encarnar en una liosa tipología, es decir, obligarlo a brotar de un personaje elaborado rasgo a rasgo. Nivaria Tejera embrida su discurso –su sinuoso y calculado discurso– y lo lleva por caminos en ocasiones próximos al descoyuntamiento de la imagen surrealista. Fabrica un torrente de palabras que se encarga de poseer la suficiente plasticidad como para ir del paisaje exterior a la detallada ligereza de los olores de la casa, o la pobre calidad de las ropas. Cercas, terraplenes y pastos acuden a los ojos de la niña; ella habla con el mismo apego sensorial que detentan el sudor del abuelo o la expresión de la madre cuando el hermanito diftérico muere. La niña se entrega, por ejemplo, desde el banco de un parque vacío a causa de la guerra y el temor cotidianos, al diálogo extraño con un gato. O, con curiosidad irrestricta, piensa en Titico, un condiscípulo que intenta masturbarse ante ella. Después, a solas, se palpa el sexo hasta sentir una especie de electricidad subiéndole por el cuerpo. O reflexiona sobre el significado de ciertos gestos y palabras que no comprende (gestos y palabras de la guerra) y que, en su mente, arman ese laberinto donde ella quisiera estar para entender lo que le ha sucedido a su padre (un padre cada vez más evanescente) y ser capaz de resolver las muchas preguntas que suele hacerse cuando evoca su rostro, o su sonrisa.

El barranco es un curioso sistema verbal dominado por el imperativo de que las cosas, los hechos, los sentimientos, la naturaleza y las personas estén a la altura de una percepción singularmente necesitada de analogías, pero de *analogías que no se auxilien de nada que no esté dentro del mundo de la niña.* Analogías que remedan una especie de rica autofagia cognoscitiva. A medida que la novela avanza, y sobre todo después que el padre es vuelto a arrestar para no regresar ya nunca, el lenguaje de la niña se rarifica hasta un límite en el que sospechamos la presencia, en ese lenguaje, de una orbitación menos dilatada, más veloz y más próxima a la desesperación ocasionada por aquello que resulta ininteligible. Es entonces cuando la niña visita el enorme barranco, el lugar innombrable que acumula basuras de toda índole y adonde van a dar algunos muertos. Y piensa en el padre, el padre que ella había extraído del espectáculo de los residuos, el padre fusilado y tirado en ese despeñadero del que asciende un viento casi mitológico, un viento final al que la niña se entrega, fijos los ojos en la sima.

Fuera de sazón, o la necesidad de fracasar

El dilema estético central de un libro como *Cetrería del títere*, de Lorenzo García Vega, publicado por la Universidad Central de las Villas en 1960, consiste en que intenta poner en juego (y de hecho es) un conjunto de piezas narrativas cuyo lenguaje no alcanza nunca su verdadero punto de cocción. Nos enfrentamos a ese grupo de piezas —cada una de ellas posee, en su interior, un relato más o menos detectable por debajo de la emulsión lingüística que García Vega se empeña en urdir— y uno se percata enseguida, al imaginar los modos y atmósferas de recepción, en Cuba, de la narrativa nacional hace cuarenta años, de que ya entonces *Cetrería del títere* había quedado en una especie de territorio suspensivo, como de tránsito, con respecto a las poéticas que iban naciendo en la década del sesenta, o que se consolidaban allí luego de algunos procesos iniciados veinte o treinta años antes.

La precaria fase intermedia en que se aposenta el estilo resulta demasiado breve, demasiado volátil (a pesar de su pesada densidad) como para superar su condición ectoplasmática y salir de ese territorio fantasmal que ella misma contribuye a inventar. Empezamos a adentrarnos en las páginas del volumen, ciertamente refractarias a una acogida más o menos lineal, o interesada tan sólo en el desenvolvimiento de la narratividad, y topamos con un sistema de circunvoluciones que se extiende por toda la escritura hasta el nivel de su construcción, de su tejido. Sabemos, como he dicho, que tras la masa de percepciones y miradas vacilantes del narrador hay un relato, o varios, pero García Vega consigue armar sus dilaciones constantemente, hasta que un mero detalle, al articularse con otros, nos indica que algo sucede.

Cadenas de sucesos, formas de un acontecer ralentizado por el efecto de una manera de escribir interesada en regodearse en las posibilidades de especulación que van saliéndole al paso a esa voz en cuya torcedura hay como un ansia de calificarlo todo, desde un estado de ánimo hasta una expresión, o un gesto simple del que, sin embargo, se sospecha sistemáticamente. Tal es la circunstancia en que nacen los sujetos del libro. La puesta en marcha de ese mecanismo narrativo los hace surgir al inicio con timidez, embozados tras un fárrago de predicaciones, pero después los vemos en movimiento, insistiendo aquí y allá en comprender la realidad que los rodea, vencidos por sus enigmas y afanados, pues, en atomizarla para ir dando cuenta de ella poco a poco.

Pero la construcción del sujeto narrativo no es sino un extremo necesario de la escritura de *Cetrería del títere*, una intensidad otra a la que se llega no a consecuencia de un interés por contar experiencias de personajes más o menos interesantes, sino debido a la pasión por examinar analíticamente las cosas, tanto las superficies como el desorden indisputable de la conciencia. De las muchas operaciones posibles dentro de la lógica del relato, García Vega escoge, ya lo insinué, un tipo de amplificación casi naturalista donde la realidad de la ficción queda sobredimensionada. La pasión a que me he referido topa allí con un ámbito que le resulta muy congruente, y es entonces cuando la escritura, que tiende por lo general a cerrarse sobre sí misma, accede a los sucesos, a una leve cartografía de los hechos, única operación que nos permite calificar de cuentos, o de prosas narrativas, a esta colección de quince piezas, desde «Siesta de hotel» hasta «Caballero del Frío», pasando por «Piel de estatua», «Retrato del Diablo», «Escasa fábula» y «El conde Largo», que hoy podrían resultar las más atractivas.

En rigor, la imagen de una recepción lejana es siempre muy parecida al dibujo de lo que ya se encuentra en lontananza; nos cuesta trabajo saber, o intuir, cómo fueron leídos algunos libros, de qué modo ingresaron (o no ingresaron) en un sistema de relatos que representan grados diversos de «permisibilidad» estética. Aun así, cualquier juicio en ese sentido tendría que tomar en cuenta el contexto narrativo. Difundido éste (y enumerados sus parámetros) por medio de diversas acreditaciones muy puntuales, no podemos más que enunciar la conclusión de que el libro de García Vega tuvo, en principio, que haber molestado mucho: su colocación en los bordes de ese contexto es perfectamente presumible. Y no se trata tan sólo de su adscripción a una estética que, con varios mentores ilustres en la literatura europea de los primeros años del siglo veinte, procura sumergirse en mundos metafóricos reproductores de ciertos estados del espíritu. Más bien ocurre que el estilo no se decide ni por la imagen modernista (o posmodernista) ni por la imagen vanguardista. Por lo que se ve en *Cetrería del títere*, García Vega no llegó siquiera a anhelar la conformación de una textura que pudiera fusionar la una con la otra. En el espacio de las piezas, de índole muy suspensiva e irresoluta en lo que concierne a dicha fusión, se diría que hay un combate (en cuya importancia no se repara) entre la proclividad romántica de la metáfora modernista, con sus grandes temas, y la oblicuidad física de la metáfora vanguardista. La primera se ocupa del registro parafilosófico, espiritualista, de la escritura; la segunda grafica la insolvencia comunicativa de la asimetría del mundo, lo mismo en el plano de las sensaciones que en el de la verbalización.

De los varios temas asediados por García Vega en la fragosidad de sus textos, se destacan dos que podrían compendiar el arco de intenciones desde donde fueron escritas las piezas de *Cetrería del títere*: la autodefinición del individuo mediante el registro en su imagen virtual (la imagen que él mismo ve, muy mudada, en el espejo de las fábulas), y la saturación lírica de lo real en un medio –el provinciano– que conserva aún sus límites y que mantiene vivos, sin detrimentos sensibles, determinados puntos nodales de su identidad. García Vega (como en su momento Enrique Labrador Ruiz, un referente con respecto al cual él es poco menos que un retardatario) supo o sospechó que la provincia es un fantástico embrollo de voces y palabras. Pero *Cetrería del títere* renuncia a entenderse con ese rico dialogismo al demostrar su predilección por un discurso conceptuoso y, en ocasiones, oscuro.

Es, sin embargo, un libro de excepción. Y lo es porque resulta heroicamente tardío, porque está desamparado y porque se encuentra fuera de las órbitas canónicas de la narrativa cubana en aquella época. Su tardanza estética (su «fracaso» artístico) equivale a una falta de visión. El volumen proclama la incapacidad de García Vega para hablarles a aquellos públicos de entonces desde una perspectiva que no fuese la de la seriedad total (demasiado restrictiva) de su prosa, la del tono respetable y solemne, la de los gestos campanudos y altisonantes. Y también proclama la creencia *en sí mismo* en tanto objeto poseedor de una resistencia que hoy se nos antoja *noble*. A pesar de todo.

Las dos hambres de Onelio Jorge Cardoso

Después de los relatos de *El cuentero*, la terminante y casi perentoria colección publicada por la Universidad Central de las Villas en 1958, la narrativa rural cubana, y específicamente la poética de Onelio Jorge Cardoso, llegaron a un punto de muy difícil trascendencia. Se trataba de un conjunto afiligranado, de notable densidad y donde un sistema de referenciaciones continuas, levantadas dentro un mundo periférico, alcanzaba a poseer una vigorosa marca. Con *El cuentero*, Cardoso sublimó al máximo ese sistema renovado por las vanguardias y lo metamorfoseó en un territorio que se alejaba por completo del localismo y la vocación sociologista de algunos narradores cubanos más interesados en hablar (en términos restringidos, ciertamente) de la identidad nacional, que en contar historias. Cardoso, atento siempre al esguince de la ficción —que consiste en detectar y expresar el horizonte de singularidad de las conductas humanas—, le regaló a la literatura cubana contemporánea un desafío linguoestilístico capaz de abolir los estrechos rangos estéticos —prejuicios, supersticiones— del cronotopo.

A partir de la década del sesenta el paisaje socioeconómico más externo del mundo campesino (y también el cosmos del mar, los pescadores, los carboneros y todo ese espectro de personajes que fraguan la vida de provincias) se modificó de acuerdo con la propia dinámica de la Revolución. Sin embargo, las estructuras internas de esos mundos, aquellas en las cuales se revela aún el psiquismo del sujeto que lo identifica y que modula ciertas articulaciones —otras— con la cultura, permanecieron inalteradas. Me refiero a un andamiaje de caracteres, hábitos y modos de ver la realidad inmediata que, al pervivir allí, en medio de un cambio histórico, se convierten de hecho en esencias muy concentradas del orbe rural. Tan concentradas que explican por sí mismas una paradoja ilusoria: ellas enuncian, con tal ardor y exclusividad, una zona de lo local, que terminan expresando una porción de lo universal.

Los cuentos escritos y dados a conocer por Onelio Jorge Cardoso durante aquella década se incrustaron, de manera apremiante, en esa médula transhistórica que se refugia, a pesar del tiempo y los acontecimientos, en el horizonte interior de los individuos. La ecuación, algo simplista y esquemática, que resumiría el trabajo de Cardoso en ese lapso se acoge a las pulsiones de dicha médula, en primer lugar, y a las reconexiones del presente de entonces con un pretérito demasiado próximo, en segundo lugar.

A la publicación de *El caballo de coral* en 1960 siguió la de los primeros *Cuentos completos* en 1961; en 1964 apareció *La otra muerte del gato* y después se dieron a conocer *Iba caminando* (1966) y *Abrir y cerrar los ojos* (1969). Ese segmento es el segundo legado de Cardoso, una zona comprometida, me parece, con algunos ajustes de composición que ponen a prueba la riqueza (de cualquier índole, me atrevo a decir) de un mundo y la maleabilidad de una poética.

Con «El caballo de coral», una obra maestra tan sencilla como intraducible (no hay más que pensar en el tipo de norma cubana que su estilo tensa allí, una norma que incorpora flexiones prestas a la elisión y la disolvencia de toda porosidad), Onelio Jorge Cardoso le propone al lector la metáfora de las dos hambres —hambre de pan y hambre de poesía—, luego de haber subrayado unos quince años antes, en «El cuentero», la necesidad de imaginación. Podemos suponer cuán menesterosa es la vida espiritual del hombre que ansía encontrarse otra vez con el caballo de coral, esa criatura pequeña, rojiza y brillante que hace sonar sus cascos en el fondo del mar; los pescadores acuerdan un precio indeterminado por acudir al sitio donde, según el hombre, aparecerá el caballito, y aunque la dura vida de la pesca ha borrado en ellos la posibilidad del ensueño, una especie de incertidumbre les da curso no al candor y la credulidad, sino a la comprensión de que el mundo es mucho más de lo que existe, mucho más de lo que se acoge a la medida de lo real.

La fineza de percepción visible en toda la cuentística de Cardoso se pone de manifiesto en un relato de 1961 que podría haberse arruinado a causa del incómodo automatismo de su convención dramática. «En la ciénaga» es uno de esos textos donde cierta belleza moral logra expresarse por encima de la ignorancia y la orfandad; la madre del niño enfermo le pide al Gallego que la lleve en su bote a ver al médico; el Gallego lo piensa mucho, pues debe cuidar de su horno de carbón, pero accede y ambos parten; el bote encalla en el fango, llueve, la tragedia se cierne sobre ellos, y Cardoso logra extraer de las circunstancias una coloración entre vergonzante y siniestra, un sobretono de presagio que se cumple cuando la mujer, impávida, le dice al carbonero que no hay que apurarse, pues el niño ha muerto; aun así ella alcanza a ver la esforzada nobleza del Gallego más allá de la niebla de una palabras crueles que él pronuncia a su pesar y de las cuales se arrepiente.

La aridez estratificada y pasmosa del Gallego es similar a la de ese muerto constantemente invocado en «Un brindis por el zonzo»; ante un interlocutor ocluido, y en medio de la permisividad del alcohol, el hablante repara, con mansa pero dolida indignación, en las injustas apariencias que envuelven la personalidad del zonzo; en el pueblo nadie conoce el origen del zonzo, nadie sabe quién era, qué sueños grandes y sencillos había tenido en la vida, ni cómo llegó a derogar la validez de su existencia hasta sumergirse en la desdicha y casi desaparecer de la memoria de las gentes.

Cardoso nos aposenta todo el tiempo en la que acaso es una de las sedes o núcleos de su laboratorio de modos de contar: *el Personaje conocido, pero ignoto*. Sin hacer del viaje de la apariencia a la esencia un croquis narrativo, va, después de todo, reproduciéndolo en la mayor parte de los relatos, pero con intensidad variable; el *Personaje* se hace *Persona* y se resume, con las adiciones y sustracciones de rigor, en la siguiente transición: personaje conocido / personaje desconocido / personaje conocido, donde el primer segmento corresponde a *una apariencia atractiva*, el segundo a *la exploración rápida de un misterio*, y el tercero a *la suplantación de la apariencia por una verdad demoledora*.

Quizás la riqueza de la complejidad humana, esa que el lector competente forja en tanto saldo o efecto de los cuentos, encuentre una explicación en los inestables dualismos –un vacilante sistema binario– puestos en marcha dentro de los textos; los dualismos están allí, ciertamente, pero se adhieren a sus propias derivas y conforman un rizoma.

La apuesta estética a que he hecho alusión en mi examen de estos y otros relatos (cabe citar, por ejemplo, «Los metales», «Por el río», «Isabelita») se dramatiza y reifica en un entorno que no ha sido invadido del todo por la acronía. Me refiero a un espacio-tiempo intervenido por el mito y donde la inocencia, el amor, los peligros del mal o el instinto se liberan de una inmediatez próxima a lo cargoso; un espacio-tiempo, sin embargo, que funciona *además* como contexto de un drama específico y que se libra de ser mero trasfondo. «Los metales», de 1964, habla de la curiosidad de un niño cuyo referente básico es el Nando de «Taita, diga usted cómo», de 1942; ambos personajes se enfrentan, sin comprenderla, a la desesperación violenta de los adultos. De la zarandeada personalidad del niño nos llega la voz de un dilema universal.

En otra perspectiva de configuración se encuentran «Por el río» e «Isabelita», de 1963, articulados al fusionarse en la mente del lector, pues el segundo explica lo que ocurre en el primero. Fernández, llamado el Gallego –no sabemos si se trata del viejo carbonero de «En la ciénaga», o de algún inmigrante prototípico–, se lleva a su casa a Isabelita, a quien toma por mujer; el hombre puede, por su edad, ser su padre, pero insiste en hacerla suya; poco después sabemos que el Gallego se ha robado, con alguien de Matanzas, un yate y se ha ido; Isabelita regresa, feliz, en compañía de un miliciano muy joven; el Gallego ha intentado llevársela consigo, pero ella vuelve con otro. Podemos intuir lo que sucede en «Por el río» gracias a la legibilidad de las zonas oscuras de la trama, pero la verdadera explicación la suministra «Isabelita», texto donde se halla el pretérito de toda la historia: una joven casadera y pobre cuya ilusión consiste en ser la novia de ese hombre sonriente, soleado, a quien ella llama Orlando; él, ilusión entre ilusiones, no existe aún; la mira desde la sensualidad de un cromo donde se anuncia un dentífrico. Isabelita corre hacia la manigua, huye del Gallego, pero este la obliga a regresar al rancho y permanecer allí hasta que, en «Por el río», conozcamos la decisión del Gallego: apoderarse del yate «con una gente rica de Matanzas» y marcharse de Cuba.

La inquieta y soñadora Isabelita, de los relatos acabados de mencionar; Moñigüeso, del quiroguiano –morboso, de raíz expresionista– cuento homónimo (escrito en 1943, pero recogido por primera vez en *La otra muerte del gato*); la voluptuosa y casi mística Graciela, de «Un olor a clavellina», de 1965, y el misterioso suicida Samuel, de «Nadie me encuentre ese muerto», de 1968, son, digamos, *intensidades* sicológicas en las cuales se centran las mejores narraciones de estos años, integrables algunas en un realismo mágico que no prodigan del todo y alimentadas, en ocasiones, por una ludicridad sobre la que se alza el estatuto de la imaginación como reserva del yo y abrevadero del sujeto en su búsqueda y enunciación de sí mismo. En torno a este tópico es preciso citar historias como «Me gusta el mar», de 1966, y «Abrir y cerrar los ojos», de 1968, conectadas de acuerdo con el mismo principio estructurador que permite el enlace de «Por el río» con «Isabelita». Debemos añadir a este conjunto una fábula crucial: «El canto de la cigarra», de 1962.

Aunque Santiago nunca ha visto el mar, sueña con él indeteniblemente; fabrica historias marineras, de viajes por los grandes océanos, de aventuras y descubrimientos geográficos; no quiere saber del mar real porque ya sabe, como muchos personajes de Onelio Jorge Cardoso (el hombre que se niega a reencontrarse con Graciela porque quiere mantener vivo un recuerdo, o aquel otro que se niega a oír noticias ciertas sobre el destino de Samuel, pues prefiere imaginarlo yendo y viniendo por el mundo), que la ilusión de las cosas se rompe cuando tropieza con la verdad, siempre inferior; Santiago se entrega al ensueño y Pedro lo interrumpe de un modo cruel; un botellazo pone fin a esas perturbaciones, ya que Santiago va a la cárcel, que le resulta paradisíaca: sumido en una soledad rara vez estorbada, el imaginador del mar teme la llegada del día de la libertad.

Así, Onelio Jorge Cardoso reivindica el valor de la ilusión y la fuerza del desacato que ejerce lo irreal por medio de sus predicaciones; como convocatoria y modelado interior del mundo, y como problema estético de la representación en un segundo grado muy significativo, lo real desaparece en su propia tamización tras la escogencia del individuo. Y si a esto adicionamos la nítida pesquisa moral acerca del sitio que ocupa el arte en la sociedad –un examen palmario en «El canto de la cigarra»–, tendremos una idea bastante cabal de las rutas por donde tomaron los cuentos del autor de *El hilo y la cuerda* (1974) durante los diez primeros años posteriores al triunfo de la Revolución, lapso en el que alcanzó a reformular y armonizar sus inquietudes. Si bien éstas son similares a las de otros momentos de su quehacer, no es menos cierto que mantuvieron su fidelidad, en el carácter unitario de su obra, a la manufactura continua (y acaso al difícil perfeccionamiento) de un mundo narrativo de eficaz y heroica distinción.

El hacer y el no hacer

Edmundo Desnoes dio a conocer en 1961 una novela cuya trama argumental se sitúa en el ámbito sociopolítico de los primeros años cincuenta. Dicha novela, titulada *No hay problema*, tuvo su edición en las Ediciones R y luego se reimprimió en 1964.

Siempre he desconfiado de las novelas políticas, o, para decirlo con mayor exactitud, de esas narraciones que se adentran con holgura y temeridad en los debates políticos de un momento histórico. Sin embargo, cuando la discusión política forma parte de los hechos que afectan a los personajes, o cuando las circunstancias testificables vibran en resonancia con la movilidad y la índole de los sujetos novelescos, sucede que se produce una especie de integración del hablar político en las voces de la novela, fenómeno este donde empieza a legitimarse estéticamente la invasión de lo histórico por parte de la materia ficcional.

Desnoes ya había dado a conocer unos breves relatos en 1952: *Todo está en el fuego*. Allí, junto a personajes extraviados en un mar de dudas y peligros imaginarios y reales, notábamos el soplo del aire perteneciente a ese gozoso sentido de naufragio perceptible en el pensamiento filosófico de la segunda postguerra, así como la presencia de algunas convenciones del llamado «problema existencial» de la literatura. *Todo está en el fuego* es un cuaderno estremecido, digamos, por la fluctuación del enfoque de lo real entre la extrusión y la deformidad, y en sus páginas es posible notar una vigorosa propensión al encuentro con la pesadilla cotidiana, con la dislocación de la lógica inmediata. Sus referentes son los filósofos modernos de la angustia, el *nonsense* familiar de los cuentos de Paul Bowles y el regusto que deja Kafka en sus lectores-escritores del momento.

No hay problema es una novela cubana, habanera por más señas, pero habanera del modo en que podría serlo un texto de léxico popular que no abandona su empaque intelectual, su marca en tanto texto-pesquisa. Desnoes edifica un cuadrivio cuya complicación narrativa es el resultado de un tenso sistema de relaciones. Sebastián, periodista contratado por una revista norteamericana, tiene amores con Norma, una criada que estuvo al servicio de su familia. Norma es puro sexo, es mulata y es, en fin, un cuerpo destinado a facilitar el escape de una especie de mortal aburrimiento, el mismo que le produce a Sebastián su situación de hombre en suspenso —es hijo de padre cubano y madre norteamericana— y su idea de un país que está en crisis, pero donde la violencia es más un asunto de los cuarteles que de la vida nocturna. Norma, casi una prostituta, vive también con Manuel, un oficial de muy baja graduación, un hombre joven en quien el deseo sexual, el bienestar sencillo y los placeres contiguos son verdades más rotundas que el general Batista. Manuel y Sebastián comparten sin saberlo (hasta que dialogan sobre el tema con una naturalidad casi animal) la misma mujer. A ninguno de los dos le importa el asunto más allá de las pequeñas molestias domésticas que acarrea. Pero Sebastián conoce a Nancy, joven norteamericana hija de uno de los accionistas del magacín para el que escribe, y ambos empiezan un tipo de vínculo reposado (nada tropical) donde lo que se manifiesta, en primer lugar, es una visión afectiva y cálida de la existencia y sus posibilidades al compartirla juntos.

Sin allegarse, en lo esencial, al tipo de turbación o de aprensión que inspira la realidad a algunos personajes de Virgilio Piñera, individuos que se hacen compactos dentro de un esquema tragicómico de la existencia, este Sebastián de Desnoes se confiesa cobarde. Sin embargo, su cobardía es el resultado de la mezcla del temor real –temor físico– con sus profundas reservas ante el sentido de la vida. Consciente de que se encuentra metido en una especie de agujero y sin saber a qué atenerse, escapa, movido por sentimientos al final contradictorios, hacia la actividad política. Cuando se entrevista, por ejemplo, con un miembro del movimiento 26 de julio, Sebastián accede a esconder algunas armas y piensa en el peligro; llega a imaginarse a sí mismo en los extremos de esa aventura de su ser, pero sin llegar a hacer de ella el centro de su vida, pues no tiene una seguridad completa ni siquiera en relación con su identidad personal. Al tratarse de un personaje que está siempre metido de lleno en búsquedas más o menos displicentes sobre sí mismo, búsquedas donde la realidad es de pronto, al cabo, el resultado de un proceso de acreditación y desacreditación, Desnoes puede asediarlo desde varios ángulos y presentárnoslo como un indeciso moral.

La policía visita a Sebastián y le hace advertencias acerca del contenido de un reciente artículo suyo donde ataca a Batista. Pero hay una segunda oportunidad donde sí se produce el arresto y encarcelamiento de este hombre que lo ve todo como desde una distancia capaz de separarlo un poco del mundo. Esta vez sí hay golpes, sí hay humillaciones. Y cuando lo dejan en libertad, a los pocos días se va con Nancy a la casa de descanso de su padre en la Florida, sitio del que llega a abominar luego de experimentar fuertes sentimientos de desasosiego, malestar ambiental, desarraigo físico y hasta un tipo de desconcierto ontológico que Nancy no sabe subsanar ni por asomo.

No hay problema es un libro acerca del regreso a sí mismo y a lo que de íntimo y personal tiene la realidad inmediata. Sin entender muy bien el origen de esa línea de resonancia que une su vida con la convulsión social del instante

—línea que construye siempre, en todo tiempo y lugar, un misterio que se alza ante el sujeto *separado*, para decirlo con un término de Cioran–, Sebastián vuelve a La Habana sin ser, precisamente, un revolucionario. Su retorno es una especie de tentativa o de examen sobre una materia que lo abrasa, lo avasalla. El espectáculo de la realidad cubana es tan poderoso que alcanza a quebrar su escepticismo sin que este deje de ser el sentimiento básico que define al personaje, cuyo último acto en la novela, el regreso, es casi una decisión inmotivada. Se trata, creo, de un hombre que va y viene por su juventud sometiendo lo real a diversas refrendaciones, todas de una radicalidad verificable en la manera como manipula su propia inmediatez. La violencia suspicaz, irresoluta y casi desdeñosa con que se envuelve en la realidad.

Al final de *No hay problema* Edmundo Desnoes, un narrador de cinismo casi irónico (en la medida en que esa mixtura es capaz de alejar a un novelista de la tontería y la falsedad), precipita a Sebastián en el amasijo de intuiciones que es lo desconocido. No se trata de un héroe, pero tampoco de un antihéroe en el sentido clásico. Es un ser que practica el mejor de los egoísmos, que es el de escrutar el yo del espejo en el interior de la persona. Y así vuelve a La Habana, acaso sin recordar (o sin importarle) ese riesgo de muerte que en su caso había sido una fea y abrupta advertencia policial. Vuelve a una Habana sin Nancy y, sobre todo, sin Norma, personaje desesperado y raro cuyo destino el escritor, con una objetividad muy concreta, lleva a sus últimas consecuencias al precipitarlo en el oficio de la prostitución. Y al imaginarlo en el desamparo, nos vienen a la mente unas palabras de Georges Bataille escritas en *Madame Edwarda*: «La desnudez en el burdel invoca siempre la idea del cuchillo del carnicero».

Un intérprete de Mozart

Frente a los tenaces e incansables experimentos vanguardistas de la novela, muchos de los cuales quedan hoy, dicho sea sin ánimo de generalizar, como disimulada alternativa al «no saber qué decir», o al «no saber qué contar», se encuentran las estructuras clásicas de un género cuya paradoja mayor se refiere al hecho de que ellas, aun cuando clarifican y modelan nuestra percepción de lo real, jamás expresan el auténtico *cómo es* de la vida y sí el extraño pacto en que la vida se reifica convencionalmente para determinar sus códigos y proyectar su verbalización. Por eso (y sólo en ese sentido lo decimos) Joyce es más *realista* que Balzac, o Flaubert menos *realista* que Beckett.

Durante los años sesenta hubo en la narrativa cubana un diálogo escaso con la dislocación estructural y la innovación en el nivel puramente articulatorio del texto, a diferencia de lo que alcanzamos a ver, entretanto, en algunas zonas de la novela y el cuento en otras regiones de Iberoamérica. En el contexto insular se cuenta con excepciones: el Lisandro Otero de *Pasión de Urbino*, el Guillermo Cabrera Infante de *Tres tristes tigres*, el Severo Sarduy de *De donde son los cantantes*, el Ezequiel Vieta de *Libro de los epílogos* y algunos otros libros.

En principio, los sesenta fueron la doncellez y el estreno de la Revolución, y un fenómeno así tenía que ejercer un influjo en ciertos tonos meditativos (más o menos enseriados) de la narración, incluso en aquellas historias que, por su naturaleza proclive a lo fantástico o lo maravilloso, hacían su viaje –es un ejemplo– a una demarcación metafórica de la realidad, o en textos aposentados en el pretérito nacional para engendrar allí personajes y situaciones dramáticas marcados, desde la evidencia de la escritura, por la cavilación sobre el fin de un mundo y el principio de otro. El experimento literario no tenía ya «buena reputación» –si se me permite hablar en esos términos–, y las principales polémicas en torno a la literatura y la literariedad conformaban una órbita en torno a los tipos de realismo ensayables dentro de un proceso sociopolítico en el que se reclamó la *atención* (en tanto vigilia) y la *congruencia* (en tanto quehacer) del escritor.

En 1961 Jaime Sarusky se dio a conocer como narrador con una novela que habría podido, entonces, ser calificada de existencialista si su goloso humor, o su fácil tendencia a lo grotesco, no fueran dos sellos lo suficientemente enérgicos y visibles en una historia con tintes más bien oscuros y que puso de manifiesto el tejido social y los *tics* sicológicos de una época de la historia cubana. *La búsqueda* es una indagación morosa en el pasado mediato –fines de la década del cuarenta– y su título alude, sin mayores riesgos, al itinerario social y emocional de Anselmo, un músico.

La ondulante y serena dilatación de la trama acaso debe interpretarse como un distintivo estilístico, de poética, o como un recurso a partir del cual los infortunios de Anselmo se cargan de una pastosa negatividad hasta que al final estallan, para resolverse en el delirio. La funcionalidad visual de la novela es, pues, la de un fresco que Sarusky pinta sin la tirantez de las grandes emociones, calmoso, mediante trazos de anatomista y sin dejar de observar a esa criatura obstinada e infeliz que se gana la vida en una orquesta de música popular –la Orquesta de Ayala– tocando la flauta.

Pero la ambición de Anselmo es otra: ama a Mozart y quiere llegar a formar parte de la Sinfónica del Auditórium. Anhela cambiar de vida, sueña con un entorno exquisito, detesta la procacidad de las rumbas, y aunque es querido por sus colegas –hombres humildes que se entienden muy bien con los más genuinos brotes del mundo popular, de la calle; el mundo de los solares y los bailes–, rechaza todo eso e intenta ascender por un camino incierto y que exige de él grandes dosis de acometividad y desenvoltura, dos cualidades que Anselmo no posee ni por asomo.

Sarusky practica una detallada inmersión en la conciencia general de un grupo de hombres –sobre todo hombres; mujeres hay pocas y, sin embargo, son personajes que matizan muy bien una manera de existir, un punto de vista sobre un orden social capaz de expresarse en lo voluptuoso, pero afincado en normas rígidas, violentas y de una frialdad apremiante– estigmatizados en mayor o menor medida por el apogeo, las glorias fugaces y el derrumbe de la revolución del 30; hombres que están como de regreso de todo, hombres en quienes hubo ideales y de cuyas vidas emana una sorda inquisición de la realidad. Ese es el contexto humano que envuelve a Anselmo, arropado por las frustraciones, los afanes y las impaciencias de otros, pero lacerado por la obsesión de llegar a la cima de la música como intérprete de Mozart, cuyo retrato cuelga de la mohosa pared de la accesoria donde vive y de la cual escapa un día, asediado por vecinos soeces y impulsivos que no comprenden la hondura del sonido de su flauta y que rompen el instrumento en pedazos.

Sin embargo, Sarusky dibuja al mismo tiempo un personaje melancólico, pagado de sí, ahíto de un orgullo que no lo deja avanzar en su búsqueda. Anselmo sufre, ciertamente, pero está roído por el rencor hacia quienes triunfan y lo ignoran, y por un despecho casi metafísico, como si la sociedad toda se hubiera puesto en su contra. Estos sentimientos son tan persistentes que no le permiten, pongamos por caso, acceder al amor (o al sexo placentero): Lydia, la joven hija del zapatero Perucho, devenida secretaria y enamorada de Anselmo, se encuentra con él en la playa y hay tibios escarceos que se transforman en un desempeño sexual incompleto: el fantasma de la búsqueda interviene allí y enfría el deseo. El fantasma adquiere la forma de la señora Peinado, benefactora de la música sinfónica en La Habana y activa protectora de talentos.

Pero la decadencia y caída de Anselmo está contada por un escritor que hace de la sorna inhóspita una célula básica de su estilo; Sarusky, como lo haría Miguel Collazo muchos años después en su estupenda novela *Estación central*, aparecida a inicios de la década de los noventa, se muestra implacable; paso a paso va mostrándonos el proceso de ruina mental y física del flautista, sujeto irritante e irritable, capaz de sentirse el último hombre del mundo porque un amigo, el ex-revolucionario Fico (o eso suponemos; diversas explicaciones revolotean alrededor de la mano renga de Fico, la derecha, donde faltan dos dedos), lo aloja en su casa, lo llena de cuidados, mueve sus influencias e impulsa a Anselmo al diálogo con varias personas que podrían colocarlo en el tramo final de su itinerario hacia el éxito y la fama como flautista de la Sinfónica del Auditórium; Fico, además, le compra una flauta; casi lo mima con sus repetidos ofrecimientos.

Ignoro si los lectores iniciales de *La búsqueda* han notado los excesos (o las incongruencias) de Fico al ponerse a disposición de Anselmo; la suspicacia, o sus extremos, nos llevan por un camino al cabo del cual ese tal vez anómalo vínculo quedaría como emblema o sublimación de algo más esencial, algo que en Fico es, en la superficie de sus actos (superficie de la que formarían parte unos eventuales y oscuros asedios al cuerpo de Lydia), un sinuoso y a veces torpe (se diría que tímido) deseo de ayudar, y que en Anselmo, con ojos y sentidos tan sólo para sí mismo, es ignorancia de esa esencialidad que se manifiesta con tesón, afecto y hasta con esa ternura final representada por el regalo de una flauta. Una especie de erotización vaga asoma allí, en el conjunto de las escenas donde Fico y Anselmo entablan una pelea al principio silenciosa y que se resuelve, hacia las páginas finales del libro, en los hirientes insultos de Anselmo, lanzados inmediatamente antes de que éste salga autoexpulsado del hogar que Fico le brinda, condenándose, pues, a vagar por la ciudad, en compañía de una anciana que saborea un mango en el que se concentran –y aunque esta sensación es antojadiza, no se puede negar que resulta lógica y permisible– todo el sabor y la luminosidad del trópico, toda la nostalgia de Anselmo, toda su hambre y toda su miseria.

El flautista, sucio y enajenado, llega al término de su viaje, que es un descendimiento; Sarusky retrata con fineza y vigor no sólo la responsabilidad que cabe adjudicar al medio social en el origen y desarrollo de la tragedia de Anselmo, sino también la identidad de un individuo que se rebela contra todo y contra todos desordenadamente, que no encaja precisamente en el sitio de donde no puede escapar, que se obstina en medio de la neurosis y que emprende un lento y espectacular suicidio moral –Zarco, un poeta medio loco, también se ha suicidado, justo en el oscuro rincón donde Fico asedió sexualmente a Lydia, un rincón de esa suerte de ciudadela donde viven él, Perucho, Lydia y otros–, diciendo, entre las muy aisladas frases de su ya precaria cordura, algo que apenas posee sentido: *tic-tac, tic-tac, tic-tac.*

¿Una bomba de tiempo, o el tiempo mismo, inútil, desgranándose por la vida y el vacío de la vida?

El retorno de Calvert Casey

Por encima de la urgencia visible en los asuntos tratados por Calvert Casey en sus cuentos de *El regreso* (1962), urgencia que se complica dentro de cualquier interlocución donde la realidad inmediata sea, ni más ni menos, el gran tema; por encima de ese apremio, repito, tenemos (somos testigos de) la urgencia *real* del escritor, que tiñe con su obstinación –compulsividad legítima, coerciones ilusorias o reales, prejuicios congruentes con la pesadilla– todo cuanto se metamorfosea en escritura, todo cuanto entra en ese campo de visión donde, si no fuera por los roles históricos del arte, las sicopatías acreditarían su condición morbosa.

Lo que sobre Calvert Casey nos cuentan María Zambrano y Guillermo Cabrera Infante, por citar dos ejemplos cimeros y dispares, tiene un valor incalculable, pues nos ayuda a comprender la índole de una escritura, su naturaleza última, conclusiva, independientemente de las circunstancias y los hechos de la historia. Zambrano bebe de la fuente que en Casey es origen y destino; su aproximación lleva en sí el aura de las profecías y, sin irse por las ramas de ese misterio que es la creación literaria en tanto acto inevitable para algunos, nos enseña a un hombre *separado*, consciente de su asimiento-desasimiento trágico de la historia, y listo, sin embargo, para escribir así –en estado de ignición, de sufrimiento extremo, como un desollado– una gran obra (de palabras o sin palabras). Por su parte, Cabrera Infante es anecdótico hasta el delirio de lo ficcional en *Vidas para leerlas* (1998), pero en él reconocemos una mirada absorta, encantada, que sabe que el sujeto donde se posa es casi una construcción de quienes lo trataron de cerca, o una construcción próxima a lo literario, llena de los *tics* que convierten el recelo y la suposición en actos narrativos rebosantes de verdades mezcladas con el cascajo de lo incierto o lo improbable.

El regreso se publicó, ciertamente, en 1962, pero ya en 1963 apareció la edición ampliada en que suelen pensar los críticos de la obra de Calvert Casey. En 1967, en Barcelona, vieron la luz otra vez bajo el título de *El regreso y otros cuentos*. Enseguida notamos que se trata de narraciones gozosamente aquejadas de un bilingüismo que apenas se disimula (bien porque es mental, o bien porque es real) y que, sin embargo, no constituye un problema de la expresión ni del estilo. En ese conjunto hay dos relatos notables que prefiero: «El regreso» (1957) y «En San Isidro» (1957). Este último no figura en la edición de 1967.

Casey fue un escritor de ciertos estados del sujeto. Y aunque estamos siempre a punto de escribir «estados del sujeto Casey», no importa. Porque ese sujeto, por muy individual que sea, jamás queda apresado dentro del laberinto de la persona. Más bien escapa hacia el espacio de la ficción sin abandonarse, sin dejarse de lado. Ignoro si, en la distancia presumible con que él pudo evaluar su prosa, existió un sentimiento de rechazo por lo que alguien ha llamado, refiriéndose a la literatura de Kafka, la impudicia del sufrimiento. De todas maneras Calvert Casey fue un narrador enterado de la discreción, y ese es uno de los motivos que se hallan en el nacimiento de sus cuentos. Discreción encubridora, o más bien: impudicia convertida en materia narrativa. Ajenización de la persona al transformarla, en cierta medida, en personaje o en punto de vista narrativo.

Por lo que conocemos, el cuerpo Casey experimentaría sensaciones tremendas cuando imaginó San Isidro. Allí, en el silencio del día o de la noche, los otros cuerpos presumibles aguardan. Lo terrible y lo bello conviven allí, en un territorio asolado por el deseo y devastado por la pobreza del espíritu, que de pronto adquiere (ese espíritu pobre) una magnitud proclamada desde la carnalidad de los intercambios y atada a esa carnalidad. Una sólida repulsión emana de allí, pero sabemos perfectamente que la escritura del sexo constituye, en este caso, una terca floración lírica, de la estirpe de Baudelaire. Una floración donde el asco, los malos olores, la miseria física, o la mutilación posible de las representaciones que tienen por objeto la lascivia desesperada, son elementos que perturban y, a la vez, atraen. Casey penetra en San Isidro y ve fantasmas por doquier. El sexo es un fantasma acuciante. El relato *deseable* allí no alcanza a situarse en una línea de posibles narrativos, con su concertación de acontecimientos, con sus personajes hablando y copulando, con su trama ovillándose y desovillándose. Ese relato posee una densidad imaginal muy pertinaz y accede sólo a las formas de un estado de lírica, un estado en el que las acciones son vecinas de la alegoría y del ritual.

Los miedos de ese Tántalo de la carnalidad y los fluidos del placer, por así llamarlo, topa con el miedo al sufrimiento físico. El personaje de la historia que da título al volumen teme a la violencia, la evita cuidadosamente, escapa de sus círculos, quiere mantenerse en un limbo protector. Pero se atreve. Quiere atreverse y lo hace, regresa de los Estados Unidos al contexto habanero de fines de los años cincuenta, en un momento muy particular, cuando los temores del gobierno de Batista se expresaban muy bien en la violencia policial. Al final, el pronóstico de su intuición queda cumplido en la tortura y la golpiza, en la humillación y el sometimiento. Y un vacío muy significativo –el de la sobrevida en medio del terror, el de los desenlaces que se precipitan en una sima a la que no se esperaba llegar nunca– se abre con posterioridad a la experiencia. Pero, ¿qué llena, a la postre, ese vacío? Y por cierto, ¿cómo sabemos que su mera presencia es más aterradora que el episodio de los golpes y el dolor?

Calvert Casey se suicidó en Roma un día de mayo de 1969. Había nacido en Baltimore en 1924 y jamás dejó de escribir en inglés. En 1969 publicó sus *Notas de un simulador*. Destruyó una novela, *Gianni, Gianni* –tal vez ese era el título de trabajo, aunque es concebible que Casey la nombrara usando el diminutivo de su amante–, de la que se conserva el capítulo titulado «Piazza Morgana».

En la simulación, ese conjunto de actitudes que apartan al sujeto de su facsímil, pero que lo transforman en algo más verdadero y unificado (y acaso en algo mucho más anómalo), podría estar la clave de los movimientos de los personajes de Casey, seres que buscan una especie de independencia convincente, apartada de los estereotipos, pero sin traspasar los límites seguros, límites protectores dentro de los cuales la vida sería algo así como un espectáculo donde se entra y del que se sale a voluntad, de acuerdo con la sinusoide del afecto y la abominación.

El personaje que regresa y que, después de todo, escapa de la muerte, continúa allí, absorto, pensando no en lo que sucedió, sino en la relación de los sucesos con el sentido final de su existencia. Y ese detalle, esa suerte de suspicacia retrospectiva, presente en otras criaturas del autor, es lo que nos induce a pensar los textos de Calvert Casey como ejemplos de búsqueda de una libertad enigmática y casi adversa, una liberación recargada allí donde el yo se mezcla (inevitablemente) con el mundo.

Labia, verbosidad, palabreo

Cháchara, en cubano, es ese parloteo infinito que circunvala los aconteceres diversos y pone o quita, en predicaciones altamente inestables, verosimilitud de cualquier hecho. Pongamos que esa cháchara es mayormente urbana, heterotópica, y que modela lo real sobre la base de la contrastación de varios puntos de vista. Casi como en la enseriada intrahistoria de Miguel de Unamuno, la cháchara armaría lo cotidiano y haría de él una celebración.

En 1963 Virgilio Piñera dio a conocer su segunda novela, *Pequeñas maniobras*, escrita unos años antes de esa fecha. En 1952 había publicado en Buenos Aires su narración más significativa, *La carne de René*, que es hoy, pese a algunos defectos de construcción, una historia bastante temprana sobre el tema del cuerpo como reservorio del sufrimiento y la exultación, un gran tópico del arte de vanguardia y de las reflexiones más significativas en torno a la trascendencia de lo humano, sus límites, sus fronteras. Con *La carne de René* Piñera nos propuso un módulo ficticio –pero no carente de lazos con la realidad de la historia del cuerpo en el mundo de Occidente–, acerca de la carne como cultura y en tanto grupo inestable de convenciones, lo cual hace de ese libro uno de los más valiosos entre aquellos que han sido escritos en español sobre el asunto.

De la cháchara al cuerpo va una distancia relativa, pues allí conviven el miedo físico, el gozo de darse y la invención de realidades. *Pequeñas maniobras* es, digámoslo así, la aventura del cuerpo cuando se transustancia dentro de una realidad inmediata y moderna, las contingencias del sujeto luego de apercibirse y, tal vez, luego de regresar de sus lances culturales con el *soma*, la agresión y el deseo. El René de la novela de 1952 es un individuo arrojado en medio de cierta tipología del cuerpo invadido por la experiencia total de las alegorías, mientras que el Sebastián del libro de 1963 es un esquivo ejemplar de las actitudes no comprometidas: se retrae, oculta su personalidad en la ausencia de personalidad, evita la experiencia directa.

La crítica en torno al Piñera novelista ha reparado en esta continuidad básica de un personaje en el siguiente. Lo cierto es que el hecho de escapar del laberinto del cuerpo podría dar origen a un desenvolvimiento que evade lo laberíntico y que ve componendas en todo sitio y toda aproximación social. Un sujeto que, sin haber sido tocado por la experiencia radical del cuerpo, la teme quizás porque es capaz de imaginarla. Sebastián es René aprendiendo una lección y empleándose a fondo en el mundo de la cháchara y los más sutiles peligros del contacto: desde el visual hasta el físico.

La ciudad obseda a Sebastián. «No me gusta comprometerme», señala terminante. Para cumplir al pie de la letra esta afirmación y transformarla en divisa, el personaje va ejerciendo los más diversos oficios, desde maestro de escuela y criado, hasta tenedor de libros. En algún momento de la novela nos confía: «No me gusta que me hagan confidencias». Es decir, no quiere ser testigo de nada ni nadie; le horrorizan las complicaciones salidas del conocimiento de los otros. También nos dice que no logra enamorarse, pues siempre se halla en el trance de calcular los inconvenientes y las dificultades de un vínculo amoroso, o de un simple enlace con otra persona.

La enorme, dilatada y tragicómica circunvalación a que Sebastián somete lo real, la vivencia inmediata de carácter esencialmente doméstico, podría ser un equivalente de ese algoritmo de la simulación presentado por Piñera en *Pequeñas maniobras*. Entre líneas, y por el tono mismo de sus declaraciones y actos, podemos darnos cuenta del terror que las mujeres le inspiran a este cuidadoso desertor, un sentimiento (el terror) que se pone de manifiesto cuando, haciendo un último intento de entrar en el ruedo de la existencia habitual, comienza una relación sentimental (nunca erótica) con Teresa y *permite* que la palabra matrimonio surja un día en sus conversaciones.

Las cambiantes perspectivas del narrador piñeriano hacen de Sebastián un blanco codiciable para cualquiera que vea en él un emblema de la escapatoria social en su estado más íntimo. Él nos habla, con su voz, de sus maniobras y sus esfuerzos, pero también el cambiante narrador en tercera persona nos lo ofrece bajo la luz de una omnisciencia que lo dignifica como un antihéroe contemporáneo, asaeteado a la manera de un santo –San Sebastián– *reescrito* por la mirada posmoderna.

La idea del matrimonio con Teresa se convierte en pesadilla y Sebastián le comunica a la joven que no habrá casamiento. En medio de una náusea global que se alivia tras esa decisión de última hora, el personaje nos confirma aristocráticamente su pacto de no aceptación de lazos sentimentales con esas criaturas que él examina con retraída curiosidad y pasmada preocupación: las mujeres. Y estamos a punto de morder el anzuelo que Virgilio Piñera ha puesto ante nuestros ojos: la ambigua sexualidad de este Sebastián que no quiere sufrir el más mínimo roce.

En lo tocante al santo *reescrito* en condiciones de reformulación del referente, se trata –es obvio– de una parodia con toques de discreta amargura. Sebastián evita las flechas (uno ve de inmediato las pinturas de Andrea Mantegna y José de Ribera, a quienes siguió un riquísimo conjunto de avatares que desembocan, por más de un motivo, en el cuerpo gay), pero las flechas se clavan en él inevitablemente. Vive y pervive en el estado de cháchara exterior e interior que le proporciona, por ejemplo, su cotidiana relación con los miembros de la casa de huéspedes de Matilde, donde todo el existir es casi surrealista y de una comicidad extraña. Y así la cháchara suplanta lo real, recubre la certidumbre de la exterioridad con una especie de cáscara protectora en la que cualquier experiencia, por muy violenta que sea, será siempre una experiencia no resuelta de palabras y cotilleos, murmuración y hablar incesante.

El santo renovado es aquí, pues, una criatura literaria, de la imaginación de los otros y de sí mismo. Se niega, con pegajosa mezquindad, a los placeres, a los diálogos sombreados por la confesión. El miedo que lo visita todos los días lo transforma en un cobarde somático, en un hombre tan sólo *para la flexión logocéntrica*. Es, en fin, el individuo autodesterrado en su *constructo* personal del mundo de afuera, una de las metáforas más logradas de la narrativa de Virgilio Piñera.

El adversario interior

Construir un efecto estético de índole emotiva, elaborarlo paso a paso hasta que la sorpresa, o la alarma, lanzan sus zarpas sobre el lector, puede ser lo mismo una operación prestigiosa que una especie de oportunismo del estilo. En cualquier caso, sin embargo, el resultado es tan legítimo como sus preparativos, y la crítica competente sabe distinguir la naturalidad artificiosa de la naturalidad *natural* –por así decir–, una oposición que hoy tiende a resultar falsa en virtud de las renegociaciones a que se someten la noción de artificio y los dispositivos linguoestilísticos del texto en tanto artefacto.

Como ya dije, Jesús Abascal –narrador de lecturas remotas y pasión por la extrañeza– había publicado en 1963, en las ediciones El Puente, una de esas colecciones de relatos que desafían la norma imperante y subrayan el compromiso del escritor con sus fantasmas puntuales. El libro, *Soroche y otros cuentos*, es un manojo breve, pero intenso, de historias lateralizadas por el estremecimiento constante del sujeto agredido, ese sujeto que hace de la vigilia una provincia vecina del ensueño y que, además, se transforma muy a menudo en su propio adversario en virtud de un misterio común: la zona oscura donde el individuo, a solas consigo mismo, entreve sensaciones, hambres y angustias que parecen desligadas del conocimiento de sí, o de la naturaleza presumible de su identidad.

El caso de Abascal es curioso. Se trata de una voz que pelea casi constantemente contra la necesidad de poblar de referencias literarias y filosóficas a la escritura, un combate cuyo sabor final –cuyo regusto definitivo– concilia la reflexividad con la narratividad. Examinar el rastro que dejan las piezas de *Soroche...* nos lleva inevitablemente a ese regusto, a esa necesidad, planteada al escritor, de practicar un ensayismo de raíz existencial y que se atiene, con obvia fruición, a los atractivos de ciertos esquemas alegóricos donde el relato, más que fluir en pos de la solución de un conflicto, se afana en representar un estado del espíritu que puede ser el de la neurosis en términos generales, o la pérdida de la identidad, o la comprobación súbita y cruel de un destino aciago.

En ese sentido, y con la excepción de un par de cuentos, *Soroche...* no es un libro de verdadero alcance artístico en tanto proposición dentro de determinada poética del relato breve en Cuba (recordemos los aciertos de *Staccato*). Podríamos decir, en virtud de algunos finales sorpresivos y determinadas secuencias donde la irresolución da libre curso a la angustia, que Abascal conforma un paisaje donde el hombre queda revelado como una criatura indefensa, asediada de continuo por los espectros del inconsciente y visitada por formas ominosas de un mundo pretendidamente exterior, no así que los textos son buenos ejemplos de ejecución estilística. Ahora bien: ellos sí son capaces de deslindar (y formular) un territorio con matices diferentes dentro del panorama de la prosa de imaginación –llamémosle así– en Cuba durante los años sesenta. Abascal bordea la zona de la irrealidad, pero sin comprometerse por completo con lo fantástico ni lo sobrenatural.

Un escritor de relatos puede alcanzar calidades de tipo estructural y de carácter lingüístico, y llegar así a esa meta que es la representación agitada de un mundo, bien exterior o bien interior. Hablo de algo bastante próximo a una excelencia (eventual, acaso equívoca) que, sin embargo, se sostendría en hechos tangibles de escritura. Pero ese escritor también puede colocar sus énfasis en la promoción de ejercicios de pensamiento dentro del campo de los asuntos concernientes al sujeto conmocionado por las ambivalencias de la percepción, y dejarse llevar por ellas con un mínimo de interés en las estructuras y el estilo, lo cual sería, en cualquier caso, o la certidumbre de una incapacidad, o la evidencia de una marca de poética electiva. De acuerdo con lo que podemos leer en *Soroche y otros cuentos*, Abascal da pruebas de ambas cosas.

En el cuento homónimo, «Soroche», el juego de las indeterminaciones posee una densidad demasiado vigorosa como para tener su origen en un reclamo estético. El acontecer se encuentra sembrado de guiños al lector, gestos culturales que se cierran sobre sí mismos, pistas que conducen a algo que no acaba de definirse. Al final conocemos que estamos entendiéndonos con un criminal, un hombre que pide algo especial de comer: carne humana. Y como el protagonista es también quien narra, o su voz autoritaria –que concede al texto tan sólo las fluctuaciones de su mente–, éste deviene una especie de monólogo donde los diálogos son recuerdos *eficientes* que intervienen en la coherencia de la neurosis. El hombre tiene un instante de lucidez extrañada y su destino final se le revela en la metáfora del camino hacia el infierno.

El juego referido es, en los relatos de Abascal, un sistema de escamoteos que procuran ocasionar un tipo de sorpresa entre el cinismo y la abominación. Hay un matiz intermedio, lo macabro, que aflora constantemente. El cuento titulado «Juego inocente», pongamos por caso, grafica la intelección de lo real desde una perspectiva llena de torsiones y oblicuidades; sabemos que un personaje va allí estableciendo su separación del mundo, su naturaleza de individuo ajeno a la inmediatez de las cosas. El texto se despliega como una «métrica del espacio», de acuerdo con las palabras del narrador-protagonista, de quien sabemos tan sólo que concede una gran importancia al desplazamiento de su cuerpo y a la realidad cambiante de las sensaciones. El lector supone que ha de entenderse con una criatura desfasada de toda norma, ajena a los esquemas sociales, y sin embargo al final topa con un vulgar ciego en la irreal domesticidad del universo donde empieza a insertarse.

Los escamoteos devienen una técnica, una manera de aplazar la significación y preparar una sorpresa en desenlaces que hoy rozarían lo pueril. Así ocurre en «El hombre en quien Dios no creía», narración que, desde el título, invierte ciertos paradigmas lógicos (de la lógica cultural, de la praxis religiosa convencional, de la antropología en su diálogo con el estatuto fenomenológico de la noción de *realidad*) y que se avecina a algunas tipologías contemporáneas de la ciencia ficción. Este relato, cuyo interés radica esencialmente en las ideas e hipótesis narrativas que propone, no así en su ejecución (deficiente, muy torpe), termina enunciando una suerte de solipsismo de estirpe platónica, pero en el contexto de la alineación del sujeto. La cuestión del relato es el vivir de espaldas a lo real, o alimentar un insomnio que convierta a lo real en algo sofocante, pero material. Lesionar el carácter ilusorio de la realidad por medio del insomnio, o dejar que la realidad muera y se descomponga durante el sueño (o que durante el sueño se metamorfosee espantosamente, hasta el límite de hacernos caer en una colosal e impía confusión). Dejar la luz encendida o sumergirnos en la tiniebla del no saber. El hombre del cuento se halla recluido en un manicomio y no hay nada que pueda hacer para evitarlo.

«Un cuarto con tres paredes» también tiene su fundamento en la sorpresa y el escamoteo (estos cuentos de Abascal descansan en ambas instancias, debido a la exclusiva concentración del punto de vista narrativo en personajes que hablan al tiempo que conforman sus respectivos sistemas, intentando así, como William Blake, desembarazarse del sistema de los demás: *I must create a system, or be enslav'd by another's man*); aun así, el drama propuesto condesciende a un adentramiento en algo más sólido: el sexo interracial. Y lo hace geometrizando el acontecer, transformando el devenir de los hechos en una especie de teorema que se resuelve cuando la mujer, hija del hombre que da empleo al amante transitorio, declara que nunca se había acostado con un negro.

Para Abascal, tan serio en su *naïveté*, es importante colocar estos enunciados (estas fluorescencias súbitas del sentido) justo en las líneas finales de sus cuentos. Así acontece en la macabra historia del hombre que se pasa de tragos en una fiesta, e insiste en bailar con una joven y hermosa mujer que parece salida de alguna película argentina o mexicana de los años cincuenta. El hombre, turbado por el alcohol, no ve que la mujer a quien pretende es una inválida en silla de ruedas, cuyos pies están aprisionados, además, por una armazón de metal. Se trata de un desenlace tan sorpresivo como el de «Nadie sabe lo sensible que soy», donde un asesino nos refiere, ceremonioso, la infidelidad de su esposa sin que sepamos, hasta la consumación de la historia, que ella yace estrangulada en el fondo de una bañera. Así va creándose una isotopía de los enunciados conclusivos —«El paseo» es un buen ejemplo: los personajes terminan por saber que están en el Infierno–, manera de estructurar el relato que casi se opone a los tanteos y esbozos de la pieza con que la colección se cierra: «El extraño». Allí Abascal se aposenta otra vez en la fragmentación del individuo, pero, en esta oportunidad, dibuja dicho proceso desde el ángulo del cambio histórico, la modificación social que trae la Revolución al ámbito de las relaciones interpersonales. «El extraño» funciona, en los relatos de Abascal, como «Frío en caliente» en los de Virgilio Piñera.

De algún modo, Jesús Abascal se cautivó con las poderosas reminiscencias (reactivadas en *Soroche y otros cuentos*, y reactivables en cualquier espacio creativo centrado en la *perturbación* del sujeto) del modernismo narrativo según Leopoldo Lugones, Horacio Quiroga y Alfonso Hernández Catá, quienes habían abrevado en los adalides franceses de ese peculiar Decadentismo que tuvo, en el inmarcesible Edgar Allan Poe, el comienzo de una exuberante genealogía. Me refiero a un rizoma cuyo sistema, uno de los más prolijos y densos de la literatura occidental, ha hecho suyos los temas del crepúsculo de la mente, la ruina del cuerpo, la perversión del erotismo, la comicidad exaltada de la muerte y la índole ominosa de la duda ante las apelaciones de lo real, tópicos estos que se han expresado y se expresan todavía en una morbilidad atmosférica, en el centro de la cual se encuentra lo que suelo llamar el hombre agredido, casi un lugar común de la Historia.

Luis Dascal tiene problemas con el alcohol

El asunto de la legibilidad del texto literario ha venido a organizarse en una serie de estudios teóricos que procuran reconstruir ciertas condiciones y circunstancias de recepción —de acuerdo con el llamado momento histórico, con los esquemas canónicos del gusto e, incluso, con la idea de la gracia como *virtud* estética— para, de esa manera, intuir el *cómo* de la lectura epocal, la variabilidad de los significados, o el reordenamiento de las tipologías estructurales con el paso de los años. A veces se producen círculos de completamiento, círculos en los que la recepción original se enmienda gracias al auxilio de varias disciplinas en concierto, y así tenemos que determinadas zonas de la obra de Shakespeare —algunos sonetos, pongamos por caso— estuvieron allí, en el instante de su verbalización pública, para causar efectos muy específicos que doscientos años después se perdieron. Al cabo de trescientos esos efectos se recuperan (se rearman) y tenemos entonces un Shakespeare multitudinario, o casi multitudinario, en el que han intervenido la filología, la historia y la arqueología social —las costumbres, el sistema objetual de la vida cotidiana, la jerarquía de los sentidos en el «momento Shakespeare»— para que el creador de *Macbeth* regrese «íntegro» a nosotros.

El caso Shakespeare se constituye en un paradigma de los procesos de modificación de la lectura y la legibilidad del texto literario, y también ha ejercido un influjo tremendo en la historia de la noción de autor. En él se dan casi todas las anomalías lógicas del proceso creativo, desde la identidad del productor de los textos hasta el sentido cambiante de un par de versos que emiten, en principio, un mensaje cifrado cuyo destinatario está en el público, y que al cabo enuncian, en lo que concierne a nuestra competencia —y, en general, nuestra sensibilidad—, un dilema identitario con respecto a la norma de los usos amorosos en el *Elizabethan milieu*.

En 1963 Lisandro Otero ganó el premio Casa de las Américas con *La situación*, una novela que problematiza la categoría «ficción histórica» (enajenándose de cierto modo de ella) y en cuyo texto, sin embargo, hay un diálogo con el pretérito, una interlocución reconstructiva sobre el origen de algunos personajes. Otero nos introduce en el mundo de la burguesía habanera —aristocratizante, atenta a los meandros de la política, frívola—, y esto es poco decir, o decir simplemente una frase. Que un escritor nos lleve al núcleo doméstico de los modelos de una clase social significa que ha sabido ordenar el espacio literario para poblarlo luego con esos grupos de iconos que conforman el espectro de la representación, desde los jarrones y los relojes de pared de la casa de los Sarría, hasta una conversación (digamos que se trata de algo hipotético y posible) del intruso y suspensivo Luis Dascal con una chica bien, acerca de un artículo de interés aparecido en la revista *Life*, durante un *party* en el que Cristina, la esposa de Sarría, intenta seducir otra vez a Dascal, consciente como es de que él está allí, en el jardín, tan sólo para que ella lo desee y él cumpla eventualmente con su relativa obligación de ofrecerle un sexo fresco, placentero y salpicado de obscenidades leves y disfrutables.

Hoy la legibilidad de *La situación* se sostiene en el orden de la composición literaria y en el diseño de un personaje pendular como Luis Dascal. Metido de lleno en la existencia de los *otros*, ese grupo que visita Varadero y pasea por Dupont antes de irse de compras un fin de semana a Miami, Dascal recula, sin embargo, y se retira hasta colocarse en un punto de observación desde el cual puede calibrar, con relativa suficiencia, la monotonía de la vida y su circularidad. Es el joven perspicaz que casi siempre está de regreso. Balzaciano en una medida presumible, Dascal repudia esa manera de existir –tan cerrada que parece abierta– y envidia su paso seguro por el mundo. Conoce bien la seguridad del dinero y el vacío que el dinero tiende a abrir a su alrededor.

Al basarse en las pendulaciones físicas y expresivas de una criatura como Dascal (pendulaciones que, en última instancia, revelan una sinuosa forma de pensar), y al saber muy bien cuán necesaria era la incursión novelesca en la genealogía de los personajes más sobresalientes y distinguidos en términos sociales (las llamadas fuerzas vivas), Otero promovió en los años iniciales de la década del sesenta un tipo de novela cuya legibilidad se hallaba entonces en la referenciación analítica del pasado inmediato, el pasado que sirve de punto de contraste al ámbito revolucionario en tanto época nueva. *La situación* es un «precipitado» de la década del cincuenta (desde donde Otero monitorea algunas esencias de la historia nacional) antes del asalto al cuartel Moncada. Otero dedica el libro al décimo aniversario del 26 de julio. El texto, materia gelatinosa y a ratos dura, brota de una reacción química: la memoria histórica más la sincronización sicológica, dividido después el producto de esa suma entre las pequeñas, sucesivas (y numerosas) *solvencias dramatúrgicas* de lo que he llamado ensayismo sociológico, es decir, lo que leemos cuando los personajes se ponen a hablar de «la situación», pero sin salirse de sus roles respectivos.

¿En qué nivel de lo histórico aposenta Otero la escritura de su novela? La respuesta, directamente relacionada con el tono del estilo, ofrece y revela una especie de apreciación tirante (como de brida bien empuñada) del vínculo causal entre los hechos de la historia y los hechos y la puesta en escena del relato. En *La situación* hay un escrupuloso director de arte. (Pensemos en esta articulación de la pintura, la literatura y el cine: el Edward Burne-Jones de *El rey Cophetua y la mendiga* más el J. K. Huysmans de *Al revés* más el Martin Scorsese de *La edad de la inocencia*.) Describe, con idéntica fruición, lo mismo el forro del juego de comedor de los Sarría, que la sencillez del picadillo que ingiere Dascal en su casa. De la ropa veraniega de Cristina, una noche en un bar de Varadero, a la compra de un central azucarero. De la grata frialdad de un vaso de whisky al cuero nuevo y tibio de un auto del año. De la llegada a Cuba de un inmigrante emprendedor a la entronización financiera de su descendencia.

Dascal tiene problemas con el alcohol; su carácter, agriado y escéptico, esconde a un advenedizo y se relame ante la próxima conquista. Renuncia a seguir los estudios en la Universidad; la carrera es lenta, aburrida y poco segura en relación con sus metas. Dascal se mueve entre la ambición de integrarse en el boato y la desidia de saber que todo pasa, en Cuba, por la hipocresía y el interés momentáneo. Es, en fin, un hombre muy joven que está lleno de ansias –de toda índole– y que lo somete todo a una conceptualización de tendencia romántica, hija de cierta superficialidad y de una autoestima colosal. Durante una cena de negocios, acepta el puesto que le ofrecen en la redacción de un periódico, pero no puede dejar de despreciar a sus benefactores, ni de humillar, con varios whiskies de más, al gran Alejandro Sarría, cuando intenta besar varias veces a su mujer detrás del bar del comedor.

Cuando tiene lugar el golpe de estado del 10 de marzo de 1952, algo muy grave sucede en la isla. Todos lo saben. Pero los hombres como Sarría, que *hacen* la economía del país, tienen la íntima certeza de que Fulgencio Batista es tan sólo una variación dentro del sistema que ellos, con el ejército, contribuyen a enrumbar y defender. Dascal se da cuenta de que, en rigor, nada ha sucedido. Nada salvo un énfasis. Le resulta monstruoso, pero es así. No pasa nada. Y se va a Matanzas, solo, a un hotel de tercera, y llama a Cristina, que está en Varadero. De madrugada Cristina acude, pero lo hace para terminar con la aventura. Para ponerle punto final, sin la menor estridencia y con suavidad *de clase*, a un vínculo erótico. Dascal es un mero capítulo que finaliza allí mismo. Y cuando vuelve a su casa, cansado de todo y en el borde de una nueva discusión con su padre, decide regresar a la Universidad. Complace a su padre y se complace a sí mismo al sumergirse en el tedio mullido de su existencia.

Es allí donde Otero interrumpe, en lo tocante a *La situación*, el proceso de Luis Dascal, un personaje seductor y atrayente –lleno de cálculos y finezas meditativas– que tornará a aparecer en otras páginas.

Anatomía del fracaso

Antón Arrufat dio a conocer en 1964 un conjunto de relatos que a Virgilio Piñera, entonces director de las Ediciones R, sello bajo el que apareció el volumen, debieron de parecerle, por el título –*Mi antagonista y otras observaciones*–, una rectificación (apropiación irónica) de T. S. Eliot. En 1917 Eliot había publicado *Prufrock and other observations*, un cuaderno de poemas urbanos con una consciente (y consistente) designación narrativa. La distancia estética entre uno y otro es enorme; sin embargo, en lo que toca a la extensa narración homónima de Arrufat, el sentido de la observación como forma posee un correlato sentimental, por así calificarlo, en el dolido cinismo con que el protagonista inspecciona su fracaso.

Son dos las historias de verdadero impacto artístico en *Mi antagonista y otras observaciones*: la que he mencionado y «El descubrimiento».

Es obvio que, a inicios de la década, del sesenta una prosa como la de Arrufat –integrada en un interiorismo anómalo, que no renuncia a entenderse con los actos humanos en tanto expresión de un mundo donde el equilibrio emocional, la felicidad y la soledad del sujeto son atributos indisputables; un interiorismo expresado por medio de conflictos morales que expresan la atroz realidad de la persona, o el laberinto donde ella topa con lo banal– se encontraba en los márgenes de las prácticas discursivas que tenían algún grado de congruencia con los temas y asuntos de ese primer plano vitalista de una literatura en proceso de renovación, una literatura que, para bien o para mal, intentaba ponerse al nivel presumible de la historia cotidiana. Aun así, «Mi antagonista y otras observaciones» es un relato sobre la extroversión de un ansia universal e inclemente, mientras que «El descubrimiento» nos interpela acerca de la razón última de la existencia (el itinerario emocional *posible*, en alguien capaz de creer en esa razón última), en un medio donde nada ni nadie la revelan.

La lectura de esos relatos –al menos los que mejor hilan esa red envolvente donde el estilo de Arrufat se hace una marca– causaría hoy un efecto singular; nos damos cuenta de que se trata, sin duda, del estilo que pocos años después iba a conseguir durante la escritura de su mejor novela hasta la fecha, *La caja está cerrada*, independientemente de que allí, en relación con «El descubrimiento» y «Mi antagonista…», esas formas envolventes llegan a poseer una cierta sonoridad poemática, de recitativo (de aliento largo y sostenido por el *basso* de una voz) sobre algunas dolencias del espíritu cuando éste se enfrenta a las exigencias del mundo material.

Quiero insistir en esa manera de componer los textos porque en ella se encuentra, me parece, una parte del secreto de esa capacidad que Arrufat tiene para convencernos no de lo que dice, no de lo que los personajes dicen, sino de *la realidad de sus afirmaciones*; más allá del crédito que merecen sus palabras, o las palabras de sus criaturas, el hilado al que me referí alcanza a ralentizar el paso de lo real ante nuestros sentidos, además de que nos sumerge en un sistema de percepciones cuya coherencia da origen a una suerte de construcción auxiliar adyacente, una estructura capaz de analogizar la conducta y de reflejarla activamente en el espejo de los textos.

En términos generales, y sin poner en tela de juicio la funcionalidad de dichos textos como historias o tentativas de apresar la peculiaridad de un grupo de sucesos humanos, diríamos que Arrufat logra conducir a buen fin tanto la diacronía narrativa del acontecer como la sincronía de sus cuantiosas predicaciones. Su prosa viaja al fondo de los hechos, ciertamente, y lo hace por medio de un «ensayismo» que se visibiliza en el carácter connotativo de la narración, y que alcanza a verbalizarse justo en su rizoma, en la sospecha sistemática a que se someten los hechos en el paisaje interior de los individuos.

Un «ensayismo» que, sin embargo, no hace peligrar la calidad diegética de las estructuras literarias, pues él forma parte del sistema de actos y estados en el que Arrufat se aposenta con ostensible comodidad. Un «ensayismo», en fin, cuya elegancia se pone a veces en sintonía con cierta majestuosidad parsimoniosa en la que, por suerte, caben las intrusiones del orbe cotidiano, de la realidad más inmediata, muchas veces presentida a través del eco que dejan ciertas frases y palabras capaces de hacernos regresar, con ferocidad imprevista, al mundo de todos los días.

El hombre que envuelve y empaqueta corbatas *todos los días*, protagonista silencioso y exacto de «El descubrimiento», deja súbitamente de ser ese mecanismo de tediosa relojería y abandona su trabajo. Todos, desde su mujer hasta los vecinos y amigos, empiezan a sentirse alarmados. El hombre está ahí, en su cama, alejado de la claridad del día, fabricándose una atmósfera artificial, negado a entenderse con los envíos del suministrador de corbatas, hasta que decide salir a la calle y reanudar una especie de contacto perdido con el universo exterior. De sus significativos intercambios, fugaces, reconcentrados, se podría decir acaso que marcan una cadencia nueva e incapaz, empero, de desarticular el desenvolvimiento general de su vida. O eso creemos.

Arrufat es doblemente enunciativo cuando nos cuenta lo que sucede, sin explicarnos (escamoteándonos) los efectos de dicho suceder. El hombre no habla; conocemos tan sólo algunas reacciones suyas, dos o tres gestos que colorean y agitan un poco su quietud esencial. Pero ignoramos la índole cabal de sus pensamientos. Retorna al mundo, examina con displicencia implosiva (dejándose examinar a su vez) a un par de sujetos de excepción, y regresa lentamente a sus corbatas, como si el trabajo de envolverlas en el celofán contuviera aún un secreto del que depende, en lo que a él concierne, la definitiva intelección de lo real.

Si bien «El descubrimiento» es una de esas piezas narrativas donde la literatura deja ver su identidad y su poder de seducción, su naturaleza inquisitiva y su jerarquía como mediadora –digámoslo así– entre los estados anímicos y el lenguaje, hay una feliz renuencia del texto a adentrarse en la forma de esa catástrofe íntima del personaje. La manifestación del estilo lingüístico de Arrufat, más allá de la puntualidad de ciertos asuntos, se supedita a un proceso de iluminación y sombreado; Arrufat es tenebrista cuando elabora ciertas ficciones. Y lo es porque le interesa tejer los dilemas morales, o las anomalías del entendimiento del mundo, con la misma intensidad sinusoidal y la misma intermitencia (más densidad, menos densidad) con que ellos se revelan.

Pero donde la catástrofe personal se expresa de manera más evidente, o tal vez con una mayor cantidad de signos convencionales, o acaso por medio de dispositivos que desconcentran y narrativizan todavía más el estatuto del fracaso, es en «Mi antagonista...», cuya trama convoca una figura clásica de la fabulación moderna: la del doble como doble sicológico y como usurpador material y sentimental. El argumento concede espacio a lo que sería algo así como una tragedia del éxito deseado, la desventura de una ambición (tanto más terrible cuanto más legítima). Un joven recién casado viaja a la Isla de Pinos con su esposa a ocupar un puesto de contador en una compañía norteamericana y hacer carrera allí como futuro ejecutivo; el jefe, pasado un tiempo, hace venir a un empleado que al principio fungirá como ayudante del joven, pero que poco a poco lo suplantará por completo, hasta en sus funciones maritales; al final, cuando ya la suplantación es un hecho y el ayudante ha convertido al joven en su subordinado, la mujer de éste huye con aquél a Honduras, luego del cierre de las oficinas de la compañía.

La figura casi irreal del doble cobra carne del otro, del débil, o de quien anhela las cualidades (del usurpador, claro) que no ve en sí mismo. El doble vampiriza, anula una felicidad ligera, sin raíces auténticas, y cuando muere el ejecutivo norteamericano que dirige la compañía es de inmediato promovido a su cargo. La esposa del débil, de ese *otro* que antes era el *mismo*, se marcha con quien ahora es su hombre verdadero. El que había sido un extraño pasa a ser un centro de poder económico a escala doméstica, y con la ayuda de la sinuosidad característica de Arrufat comprendemos también que él se ha transformado, además, en un núcleo de eficiencia erótica y sexual. Una eficiencia que ya se encontraba como flotando en el aire del bungalow del matrimonio y en la que descansa cierta fascinación homoerótica, del intranquilo y débil empleado por el recién llegado.

Hay un momento extraordinario en el cuento: el personaje despojado no cesa de escribir cartas airadas (cartas a los fugitivos, cartas a quien había sido su mujer) y las luces, excepto un farol, empiezan una a una a apagarse porque el bungalow ya va a cerrar sus puertas —es propiedad de la compañía— y el sirviente, sujeto observador y aplicado, a punto de marcharse, se despide de él para siempre. En ese punto la derrota del personaje adquiere proporciones asombrosas, y éste ha quedado, pues, en medio de una extraña libertad, la libertad que usa para escribir su propia historia con el propósito de leerla después a sus padres.

El hombre de las corbatas regresa con decisión a lo suyo y ejecuta así un acto oscuro y radiante que nos conmueve; el empleado permanece sumido con obstinación en las tinieblas y sigue escribiendo casi a ciegas sus palabras, que es lo único que le queda. Con ambos, y con sus historias respectivas, de un ecumenismo retador, Antón Arrufat sembró un desconcierto más o menos nominal, pero innegable, en la vida privada de las ficciones que se dieron a conocer a inicios de los años sesenta.

Cuatro relatos de Humberto Arenal

Humberto Arenal puede exhibir hoy una trayectoria narrativa que se asienta en la complejidad del estatuto del personaje-problema, ese personaje en cuyo desenvolvimiento es posible notar expansiones dramatúrgicas de gran riqueza. Arenal, hombre del teatro y cultivador de la imaginación novelesca, se ha aferrado siempre a la breña sicológica y a la dialéctica del *decir* frente al *hacer* en lo que concierne a los pobladores del espacio de la ficción. Nos damos cuenta enseguida de que sus textos, colocados en una suerte de contrastación sutilmente afinada por el paso del tiempo, provienen siempre de un mismo principio creativo: la reproducción analítica de ciertos trances del sujeto en busca de un tipo cabal de felicidad, y el diseño subsiguiente (o simultáneo) de estructuras modeladoras de lo que ha dado en llamarse el paisaje interior.

Ediciones R publicó en 1964 un cuaderno integrado por cuatro piezas de relieves dispares, pero que entran en una significativa concordia de atmósferas y situaciones. Siempre me ha parecido que el estilo de Arenal, en lo tocante a su geografía inmediata, el proceso de su materialización en el acto mismo de la escritura, se granjea los afectos del lector común. Esto, que es el resultado de un proceso a primera vista invisible, se refiere sin embargo a un proyecto de creación donde casi todas las operaciones se supeditan a la comunicabilidad presumible de grandes experiencias y dilemas. Arenal causa en nosotros una sensación de llaneza estilística, de serenidad explicativa, y estos efectos de su artesanía tienen un origen bastante claro en el propósito de hacer contacto rápido y directo con el lector, en especial su razonable capacidad de romper la distancia ilusoria que normalmente establece cualquier ficción entre quien la perpetra y quien la asume convencionalmente. Hago alusión a un estilo de prescindencias que se empeña en circularizar la repetición y en *evadir* la variedad lexicográfica. El envés de una oralidad que *no se ocupa de la belleza, sino de la declaración.*

El libro de 1964 se titula *El tiempo ha descendido* y es una muestra de lo que acabé de decir. Se trata de la naturalidad expositiva que volveremos a ver, un poco más concentrada, en una novela: *Los animales sagrados* (1968). Una naturalidad que hace pensar en la descarnadura, pero que no se allega a los puros y limpios huesos del relato. Los hechos están aquí envueltos por el aura del sentimiento, y aunque el acontecer se enuncia de manera muy interesada (es decir, con énfasis nada arbitrarios), Arenal siempre nos coloca dentro de una intensidad ajena al efectismo, ya que su propósito es el de revelarnos una verdad que no se halla a la vista.

La narración que da título al libro se sustenta en una indeterminación interior, un sistema de dislocaciones aposentado en el protagonista y no en el conjunto de sus peripecias. El hombre, invadido por una necesidad de puntualizarlo todo, de fijar los recuerdos, las caras, algunos hechos esenciales de su vida, da vueltas por su apartamento y registra los límites de su soledad. Al parecer nadie lo acompaña desde hace mucho, y con la tenacidad de sus evocaciones interroga a los antiguos fantasmas de su existencia. Fantasmas sólidos, que acuden, hablan (o que parece que hablan) y ripostan en silencio y están allí, rodeando al hombre hasta que, con una inesperada soga en la mano, éste va desenroscándola, la ata al balcón, se anuda el lazo en torno al cuello y se lanza, espectacular, al vacío, antes de que en el balcón se produzca un sordo estremecimiento y sepamos que el hombre ya se balancea abajo, muerto.

Asistimos con «El tiempo ha descendido» al final de una historia cuyo pretérito se intuye denso, accidentado, repleto de emoción y de desdicha. En «El caballero Charles», un texto que después devino pieza dramática, somos testigos de una peroración casi monológica. Charles, el gran hombre de antaño, mundano, internacional, rico y dadivoso, es el referente que marca la presencia de un mundo ido, pero que insiste en demorar su estancia en la sensibilidad de Jacinto, exchofer del caballero Charles. Jacinto, un negro bonachón y sentimental, visita los domingos a doña Clarita. Ella ha sido amante del caballero, lo ha acompañado parte de su vida, pero sus recuerdos no son buenos. No descree de la memoria de aquel hombre que la exhibió consigo hasta donde podía, de acuerdo con las apariencias y conveniencias sociales, y sin embargo, aunque el retrato de Charles continúa allí, en el estrecho lugar donde vive, doña Clarita no le perdona ciertas cosas.

¿Cuán aburrido puede ser Jacinto, con su monomanía de referirse una y otra vez al caballero Charles, buscando en la mujer una interlocución capaz de revivir instantáneamente el pasado? Jacinto desea que ella evoque con él no al caballero, sino sus circunstancias. Una especie de tiempo humilde, pero de cierta manera glorioso, se le escapa a Jacinto con la muerte de Charles. Y testarudo (o con una desesperación congruente con su locuacidad) vuelve semana tras semana a encontrarse con una sobreviviente, una prueba viva de que ese tiempo existió, fue parte de su vida, de su felicidad. Pero doña Clarita tiene que salir y Jacinto no repara en la impertinencia de su asedio. Incluso le propone una comunicación con el muerto, le dice que vaya a una sesión espiritista. A doña Clarita esto le parece una insensatez, pero aún puede evitar herir a Jacinto. Sabe que en la vejez el mundo es, para él, el caballero Charles, el hombre a quien sirvió durante veinte o treinta años.

La segunda parte del volumen –una división imaginaria, irreal, pero que se sostiene en el examen que Arenal hace del mundo infantil– está formada por otros dos textos: «Chichi» y «El periquito era de todos». En ambos topamos con dos niños, dos universos solitarios, dos personas que se acompañan de animales –un perro y un perico, respectivamente– y que de modo inapelable, con la vehemencia propia de los caracteres fuertes, dibujan el malestar doméstico y sus consecuencias.

Son dos relatos que, de cierto modo, siguen la técnica del iceberg hemingwayano, pues esconden y potencian el verdadero drama de la vida como contexto y trasfondo de la mentalidad infantil. Ambos niños defienden sus espacios, manifiestan una gigantesca necesidad de intercambio, y asumen el reto de habitar una severa dimensión de la crueldad. Arenal supo apropiarse de esas respuestas, casi metafóricas, a la lesión que nace en la vivencia de la crisis. Y supo graficarlas. El niño del perro desafía las normas de la mujer a cuya casa ha ido a parar. El del periquito, inmerso en un orbe que escapa a su comprensión, da libre curso a su pena mediante una ira lastimosa, llena de una dolorida impiedad.

¿Qué más decir de una prosa generalmente presta a inculcarnos la desazón de la existencia? Pues que Arenal supo, desde temprano, cómo completar la presentación del mundo que late en sus ficciones: por medio de los resortes que se activan en la imaginación del lector después que éste, al intentar reconstruir el acontecer, da con esos enunciados que una escritura *discreta* no dice.

Dora Alonso: la fábula y la verdad histórica

La condensación del megarrelato que es la trata negrera ha dado origen a historias diversas, auténticas sagas que vienen a complicar líricamente, sobre la base de un *epos* solidísimo, una inmensa red de días, trabajos y sueños. Salvo en algunas excepciones de calidad, la narrativa cubana no suele mostrar ese fenómeno de rizoma cultural e histórico en la forma que más se le ajusta: el discurso novelesco. La causa tal vez se encuentra en el hecho de que, al referirse al megarrelato de marras, lo novelesco es un empeño de difícil solución, puesto que compromete al escritor en la comarca de esa épica tejida como proceso. Una épica que, valga la aclaración, se atomiza y entonces busca lo lírico o se hace lírica. Inversamente, la trata, al desatomizarse en su verbalización, desemboca en la épica de los grandes gestos, y así tenemos un esquema que se aproxima lo suficiente al vaivén de los registros estilísticos y de poética en las rearticulaciones ficcionales de la Gran Historia.

En cualquier caso habría que mencionar, con los reparos y señalamientos de rigor, libros como *¡Ecué-Yamba-O!* (1933), de Alejo Carpentier; *El negrero* (1933), de Lino Novás Calvo, *Tam-Tam* (1941), de Federico de Ibarzábal, o, más contemporáneamente, *El polvo y el oro* (1997), de Julio Travieso, novela donde se pone de relieve el conocimiento de esas rearticulaciones y que lleva en sí dos pesos: el del conocimiento –los escritores de hoy tienen una ventaja sobre los del pasado: *saben* más– y el de la distancia de varias tradiciones.

Ese megarrelato es uno de los complejos textuales latentes más ricos de la cultura, y cuando desplegamos sus realizaciones, en lo que concierne a la narrativa cubana contemporánea –y contemporaneidad quiere decir, para mí, lo que va de las vanguardias artístico-literarias a la dudosa posvanguardia de hoy–, notamos que en esa especie de tabla de elementos químicos faltan algunas sustancias. Podemos, incluso, decir dónde y cuándo faltaron. O predecir en qué momento del porvenir inmediato surgirán o deberían surgir.

Dora Alonso, una escritora más bien discreta, publicó en 1966, en la Serie del Dragón, los cuentos de *Ponolani*, un hermoso libro –con diseño general de Chago y dibujos de Posada– que es acaso el más orgánico de los suyos. Cuando hablo de organicidad me refiero al hecho de que no se trata, en este caso, de una mera colección, como pudo haber ocurrido, sino de una estructura muy deliberada que se pone en función de un mundo bastante preciso y lo suficientemente abierto como para que no nos equivoquemos al juzgarlo.

De cierto modo la escritora compendió, en una historia fragmentada, el mosaico cultural que deja la saga de la trata al sublimarse en sus convenciones más visibles, desde la aprehensión del orbe africano hasta las mutaciones de la identidad en sujetos capaces, por una parte, de adaptarse a una realidad nueva y que, por otra parte, son renuentes a abandonar el espacio interior que les proporciona el arraigo en un mundo primigenio, casi esencial. Pero el toque distintivo de esa operación se encuentra en el hecho de que Dora Alonso centra su perspectiva en una niña, lo que no le impide moverse con soltura en la línea del tiempo y construir una trampa de ecos capaz de producir un efecto de simultaneidad.

Ponolani consta de varias partes apenas nominadas, partes que rehúsan exteriorizarse porque están ahí para que el lector sienta el vértigo de las visiones panópticas. Los tres niveles posibles del megarrelato son el mundo africano en tanto contexto y atmósfera (con sus individuos y sus prácticas cotidianas), el mundo de la leyenda (recuerdos afinados por la memoria desde donde se labra y reconstruye el mundo africano; fábulas que expresan una concepción del mundo, de la existencia, y que conforman los estereotipos básicos de una cosmovisión, una especie de *weltanschauung* fictiva) y el mundo real, inmediato, que es donde se cuecen y reciclan, en retrospectiva, los dos niveles anteriores.

¿Cómo obra Dora Alonso en este cuaderno intenso, de aspiración novelesca, cuyo aliento apela a la imaginación reconstructora, a la proliferación de líneas de conexión? Obra, acaso, pensando en el tipo de lectura que *Ponolani* empieza a exigir para sí en tanto documento irresoluto o, para expresarme con alguna corrección, en tanto escritura en suspenso. No se trata, aquí, de formular complejamente lo sencillo, sino más bien de explicar cómo transcurre el proceso ideal de lectura de un texto cuya invitación medular se dirige a nuestra capacidad de ver sus zonas no escritas, sus zonas en blanco, espacios estos que, empero, se encuentran llenos de *cierta* escritura.

En el primer nivel se destaca el simple discurrir de Ponolani por un territorio original, donde el cuerpo humano y la siquis están en armonía con la naturaleza y sus pulsiones arquetípicas. En el segundo nivel los animales se rodean de un protagonismo antropomórfico y entablan disputas que van construyendo una filosofía vitalista llena de sentencias y de humor. En el tercer nivel, que en rigor podemos identificar con lo cubano, hay una fuerte sedimentación de los dos niveles anteriores, sumergidos en la cotidianidad de un tipo de existir en el que al parecer nada sucede. Es, dicho rápidamente, esa vida donde ya no hay trata de esclavos –en tanto institución y estatuto sociocultural– y donde lo legendario pervive tan sólo en lo ancestral, que se manifiesta como un trasfondo muy diluido.

Que localicemos dónde está y cómo se manifiesta esa escritura *blanca* de los textos, cuando éstos dialogan entre sí y producen el tipo de *mood* que los distingue, es, quizás, el propósito de Dora Alonso en *Ponolani*, una armadura que deviene novelesca a causa del rizoma que se desprende de sus acertijos en torno a la unificación real del conjunto. Y todo queda dicho en un lenguaje que hace de la metáfora y la frase sincopada un medio de conformación de determinada atmósfera. Nos entendemos con un estilo de gran precisión, posiblemente el estilo más elaborado de su prosa.

ASTROS Y PISTOLAS

Los registros visibles en el asunto de la lucha clandestina, uno de los más asediados por la narrativa cubana –tanto en los años sesenta como en momentos posteriores–, se mantuvieron de ordinario bastante lejos de la posibilidad de vulnerar, con eficacia, el automatismo que sus tópicos iban refrendando en la ficción. Dicho automatismo se explica porque existe una tipología del relato centrado en la lucha clandestina, una especie de fabulación representativa con personajes y actos representativos que, sólo en algunos libros, alcanzaron a entretejerse de modo distinto y emulsionarse hasta dar con una tonalidad y un relieve apartados de lo usual.

Jaime Sarusky dio a conocer en 1967 su segunda novela, *Rebelión en la octava casa*, publicada por el Instituto del Libro en la célebre colección Cocuyo. A diferencia del texto que la precede –*La búsqueda* (1961)–, aquélla es algo más breve y lleva en sí, además, las virtudes de lo magro y lo nervudo. Posee la intensidad de esos aconteceres que, por su forma, se acercan a lo teatral (lo *teatralizable* como admisión de una puesta en escena, para ser más exacto), pues comprimen y densifican el espacio y reúnen pocos personajes, depositarios de características y movimientos muy bien delimitados.

Sarusky apuesta en esta ocasión no por una trama extensiva, que acaso pudo desenvolver ante el lector diversos planos donde el cronotopo habría desempeñado un papel regulador del estilo, sino por una situación de índole nuclear –sin derivaciones en un mismo nivel de importancia diegética, digamos, ya que cualquier accidente de la peripecia es una estable irradiación de sí misma– y cuya incandescencia y poder gravitatorio involucran una instancia narrativa de gran prestigio y con una amplia genealogía: el misterio. Hay dos mundos en la novela: la realidad exterior de las calles y la policía, y la realidad interior, opresiva y espejeante, de la casa donde se esconden dos revolucionarios entrenados en mechas, bombas y explosiones. Sarusky abraza esa situación y renuncia a seguir el esquema de supeditar la intimidad a la acción externa. Al decidirse osadamente por la inversión de ese paradigma, resulta que es más bien la acción externa la que se somete (como presunción y tanteo rápido de la urbe y sus criaturas) a esa intimidad de la casa y sus moradores, cuatro personajes tutelares y oscuros que acogen sin reserva, pero también sin prodigar el secreto de sus individualidades, a Agustín y Oscar, dos jóvenes que huyen de la represión policial.

La casa está habitada por una rara mujer —sin nombre durante buena parte de la lectura— y sus tres seguidores: Grullo, Clo y Ramona. El primero es evasivo e hipócrita, la segunda es muy joven y está llena de ilusiones, y la tercera es una suerte de doméstica bondadosa e ignorante. La rara mujer es astróloga y los revolucionarios se hacen muchas preguntas acerca de su identidad (y sus razones) para protegerlos de una manera tan radical en su propia mansión.

Sarusky nos dice que la casa es un espacio polvoriento, sombrío y falto de una elegancia mínima. Un sitio casi vulgar. Es cierto. Sin embargo, no lo es menos el hecho de que la casa adquiere, desde el principio de la novela, una dimensión simbólica capaz de elevarla al rango de arquetipo. El hieratismo y los comedimientos de la dueña, guardiana de un enigma esencial que preside su vida, convierten la casa en un recinto que se comunica con lo más ortodoxo de la tradición gótica. Sus súbitos huéspedes, hombres dados también a la ocultación, arman con la astróloga un tenso equilibrio de fuerzas que se resumen en lo desconocido. Ramona representa el diálogo del sentido común con la simplicidad, Clo es la belleza que se mustia con el paso del tiempo, Grullo encierra algo parecido a la mezcla de la cobardía con la sordidez. Pero «la mujer» —y por esa sencilla denominación la conocemos, hasta que Oscar y Agustín descubren su significativo nombre: Petronila Ferro— se halla por encima de todos. Protege la estabilidad, cuida la armonía, vela por la constante separación de la casa con respecto a una realidad sangrienta, convulsionada por las bombas, las persecuciones y la muerte.

Pero ni siquiera Oscar y Agustín, que comparten el ideal revolucionario, se amoldan a un prototipo igualador. Ambos están convencidos de la necesidad de ayudar a los barbudos de la Sierra Maestra y desestabilizar al régimen en la ciudad. Pero Oscar, conocedor ya del significado de la prisión, de los sótanos donde el cuerpo se mutila, prefiere la muerte antes que regresar a esas experiencias donde un tabaco encendido es el umbral del dolor, y por ello es impetuoso, inestable y cuestionador. Por su parte, Agustín tiende a la conciliación, a las pausas meditativas y observa lo que le rodea en busca del sentido más o menos último de los fenómenos. Se pregunta, por ejemplo, si, en el instante del pavor ante la tortura, sus principios valdrían tanto como cree. Es quien corteja (quien puede cortejar) a Clo, y procura, al mismo tiempo, comprender el cosmos de la casa.

La brillantez estilística de *Rebelión en la octava casa* (Petronila advierte sobre los peligros de esa Octava Casa zodiacal; les dice a los revolucionarios que jamás permitirá la entrada, en la Casa de la Muerte, del espacio que ella vigila y protege; más tarde sabemos que su signo zodiacal es Escorpión, el de la Octava Casa) es congruente con la deliberada sobriedad de la escritura y con la discreta suspicacia que los personajes inculcan en los diálogos, todo lo cual se articula con un ambiente signado por lo recóndito y cuya atmósfera de hace cada vez más tupida. Hay calor dentro de la casa; los abanicos baratos aparecen aquí y allá, en el intento de remover el pesado aire; las puertas-ventanas que dan al balcón permanecen cerradas por orden de la astróloga. No quiere intrusiones, se niega a integrarse en el panorama de afuera y prefiere acogerse a la protección de las sombras. De hecho su vida es una sombra y se halla a la sombra, al punto de tiranizar las vidas de los demás.

Aun así, y en medio de un nuevo sistema de vínculos (entre quienes viven con ella y se le subordinan, y los jóvenes repentinamente incrustados en ese tipo de existencia), Petronila Ferro defiende hasta el final su cerrazón y su frialdad cortés. Pero no puede, todo el tiempo, asumir esa postura de dama solemne, inalcanzable, dueña apenas de dos o tres sentimientos –en primer lugar, su respeto incondicional por los astros y la regencia absoluta, de acuerdo con Petronila, que éstos ejercen sobre la vida humana– determinadores de su turbia e inasible personalidad.

Cuando el vehemente Oscar registra dentro del extraño armario cerrado que preside la sala, y encuentra un libro con una dedicatoria (un manuscrito acaso, titulado *Crónicas del 33* y que firma un tal Jorge Ruiz; la dedicatoria, mucho más puntual, reza: «Para Petronila Ferro, brava combatiente»), todo se ilumina; ya antes, en medio de la trama, unas singulares evocaciones nos presentaban al ignoto Justo; pero esas desasidas remembranzas no acababan de ser lo suficientemente resolutivas como para permitirnos armar el rompecabezas de una existencia tan determinada y única. Petronila Ferro había servido a la revolución antimachadista, a esa llamada Revolución del Treinta que pereció y dio paso a las amarguras de la desilusión. Justo era su amante, su prometido, y los furores de la lucha clandestina de aquel pretérito se lo habían tragado. Sarusky nos permite imaginar la vieja escena: veintitantos años atrás, el joven Justo se despide de la entonces también joven Petronila; ambos prometen reencontrarse y realizar la boda, pero Justo no regresa; jamás vuelven a verse.

Oscar halla en el armario un traje de bodas sin usar. Ramona, que ayuda en el registro, juega con el traje, lo pone sobre sus hombros, se lo prueba por fuera. El olor de la profanación se confunde con el de las bolitas de naftalina. Unas páginas más adelante, en el contexto de una crucial disputa que sirve de vestíbulo al desenlace de la novela, Clo, ya entonces comprometida con Agustín y con la lucha que él representa (ahora la joven se llama Carmen, su nombre de guerra), le grita a Petronila Ferro la única verdad que la mujer estaría obligada a admitir, con predicciones astrológicas o sin ellas: *usted... ni siquiera pudo retener a su hombre, que la dejó plantada* (p. 134). La astróloga (Clo le dice que es una resentida, además) se echa a llorar. No puede contrarrestar esas durísimas palabras. Sus actos del presente están gobernados por su pasado, pero los odia a los dos, les teme a los dos.

El complejo personaje cree en su irrevocable identificación con la Muerte, un lazo simbiótico (explicable en la desaparición de Justo y en el malogro de un programa de vida) que subraya lo trágico, lo teatral y que hace de la casa un reflejo de la psiquis de Petronila y de los rasgos de Escorpión, signo marcador de la octava Casa Zodiacal y arácnido invertebrado de costumbres más bien nocturnas.

Entre astros, suposiciones y pistolas transcurre la acción de *Rebelión en la octava casa*, una novela que, tras su compacta legibilidad, aún puede exhibir momentos de excelencia composicional, zonas que, desde la perspectiva de un lector medio capaz de renunciar al conjeturable «almidón» de aquellos años, se presumen, además, tocadas por una dosis de atrevimiento en lo estético y lo social. Independientemente del acierto del nombre de la astróloga –esa mujer de piedra y hierro, y en lo esencial frágil y tierna, que se muestra incapaz de explicarse (porque no quiere, o porque no puede enfrentar un dolor dado al renuevo y la metamorfosis) las causas del derrumbe de su vida y que se entrega al fanatismo de la predestinación–, Sarusky alcanzó a dibujar ciertos episodios memorables. Por ejemplo, el erotismo de algunos encuentros de Agustín y Clo aparece aderezado por componentes de mucha fuerza. En un caso, cuando Clo le pide al joven su pistola, ella, curiosa y tímida y coqueta, quiere ver el arma, tocarla, y Agustín se la muestra; Clo la toca, más bien la acaricia, y al cabo sus gestos se modulan dentro de una sensualidad donde la pistola arroja una sombra inequívocamente fálica. En otro caso, mientras Clo y Agustín se sumergen en los escarceos que enuncian con energía sus mutuos apetitos, Agustín contempla una foto del periódico y descubre que se trata de Rubio, un personaje circunstancial, un revolucionario tan perseguido como él mismo y como Oscar (en realidad Rubio es amigo de ambos) y que, al inicio de la novela, los conduce a él y a Oscar a la casa de Petronila; la imagen enseña a Rubio medio desnudo en el suelo, la cara rota, muerto. Sin embargo (y aquí está el detalle que quiero enfatizar) la mirada de Agustín no deja de reparar, por encima del infortunio y el aspecto terrible del cuerpo de su amigo, en los atractivos de Clo, sus hombros, sus rodillas —están sentados en la sala, los sillones casi se tocan–; la muchacha abre un poco las piernas y ese gesto recobra, para toda la escena, el vigor de un asedio inaplazable, pues Agustín, que no deja de estar sorprendido con la espantosa muerte de Rubio, no puede, empero, sustraerse de esas piernas, de esa ofrenda que, promisoria, se retrasa.

La actitud de Agustín es de una naturalidad despampanante: la muerte de Rubio lo ensombrece, pero Clo está ahí, viva, junto a él. Llega, incluso, a acariciar sus manos. Esa sinceridad hiriente, donde se ejercita una radical profilaxis de la carne y del espíritu, es la misma que se cultiva a lo largo del libro, donde Sarusky materializa las emulsiones del peligro hasta conseguir afincarse en un territorio del límite, un borde al que van a parar el miedo, el deseo sexual, el misterio, la desconfianza y la enajenación, para conseguir un relieve narrativo inusitado. Hay un instante en que esa profilaxis se amplifica en su homólogo alegórico, la luz, cuando ésta entra en la casa y la ilumina. Petronila, suma de sentimientos encontrados (abomina de la violencia, pero la desea; quiere enterrar los recuerdos, pero los conjura), abre por una vez las puertas-ventanas, mas la actitud de los revolucionarios sigue fiel al camino que ellos han escogido y la astróloga, desilusionada y confusa, cierra otra vez las puertas-ventanas, en esa oportunidad definitivamente.

Dentro quedan Ramona, Grullo y Petronila Ferro, al amparo de la bondad de los astros, esperando algo indefinible mientras escrutan los mapas del cielo; Clo/Carmen abandona la casa con Agustín y Oscar; éste, convencido de la imposibilidad de que él sea uno más en el grupo, se separa de aquellos. Pero los tres han decidido ir en busca de sus destinos.

NOTAS SOBRE LA CONDUCTA TOTÉMICA

Todavía ningún novelista cubano ha vuelto a escribir un texto con la frugalidad heroica que identifica a *Los animales sagrados* (1967), de Humberto Arenal. Su experiencia dentro de la narrativa se limitaba por aquellas fechas a un par de libros de cuentos —*La vuelta en redondo* y *El tiempo ha descendido*— y una novela de testificación ficcional, *El sol a plomo*, que vio la luz en 1959.

La perspectiva del tiempo transcurrido nos incita a las comparaciones y decantaciones, operatoria propia de una ojeada diacrónica, y entonces es posible separar la experiencia estilística de *Los animales sagrados* de cualesquiera otras que se encuentran, ciertamente, fuera de su ámbito, o que están por debajo de su singular eficacia. Una mirada sincrónica acabaría subrayando, por su parte, el encuentro –tonal, atmosférico– de ese libro con una novela estrictamente coetánea: *Pasión de Urbino*, de Lisandro Otero. Se nota que ambas perviven en las sombras de la memoria literaria, y que lo hacen con la tranquilidad distintiva de esos escritores que, por así decir, pagan al contado.

Lo que nos sobrecoge de *Los animales sagrados* es ese rumor (una suerte de pátina auditiva) que recorre la obra y que forma parte de su esencia misma. Es un murmullo articulado desde una estructura que se levanta sobre el lenguaje mismo, la lengua que Arenal forja como si nada estuviera sucediendo y como si el ejercicio de materializarla no viniera a ser un esfuerzo. Sosegado, dueño de una serenidad casi escéptica, Arenal urde una situación sencilla –el triángulo amoroso– y empieza a referirnos sus orígenes, a dibujar sus envolvencias e implicaciones, a caracterizar sus integrantes y desplazarlos por un mundo próximo a la saturación.

La pertinacia de la historia de Alberto, Sara (su mujer) y Susana (su amante) se debe a dos circunstancias contiguas: el interés de caracterizar tres personajes en crisis intercambiando, a gran velocidad, un conjunto de estímulos distintos (allí se suscita cierta evaluación de la intersubjetividad: en primer plano, la estimulación sexual; en segundo plano, la estimulación del yo mediante la agresión del otro) y la necesidad de relatar ese comercio sicosomático por medio de una enunciación económica, de notable impregnación cotidiana. Como sucede en los textos que poseen una visualidad fuerte –y *Los animales sagrados* es uno de ellos–, la constitución de la subjetividad de los personajes que intervienen en la trama equivale a la producción y control de las relaciones entre dichos sujetos, apoyadas en (y determinadas por) las cuerdas que se tensan entre las voces de la narración y el lector (que también es un espectador).

Lo que acabo de decir merece explicaciones que, a la larga, podrían ser capaces de reactualizar la recepción de *Los animales sagrados*. Una especie de minimalismo de envidiable precisión se halla en la base misma de la historia, que se desembaraza de detalles a causa del mismo espesor de los dilemas donde va asentándose. Sin embargo, cualquier lector medio diría que el desenvolvimiento de la historia, observable en los brotes y rebrotes consecutivos que la teoría narratológica marca como enunciación y discurso, es detallístico y moroso, una paradoja en última instancia soluble, pero sólo cuando nos percatamos de que los detalles están clarificados como elementos de gran pertinencia estética –configurativa o dramática–, aun tratándose de detalles *escogidos* en una mirada cinematográfica, ejercitada en la composición. Me refiero a detalles que entran en el cuadro para cumplir una función restitutiva del tejido novelesco.

La otra explicación necesaria tiene que ver con el estilo lingüístico que Arenal escoge para su historia, como quien prefiere y opta por *un tono específico* (y de eso también se trata). Supongamos que él, hombre del teatro y de la edificación (escenificación, negociación) paulatina de caracteres, se da cuenta de que su argumento prospera en la intimidad, las medias palabras, el cansancio de lo reiterativo, la domesticidad abocada al silencio y las luces bajas, la incomunicabilidad de la experiencia salvadora. Supongamos que todo esto facilita en Arenal la propensión a la búsqueda de un tono *menor*, alejado del *epos* revolucionario y de las sagas sociologizantes. ¿No sería capaz, pues, de construir una voz engañosamente parca, en apariencia pobre, llena de acentos y locuciones que evaden la posibilidad de cualquier riqueza discursiva en provecho (esa evasión o renuncia *calculada*) de lo que va sucediendo, inexorablemente, en la vida del muy medular Alberto, hombre descensional si los hay?

Alguien podría señalar que la prosa de Arenal se resiste de continuo a modificaciones de color y tesitura, y que, por esa razón, es relativamente sencillo identificarla, en tanto prolongación natural –y en medio de los realismos usuales entre nosotros–, dentro del discurso de sus otras novelas, como si la lengua de *Los animales sagrados* no fuera una elección *ad hoc*, sino una piedra angular de la poética del autor en tanto sistema global. Lo cual es cierto también.

He mencionado el descenso de Alberto, acurrucado entre dos mujeres con las que suele tener un sexo directo, enérgico y sin muchas palabras. Dos mujeres dispares que, en ese vaivén, lo obligan a adentrarse en su laberinto personal. Una de ellas, Susana, exhibe un pasado más o menos turbio, y esa vaguedad inclemente es el espacio de un internado de niñas gobernado por monjas crueles y estúpidas. Allí, un día terrible, una niña semiparalítica intenta besar a Susana, y este hecho, que surge de súbito en el presente de ella con Alberto (el suceso *alumbra* aquí zonas de Susana que apenas vemos, pero que Alberto presiente como esos paisajes que surgen tras la niebla), impulsa a éste a realizar una breve pero enjundiosa investigación cuyo centro se encuentra en una excondiscípula de Susana, una mujer solitaria y de raras maneras –parecida a una de esas *butches* modernas, pero sin el aura de la autoconciencia–, con quien Alberto también tiene sexo.

En el episodio al que hago alusión, sabemos lo suficiente sobre esa dama radicada al margen de las costumbres *habituales* y que cultiva, silenciosa y taciturnamente, una existencia ignota (su envolvente bisexualidad *fascina* a Alberto). Los momentos del encuentro y del diálogo, casi recortados sobre el canon del cine negro de los años cincuenta, y asimismo las muy escasas zonas de luz vinculadas al extraño y tórrido *intercourse*, están fabricados con habilidad deslumbrante, con una sencillez que nos anonada.

Después de esa prueba, que en lo concerniente a Alberto significa seguir descendiendo en lo profundo de lo real al encuentro con su yo más íntimo, estamos listos para irnos con él, un amigo y el chofer que prepara el siguiente encuentro –el chofer es un alcahuete repulsivo, un increíble arreglador de citas–, a casa de Carmen y Rosa, dos jóvenes pobres, ávidas de abrirse camino en el mundo del espectáculo. Engañadas penosamente por los tres hombres, Rosa les hace una demostración de sus habilidades como bailadora –un acto durante el cual sentimos una especie de vergüenza compasiva– y se marchan hacia un cabaret de mala muerte. Durante el trayecto, en el asiento trasero, Alberto y Rosa se erotizan mutuamente con una violencia casi procaz. Delante, junto al chofer *voyeur*, están el silencioso amigo de Alberto y Carmen, que a ratos mira hacia atrás hipnotizada por lo que alcanza a ver. Carmen tiene un defecto: es coja. Ya en el cabaret, y bajo los efectos del alcohol, Alberto intenta animar a Carmen y la obliga a bailar. Ella quiere irse a casa. Se caen. Rosa lo abofetea y termina insultándolo. Entre gritos lo llama cabrón.

Las secuencias anteriores reproducen una especie de maldad inevitable y vertiginosa. Se hallan entre las más tremendas de la narrativa cubana contemporánea y poseen el encanto de lo grotesco. Pero están graficadas con una sobriedad distante, casi amable. Alberto termina de caer y, hacia el desenlace, tiene una pelea en la que pierde y sangra. Lo demás (las dos secuencias finales) es el regreso al espejo, al rostro del desconocido/conocido. En el fondo de sí mismo el personaje hace un alto, con alivio. Vomita. Siente bienestar, alegría.

Agréguese, a todo lo anterior, tres visitas al fichero de la zoología. Tres incursiones simbólicas en la vida y costumbres de tres animales sagrados, totémicos: la gaviota, el gato y el tiburón. Arenal dosifica, en ese orden, nuestro acceso a esos emblemas de la conducta humana. Nos reta a descifrarlos desde la condición que cada uno de ellos incorpora, para que regresemos al entramado feroz de la historia registrada en su novela, que, de haber sido escrita hoy, nos habría parecido, a partes iguales, tan cínica como sincera, tan turbadora como natural.

La severidad de los espejos

Adire y el tiempo roto, de Manuel Granados, se publicó en la colección Premio Casa de las Américas en 1967. Gracias al voto de José Lezama Lima obtuvo ese año un accésit del concurso por la ruda belleza de su narración, por el tratamiento de su tema y por las ingenuidades de una prosa sin fragua, pero singularmente maleable. Morosa, sin apurar nada, la obra cuenta la historia tremenda del joven negro Julián desde inicios de los años cincuenta hasta la llamada Lucha contra Bandidos, uno de los asuntos centrales de la prosa de ficción en Cuba durante el segundo lustro de la década de los sesenta.

Conocí a Granados en el aeropuerto «José Martí» de La Habana, poco después de que cumpliera sesenta años; íbamos a Holguín, a un encuentro nacional de talleres literarios, y Salvador Redonet nos presentó. No nos vimos más hasta el siguiente día, cuando Redonet, Rolando Sánchez Mejías y yo desayunábamos junto a la piscina del hotel Pernik, masticando sándwiches, bebiendo café con leche y hablando de Maurice Blanchot, Beckett –su relevante ensayo sobre Proust– y Borges, que Mejías llama sus tres B. Granados se presentó bien cubierto en el desayuno (hacía algo de frío); se había enfundado en un salto de cama de felpa; dio los buenos días, se desembarazó de la pieza, quedándose en una exigua trusa, y empezó a correr alrededor de la piscina hasta que, a la tercera o cuarta vuelta, se lanzó al agua de cabeza. Nadó unos metros y, luego de emerger, se acercó a nosotros chorreando agua y secándose el pelo. Nos miró y preguntó: «¿Qué tal me veo?»

El Julián de *Adire y el tiempo roto* tiene que ver, en cierta medida, con la personalidad de Granados. Aunque de este enunciado no podría inferirse, sin riesgo de mistificación, que el personaje es un complejo signo de la persona, cabe decir que el trasfondo presumible de aquella risueña pregunta, «¿qué tal me veo?», se encuentra en la raíz misma de la visión del mundo del protagonista, ese negro extraño cuya vida es, de algún modo, la historia adulta de su cuerpo, los vínculos de su soma con la realidad circundante, la tensión que establecen las formas, olores y texturas de su yo más externo cuando se articulan con las expectativas del *otro* y aceptan el intercambio *vibratorio* como vehículo para el conocimiento de lo real.

La autorreferencialidad de la narración es, acaso, uno de sus ejes, o tal vez la viga central de sus estrategias discursivas, la mayor parte de las cuales se aplican, si pensamos en la inocultable regencia del cuerpo de Julián, a la dilucidación de un problema de identidad racial, identidad personal e identidad cultural. Comprendo que estas tres identidades no son sino partes o aristas de un objeto indivisible –hecho de conceptos, saberes, sentimientos y palabras interconectados alrededor de la unidad del yo–, pero no podríamos menos que esquematizar momentáneamente el asunto para, si es posible, explicarlo con mayor coherencia. En definitiva *Adire...* es la larga y accidentada marcha de un hombre negro en busca de su destino, de su equilibrio entre los demás, sin que excluyamos esa avidez constante del personaje por los horizontes lejanos, los espacios desconocidos, las individualidades de aparición repentina.

La rara mezcla de refinamiento y vulgaridad en el estilo, asociaciones de sonoridad verdaderamente inusual, y el caracoleante sistema de ocultamientos, que revelan aquí y allá, paso a paso, un orbe interior mucho más rico que el que podemos ver a simple vista, hacen del texto un documento de excepción que hoy, a más de cuarenta años de su publicación, permanece en el olvido. Por otra parte, a menudo se tiene la sensación de que no existió una conciencia acabada en relación con la distancia, acaso necesaria en cualquier ejercicio literario de esta naturaleza, entre el escritor y sus fantasmas, para decirlo al modo de Ernesto Sábato (según Granados, cuando acudió ante Lezama a agradecerle aquel accésit, el autor de la muy reciente y conflictiva *Paradiso* le preguntó algo así: ¿*cómo puede ser tan buena una novela tan mal escrita?*).

Pero el olvido, la distancia, o la indiferencia de los años no son más que mitos forjados por la individualidad creadora, y activados por la crítica de un modo generalmente mezquino y casi siempre exhibicionista. Un escritor escribe para que lo lean quienes están en la obligación de hacerlo. La historia de Julián magnetizó con mucha fuerza los entramados creativos de la novela, e impregnó de una limpia pasión su escritura. De hecho, la técnica de su avance ha venido a descansar en un sorprendente, anómalo y también caprichoso vaivén: del diálogo directo, teatral, a la reflexión interior, silente, y de ésta a las intrusiones de un narrador dueño de todos los arcanos, metido en la médula de la áspera estimulación del mundo en la psiquis del personaje. La originalidad de esta fluencia, de esta *mimesis praxeos*, se funda, por cierto, en su movilismo casi rampante, que le permite al lector andar y desandar libremente por todos los niveles del relato.

El negro Julián parece un hombre atractivo si tomamos en consideración el tono y las contrastaciones de que se vale el autor para caracterizarlo. Su vida se divide en dos. En primer lugar, un existir de objeto a la deriva, leyendo libros que para los demás son simples misterios del tiempo perdido, y dejándose erotizar por las miradas de Elsa, joven blanca que sueña con su piel y su sexo, que lo provoca, que se sobresalta ante la inminencia de un encuentro terrible, vecino de lo mítico, tantalizada por un cuerpo exótico y posesivo, cualidades que, para un personaje como Miguel José, por ejemplo, resultan muy claras y muy prácticas, pues en él –piel blanca, languidez, cerebralidad del trato, tendencia eficaz al suicidio– Julián es un emblema de su realización sexual, propósito que por momentos se nos vela, pues en las primeras páginas del libro hay zonas de este vínculo que entran en la penumbra de lo indeterminable, lo confuso o lo ambiguo. Y, en segundo lugar, un existir que se construye frente a una meta: convertirse en un buen revolucionario al servicio de la lucha clandestina y subir a la Sierra Maestra para integrarse en uno de los frentes guerrilleros.

Pero es importante saber que esta segunda etapa de la vida de Julián no se reduce a esquematismos políticos ni a antinomias estériles que, en este caso, pertenecerían al territorio de la disputa ideológica. El punto de vista, el caballo de batalla de *Adire y el tiempo roto*, es la inquisición del cosmos interior con un fin: la recolocación activa (y contemplativa) del yo en el contexto inmediato. Toda acción, todo pensamiento, nace y termina allí, se crea desde allí y regresa allí. La contemplación y el examen son, en lo que a él concierne, un enterarse de la riqueza sensual del mundo, pero en términos de *qué puede y qué no puede alcanzar de ella*. Y para que se vea cuán extremado puede ser ese dilema vital, cuán enrevesado puede ser ese yo, citaré la siguiente declaración del personaje: *No me gustan las negras, nunca me han gustado, son bárbaras, como el ancestro, además no responden al sentido que tengo de la estética. No soy bárbaro... soy un cuerpo etíope con mentalidad aria. No soporto este país sensual, caliente desde la médula, anárquico, grosero y plebe, híbrido y con una historia hecha por criollos sin estirpe, gleba y negros libertos...*

Un cuerpo etíope con una mentalidad aria. Aunque quisiéramos creer en ese espécimen, aunque buscáramos el modo de hacernos a la idea que él alcanzaría a representar, no lo lograríamos. Es notoriamente difícil aceptar las evidencias fantasmas de un Julián ario, incluso a sabiendas de que la relación con su cuerpo posee tanto de amor como de odio, de aceptación regocijada como de rechazo insistente. Su primer cuerpo real, de mujer blanca –el cuerpo que lo lleva quizás a concebir un mundo propio fuera de las convenciones sociales, un mundo levantado tan sólo sobre los cimientos de la fruición dominante–, es el de Eleonora, la aristocrática mujer de un terrateniente de la zona. Pero ella muy pronto lo desprecia al experimentar una incómoda e intempestiva preñez, y a partir de aquí Julián se entrega mucho más a la lucha clandestina.

En el polo opuesto al que Eleonora ocupa, topamos con la primera gran misión del personaje: debe ajusticiar a Dominguín, un siniestro asesino pagado por el Servicio de Inteligencia Militar (SIM). Tiene éxito y, sin embargo, Julián jamás traiciona las interrogaciones más recónditas de su ser. En su mente, y en las experiencias que busca como corroboración de sus ideas y apetitos, encuentra testimonios de la curiosidad –extendida o no a los límites de la pasión– de la mujer blanca por el hombre negro, sin que por esto la novela corra el riesgo de defender, en primera instancia, una tesis negrista, de recomposición de un paradigma cultural en el que la condición periférica del negro, y, asimismo, la directriz centrífuga de su desempeño sexual en tanto convención, vendrían a constituirse en el pivote de prácticas amatorias, sentimentales y de comunión con la naturaleza marcadas por lo excepcional, por una especie de exquisitez de nuevo (¿o viejo?) tipo, una especie de raro placer cognoscitivo en las afueras de la vida social.

¿Quién es, en definitiva, este Julián, negro circunspecto, de fineza singular, que escruta casi con impiedad, por ejemplo, el fusilamiento de un negro batistiano –evaluando su valentía al morir y aceptando su inmensa culpabilidad–, y que más tarde seduce a Michele (o se deja seducir por ella), la periodista francesa que, luego de entregársele y comprender que él es todo un *sistema de placer*, anhela llevárselo fuera de la isla casi como un trofeo? ¿Quién es ese Julián que, con normalidad de *casus belli*, pierde la vida en uno de los tantos enfrentamientos a las bandas contrarrevolucionarias, durante la limpia del Escambray? Pues ni más ni menos que un personaje poderoso, construido como a machetazos, a golpes de martillo, con instrumentos fuertes que rebanan y dejan muy poco espacio al detalle, al pulimento final del orfebre. Julián: pieza de Rodin. Manuel Granados no fue ese tipo de artesano enamorado de la pincelada y el pormenor; *Adire y el tiempo roto* es texto de una enjundia y un brío hijos de lo raudo y lo expeditivo. Y estas razones, junto a otras, acaso aproximan el texto, en sus orígenes presumibles, a la cantata, al *epos* de cierta poesía.

Sobre la falta de curiosidad

La narrativa francesa contemporánea ha dado a la literatura mundial una estructura a primera vista aséptica, pero que en secreto gusta de los repliegues del sujeto y de las cosas en un mundo solazante, refocilador, dominado por la opacidad relativa de las superficies. Esa estructura, llamada en su día *nouveau roman*, pareció tener orígenes algo espectaculares, afincados en un formalismo que se extremó en observaciones no literarias (teorémicas: cómo hacer que un texto literario deviniera un objeto funcional), pero incrustadas en la literatura bajo la forma de la autorreflexión.

Ciertas ideas sobre la materia y el desenvolvimiento del *discurso* o la *enunciación*, en tanto instancias subsidiarias de la *historia*, revelaban la existencia de un sistema de recelos acerca del suceder, del transcurrir. Y así el discurso se saturó de detalles menores, de necesidades extrañas (como el recorrido por todas las variantes posibles de un acto *simple*, o de simpleza sospechosa), para que la historia llegara a adquirir una credibilidad ante lo real, o volviera a acreditarse en el campo de lo real gracias a algo perfectamente irreal: las palabras.

Pero la *nouveau roman* –o nueva novela– estaba genéticamente atada a una literatura como la de Franz Kafka, por ejemplo, y la dosis de experimentalismo que se reprueba en ella acaso podría ser un avatar aberrante, pero no injustificado, del autor de *El proceso*. Vistas por separado, las fábulas de Kafka buscan al sujeto en la modelación a que él somete lo real, lo inmediato, y de cierto modo lo inmediato se transforma en un espejo donde habría que buscar lo que el rostro no dice.

De ese plexo de nociones filosóficas y estéticas emanaría un tipo de narración capaz de constituir, sin desligarse del todo de la *nouveau roman*, un sistema de observación implacable de lo real, poniendo sus énfasis en el movedizo territorio de la identidad del sujeto en tanto ejercicio del lenguaje, pero desde el presupuesto de que la conducta y el entorno en que ella ejerce su influjo son dos caras de una misma moneda: el mundo. El discurso es ahora menos tenso, posee vericuetos que pertenecen al aspecto sicológico de la trama, no así al dibujo apriorístico de un mecanismo narrativo. Entre los narradores franceses que representaron esa tendencia nacida a partir del segundo lustro de la década del cincuenta, pero que se prolonga fundamentalmente en los años sesenta, setenta y ochenta, se hallan Marguerite Duras (*Moderato cantabile*), Natalie Sarraute (con algunas obras: *El planetario, Los frutos de oro*) y algunas novelas del Philippe Sollers posterior a *Tel Quel*.

A fines de 1968 se publicó en La Habana una novela *extraña* –ni de evocación del pasado, ni dada a los devaneos propios de la literatura fantástica, ni interesada en la referenciación de lo histórico-inmediato–, sobre el dilema de un cubano que ha vivido en París por nueve o diez años y que asiste, desde una lejanía muy europea, al triunfo de la Revolución. Me refiero a *El plano inclinado*, de Noel Navarro, que es en principio una narración breve acerca de la vida en condiciones de silencio rutinario, enajenación activa y contemplación desinteresada e indiferente. Nos asomamos a un hombre joven –Roberto– que trabaja para una misteriosa empresa (agencia, compañía) cuyo director le pide un informe con el propósito de leerlo en público durante una junta. Pero Roberto está en medio de una enorme crisis de percepción del universo (francés) que lo rodea, una crisis que modifica su comprensión de la realidad y que desarma los parámetros de acuerdo con los cuales ella *continúa o no siendo real*.

El plano inclinado posee ese grado de intimidad minuciosa deseable en cualquier narración que, como esta de Navarro, hunde sus raíces en lo que experimenta un sujeto cuando él mismo advierte la presencia de un auténtico misterio en sus reacciones ante los estímulos del mundo. No se trata de un hombre que desdeña, por ejemplo, los placeres sencillos y mundanos, sino de un hombre que, al darse a esos placeres, lo hace con una calidez fría, abrumada (sin desconsuelo ni eso que se llama *pasión de ánimo*) por la observación escrupulosa y por el examen constante (pero también falto de curiosidad) de su rostro ante el espejo.

Cuando me refiero al *grado de intimidad deseable*, quiero subrayar en él la existencia de una posición estética (y de poética narrativa) congruente con aquella derivación más «natural» o más «vital» (o más interesada en la vida *tal cual*, diríamos) de la *nouveau roman* francesa. Ignoro hasta dónde conoció Navarro, si es que los conoció, a los franceses perpetradores de esas historias que conforman la tipología a que hago alusión. Lo cierto es que *El plano inclinado* es una obra que aprovecha lo mejor de ella y que su autor elaboró una historia de voluptuosas indeterminaciones dentro y fuera de un personaje como Roberto, ese cubano de pocas palabras.

El centro mismo de su actitud, advertida incluso por quienes lo tratan poco, se halla en el suicidio de María, una mujer al servicio de esa reservada empresa, agencia o compañía. María le deja a Roberto –y no a los demás, que sí son franceses– una carta con ciertas confesiones. Esto ya es bastante irregular, pero las cosas se complican más cuando los días pasan y Roberto no decide aún abrir la carta. Y aunque los motivos que el personaje tiene son apenas definibles, sí podemos intuir que en él obra un *dejarse ir*, un *dejarse atravesar* por las fuerzas casuales y ciegas (o determinadas ya de antemano) de lo real, certeza ante la que no cabe desesperarse ni tener esos apegos inservibles en relación con el mundo conocido, pues *dejarse ir* (o *dejarse vivir*) significa *aceptar* el desenvolvimiento del mundo, un acto tras el cual no hay ni oposición ni deseos dolorosos. Tan sólo entendimiento de lo más simple e *intervención razonada en ese primer plano del mundo*, un darle curso a lo sencillo, a los actos de esa prostituta nombrada Marlene, por ejemplo, que lo acecha y lo sigue porque le interesa *como persona*, o porque adivina la posibilidad de realizar un intercambio que, más allá del sexo, se asienta fundamentalmente en las palabras de una experiencia humana útil para *preservar el yo junto al otro*, sin que al final haya que renunciar del todo al otro.

Navarro dibujó un personaje para quien es mejor no saber que saber. Se apoderó de la *absorción* de lo incierto que podemos sopesar en algunos estilos cruciales –el de Samuel Beckett es, por vecindad razonable, un buen referente–, encargados de definir lo real desde la perspectiva de su carácter inexorable –la súbita desnudez *ofrecida* de Olga, pongamos por caso– y desde la lógica de la irresolución total –Martha, una extraña pretendiente y amiga–, representada por un sujeto en suspenso.

Así, en ocasiones, *El plano inclinado* nos muestra páginas donde parece que lo banal va a invadir la narración, y sin embargo lo que sucede es que Navarro ha sido consciente, todo el tiempo, de la singularidad que posee el asunto *estético* de la desesperanza, un punto de vista desde el cual ese sentimiento tiende a la desdramatización para conformar un estado de quietud, de ausencia de efusiones, y ofrecer un examen del paisaje interior, de una zona del yo en la que todo placer se encuentra mediatizado por el pensamiento, por una cerebralidad casi desdeñosa de sí misma, como la mano de Roberto acariciando el pecho de Olga, o aceptando su ecuanimidad (la de él mismo) ante la visión de la pelvis de la amante cuando se ofrece con un deseo primordial, instintivo.

Los críticos han sentido la tentación de decir que la amplia trayectoria narrativa de Noel Navarro se caracterizó por grandes irregularidades, lo mismo en el nivel de facturación que en lo concerniente a los asuntos y las circunstancias dramáticas. Caso de que esto sea cierto (y probablemente lo es), hay un hecho que no admite dudas: con *El plano inclinado* dio Navarro, a fines de los años sesenta, una lección de control de las voces y los tonos narrativos. La obra explora, con sosegada e independiente audacia, esa potenciación de la velocidad cero a que puede llegar la existencia del hombre expectante, ese hombre que, mínimamente interesado en los destinos posibles de lo real, se halla, empero, a punto de decidir su vida.

El factor humano

Al colocarse lejos de las adscripciones temáticas (es decir, lejos de las recolocaciones que la escritura practica sobre sí misma en zonas de lo real muy bien estratificadas), y al proclamar, de modo persuasivo, su disposición al registro humano independientemente de la índole del cronotopo, los relatos de *Algo para la palidez y una ventana sobre el regreso*, de Gustavo Eguren, subrayan la idea de la literatura desde una perspectiva afincada en el yo más profundo del escritor y no en las ligaduras sociopolíticas que forman parte de una poética, o que la tonifican. Los textos, publicados en 1969 por la colección Contemporáneos de Ediciones Unión, poseen sin embargo una ordenación tendenciosa en cuanto a los asuntos. El libro empieza con un cuento *germánico*, muy europeo, acerca de la soledad y el horror de la guerra, y termina con la historia crucial de un hombre desde su alzamiento con los rebeldes en la Sierra Maestra hasta el fin de la llamada Crisis de Octubre.

La mejor prosa de Eguren está aquí, en este volumen, y acaso también —en términos de estructuración y ensamblaje— en su novela *La Robla*, texto hispánico y obrero dado a conocer unos años antes. Me refiero a una prosa reverenciable por varias razones: en primer lugar, su capacidad de circunvalar centrípetamente un dilema del sujeto hasta desbrozarlo sin que pierda, por ello, su misterio; en segundo lugar, la llana plasticidad de su hilado. Eguren consigue un estilo lo suficientemente neutro y proteico como para que el relato sea, al cabo, un espacio de indagación. Mucho importa lo que nos cuenta, pero su interés esencial se halla en la morosidad *curioseante* que asume desde el acto de contar. El factor humano decide cómo será el relieve de cada narración; cómo será, asimismo, su iluminación y su calado. Por muy rápido que sea el fluir de las acciones, siempre habrá fuera de ellas una mirada que busca pormenorizar su tejido y que sopesa sus efectos en el lector.

«Algo para olvidar», el primer texto del cuaderno, interroga con lentitud enérgica un dilema de la interlocución, del diálogo de dos sujetos distintos; Weber, sobreviviente de la guerra, espera la visita de Gerstein; aquél llama a éste su hijo porque lo acogió una vez, en circunstancias de pura violencia, y lo salvó del marasmo que produce la vecindad de la muerte. Para Weber se trata aún de un acontecimiento inolvidable, que ha marcado su existencia y la ha transformado. Salvarle la vida a alguien significa mucho para él, y casi todo su desenvolvimiento posterior ha girado en torno a ese hecho simple, casi desvanecido de la memoria. Gerstein llega a la ciudad y los dos hombres se ven durante una cena. El tiempo ha pasado y ambos se dan cuenta de que son dos extraños. Por unos instantes, en el pretérito remoto, la pasión de vivir y de sentir fue rescatada de la destrucción, pero ahora el hecho se torna olvidable, absurdamente pasajero, y ni Weber ni Gerstein tienen mucho que decirse.

Esta paradoja del *sentimiento razonado*, por así llamarla, es lo que atrae poderosamente a Eguren; diríamos que su pregunta es esta: ¿por qué para Gerstein aquella circunstancia es una memoria diluida en el tiempo? El relato es una gran interrogación posible dentro de la puesta en escena que ejecuta. Un recuerdo puede humillar a un hombre; puede, incluso, volver a sembrar el miedo dentro de él. Bajo un recuerdo así, la concepción del mundo experimenta una apasionada y radical modificación. Aunque, por otra parte, no es menos cierto que la vida se impone siempre como algo renovado, y entonces lo terrible, o lo mágico, o lo simplemente extraordinario se diluyen en lo común.

Lo que acabo de decir guarda cierta relación con la pesantez familiar (densa y enclaustradamente doméstica) de «La palidez y el hastío», una historia de sutilezas evidentes sobre las máscaras de Germán y Linda en el espectáculo de la decadencia de un vínculo amoroso. Ambos saben que todo ha terminado y que allí, en Colonia, durante la cena de aniversario, las palabras servirán tan sólo para encubrir con moderación ese hastío de sus relaciones al que alude el título del cuento, o para resbalar, retóricas y sin el necesario poder de convocatoria, sobre la pálida belleza (fría belleza) de Linda, cuya perspicacia se resuelve en una rebelión interior a la que Germán no quiere acceder aún (o de la que no quiere darse cuenta), concentrado como está en dulcificar su patetismo de hombre sin horizontes.

El humanismo pesquisidor de Gustavo Eguren se ceba, como es obvio, en sucesos absolutos como la muerte, el crimen o la violencia física. En su relato «Esa pequeña palabra, paz», el enunciado en torno a la apuesta por la vida es riguroso, pero no arruina el sistema de posposiciones de la singular lógica del texto. El hombre que, en medio de la guerra, apunta con su arma a su enemigo desapercibido, se enreda en una reflexión trascendental; la gravedad inminente de su acto, y la sencillez de gestos que al mismo tiempo lo precede, conforman un tupido núcleo de vacilaciones y discernimientos; el hombre decide no disparar y se vuelve contra los suyos para defender la vida del otro. Una vida simple, desconocida, pero tan inestimable como cualquier otra.

En *Algo para la palidez y una ventana sobre el regreso* llama la atención el desacato de su autor con respecto a la superstición de la unicidad estilística y compositiva, o sea, la correlación mínima que «debería» existir, de acuerdo con esa frágil (y a la vez corpulenta) superstición, entre personajes, ámbitos y temáticas juntados en un grupo de narraciones. Topamos, por ejemplo, con «Al borde del agua», un texto también sobre el factor humano, pero armado con materiales propios de la literatura erótica. Sin embargo, el elemento diferenciador –el que modula la perspectiva del cuento hasta avecinarla a la perspectiva general del libro– se encuentra en el ángulo de visión desde donde se narra, o desde donde la narración se personaliza hasta constituirse en la representación de una representación. Me refiero a la representación que se formula en la mente del personaje mientras lee el periódico en la playa, y mientras los amantes presumibles, radicados en el filo de la perversión del ojo y del ofrecimiento, discurren libres por el borde del agua.

Tenemos a un observador ignoto, un *voyeur* nada furtivo en quien la experiencia ajena se desarrolla como un juego que contrasta con el carácter presuntamente contemplativo de su yo; este sujeto que lee y observa va transformándose, frente a la severa disyunción de los otros, en una metáfora viva del hastío, o de esa displicencia (con un toque de amargor) que rotura la extraña sabiduría de quienes envidian con cordialidad la plenitud. Construido con puros hechos sensoriales, con descripciones de gestos y deseos, y situado en el límite de un ardor (bajo el control del estilo) que espectraliza al cuerpo gozoso, el cuento se halla siempre a punto de tocar una zona tensa en la que naufragaría, sin embargo, su eficacia discursiva, o su discreción.

El cierre del volumen, un remate donde los ideologemas se encuentran (por suerte) libres del apunte sociológico –porque tienen su origen en un asedio, como he dicho, moroso, presto a la captación del detalle–, se encuentra en «De regreso», narración larga, de limpia solvencia estructural. Es un texto de escrúpulos en lo que toca a la puntualidad de su diálogo con las condiciones de percepción que debieron de acogerlo, y en lo que se refiere a la expresión del ambiente cotidiano de los primeros años sesenta. Un texto que explica los efectos de la violencia revolucionaria en las conciencias de sus testigos y sus protagonistas, al dibujar con esmero un paisaje familiar lleno de regresiones al pretérito inmediato y que se sostiene en la caracterización de disímiles estados de ánimo. En pocas palabras: un texto que redefine el intercambio del sujeto con la historia y que tiende a despolarizar las actitudes humanas hasta conseguir empalmarlas dentro de un tejido donde el transcurso de lo real llega a sublimarse por medio de las palabras dichas y, sobre todo, las que permanecen en el silencio.

En la nota de contracubierta de *Algo para la palidez y una ventana sobre el regreso*, Eliseo Diego aseguró, pensando en algunos relatos de este libro, que «escribir bien es una forma esencial de la delicadeza». Tenía razón.

IV.

Escenarios novelescos del Gran Gesto: la escritura y el desafío de la Modernidad (ciertas verbalizaciones radicales)

Un triunvirato inexorable

Casi en mitad de la década del sesenta aparecieron tres *interventores* poderosísimos, tres textos novelescos de primera magnitud. La sombra colosal que han arrojado desde entonces es importante no sólo para comprender el desarrollo de la narrativa cubana en (y desde) aquellos años, sino también para calibrar los puntos de mira y el rendimiento del español como lengua literaria en tierras del Nuevo Mundo, si es posible aún usar una metáfora perteneciente al umbral de la Modernidad. Dichos textos ejercieron y ejercen una magistratura a tres voces –la crítica en torno a ellos es gigantesca, inevitable y resulta muy difícil añadir alguna novedad a las interpretaciones más convincentes– y llegan a conformar un triunvirato cuyo poder, aunque no es absoluto, descansa en la huidiza pero legítima noción de *obra maestra*.

Alejo Carpentier dio a conocer *El Siglo de las Luces* en 1962. Cuatro años después, en 1966, apareció *Paradiso*, de José Lezama Lima, y en 1967 Guillermo Cabrera Infante, el flamante ganador (en 1964) del premio Biblioteca Breve de Seix Barral, publicó *Tres tristes tigres*. Es decir, de repente se reunieron tres textos de notable disparidad y extraordinario vigor aglutinante –en cuanto a poética, ejecución estilística y perspectiva estética– en un segmento histórico transitivo, donde estaban formándose ciertas ideas acerca de lo literario de acuerdo con la índole de una nueva realidad.

Si era posible, en el espacio mismo de la libertad como utopía realizable, una especie de *democracia* de las formas en cuanto al asunto de la escritura literaria, esa democracia ya no lo era tanto (o empezaría a no serlo tanto) en relación con los fundamentos de la acreditación sociocultural –y, en última instancia, política– de los textos, en un orbe recién inaugurado y que estaba necesitando (y ahora me pongo en el sitio de los que proyectaban la política cultural cubana de entonces) no obras totales, encumbradas en una suerte de *aristocracia* de determinadas figuras del espíritu, sino que fueran capaces de sostener un diálogo directo, abierto, entre interlocutores situados en niveles distintos de un concierto social *amenazado*. Me refiero a un tipo de interlocución de la política con la cultura, de las instituciones y sus realidades con la ficción, del arte con la idea de la Revolución y sus discrepantes, y de ciertas metáforas –las que la Revolución quería movilizar y poner en juego– con sus correlatos posibles en el mundo de la narración *al servicio de*, aunque ese último espécimen o tipología no se sostuviera mucho tiempo ni como pretensión ni como programa, salvo en las cabezas y la praxis inmediata de algunos escritores y funcionarios.

No estoy queriendo decir, amparado por una lógica perversa, que *El Siglo de las Luces*, *Paradiso* y *Tres tristes tigres* fueron novelas mal recibidas en términos sociopolíticos. En el caso de Cabrera Infante, que se radicó pronto en Europa, probablemente sí. Ahora bien, lo que sí es *deducible* es que la de Carpentier y la de Lezama Lima no se avenían del todo bien con lo que hacían los llamados nuevos narradores de la Revolución. Pero de cualquier manera, sin embargo, *estaban ahí*, como monumentos de frente a los lectores y los críticos, o al revés: los lectores y los críticos (y en especial los narradores) de frente a realidades textuales inapelables y retadoras.

Carpentier ingresó pronto en el servicio diplomático cubano como consejero cultural en Francia y continuó haciendo una obra *desmarcada*, muy suya, que nacía en la *poiesis* de la historia y en sus concepciones sobre el realismo maravilloso. Una obra, por cierto, cuya brillantez constante se atenuó justo cuando quiso articularse con la testificación de realidades demasiado inmediatas y estéticamente harto ajenas. De Lezama Lima puede decirse que fue asediado por elogios crecientes y por críticas de sustentación esencialmente política, y que poco a poco entró en una sombra activa, como un adivino anacoreta que se retira al fondo de una caverna después de regalarle al mundo un objeto resistente, bello y de perduración *mandálica*. ¿Cómo pudo haber sido la lectura de esas tres novelas, esas pilastras de la modernidad literaria cubana en aquellos años de oscilación ideoestética, formación de gustos y liquidación de obsesiones? Lo sabemos mediatizadamente, o no lo sabemos bien.

Carpentier habló, con una independencia arrolladora, sobre el tema de las revoluciones sociales al anclarse en el pretérito. Hizo, a su manera, la historia de una revolución, sus mutaciones, su renovación de fases. Fabricó, sin adulterar su referente, una tipología. Y lo colocó todo en un libro mágico que posee hoy las marcas de un proceso al parecer regular, especialmente cuando, sin perder de vista el trasfondo, entramos en las vidas de tres personajes cuyas identidades la revolución alcanza a modificar en un doloroso proceso de aprendizaje. *El Siglo de las Luces* es eso, más el recorrido autotélico de una lengua de serenidad apolínea, pero envuelta en secretos arrebatos dionisíacos.

Lezama Lima puso su sistema poético del mundo al servicio de la novela como género. Desde luego, el resultado no llegó nunca a pactar con las estructuras asentadas por la tradición en lo referido al arte novelístico, pero alcanzó a constituirse en la edificación de un laberinto narrativo que sí vibra en la cuerda de las llamadas novelas de aprendizaje. *Paradiso* es un libro acerca de dos familias, un contexto histórico y una identidad deslumbrada por los asedios presentes en el camino del autoconocimiento, pero también es, tras el *zoom* de cualquier lector competente, la visitación de las tentaciones, el infierno de las experiencias posibles e imposibles del sujeto en tanto *cuerpo sexual*, y el regocijo inusitado del individuo ante las texturas, los sabores, los sonidos y los colores de un mundo que se presenta como superficie, evocación recuperativa y espacio-tiempo interior. En relación con la gozosa (y pertinaz) cartografía del lenguaje y la estructura de *El Siglo de las Luces*, la lengua de *Paradiso* nos remite a un barroco moderno en el que se ha insistido demasiado. Pensemos, con intenciones analogizantes, en el barroco posmoderno (o neobarroco) de quien se considera un sucesor y un discípulo de Lezama Lima: Severo Sarduy.

Guillermo Cabrera Infante anticipó, de cierta manera, la técnica del *zapping* al mostrarnos, con otro tipo de goce –un goce descolocador, irónico y paródico–, una Habana crepuscular, antes de la caída del sol, y que luego entra en una noche exhibicionista y también barroca, cuyas imágenes reverencian y ponen de manifiesto el sentido de espectáculo que posee la vida misma. Su jubilosa puesta en escena del mundo habanero de los años cincuenta –erotismo, música, alcohol y, sobre todas las cosas, el rastreo del yo en los muy diversos espejos que son *los otros*– evidenciaba ya un agudísimo sentido de lo que es advertir, en el fenómeno de la cotidianidad, una red grande de personajes y voces cruzados, amalgamados, y por eso *Tres tristes tigres* es un incomparable artefacto vocálico *per se*, un trasiego de historias e identidades que rinden homenaje a un mundo transcurrido, entonces en trance de desaparición. Un mundo cuya observación no se halla traspasada por la gravedad ni la circunspección características de muchos relatos ambientados en los últimos años de lo que hoy se conoce como la República. Un mundo que necesitaba, de acuerdo con lo que es *Tres tristes tigres*, una solvencia estilística a tono con la ductilidad y la laminación presentes en el desenvolvimiento de lo real, según la veloz hiperplasia narrativa de Cabrera Infante y su manera de ver el juego lingüístico como reflejo del juego general de la ficción.

Tres novelas-monstruos (la monstruosidad que nace en el conceptismo cervantino y calderoniano), tres textos opuestos y, sin embargo, conformadores de una unidad. ¿Por qué? Porque con los tres, o más bien con la correlación de fuerzas que los tres despliegan al tensar sus nexos posibles, cristaliza un proyecto de modernidad artística dentro de un género. Un proyecto que, bien vistas las cosas, había nacido con los vanguardismos históricos.

Más allá de las palabras

En las páginas finales de *Memorias del subdesarrollo* (1965), uno de los pocos textos cubanos contemporáneos que elaboran, en cuanto al estilo, cierta cerrazón de lo exhausto por medio de un raro *no saber qué decir* y cierto *escepticismo* retórico –aunque, en este último caso, la prevención y el recelo son, más bien, una materia tupida y suficiente–, leemos algunas declaraciones angustiosas acerca de los límites representacionales de la escritura y su condición mediadora entre lo que le sucede al sujeto y la realidad misma de ese suceder. Edmundo Desnoes, tan cerca del personaje hablante (su sujeto) como podría estarlo una verbalización confesional de quien la urde y propaga, detiene la historia allí donde el escurridizo espectador de la realidad cubana –una mente casi paralizada a causa de la curiosidad, el asombro y el desasosiego ante el destino incierto– se da cuenta de que las palabras no bastan y ni siquiera resultan confiables.

La verbalización confesional alcanza a poseer, a despecho de la brevedad del texto, un costado irónico y burlón cuyo asunto es ese hablador monologante y perezoso que desconfía de sus propias tasaciones. Asiste, como un practicante de algo que va más allá de la «filosofía de la vida», a la violencia de los cambios traídos por la Revolución, y, lleno de una inteligente desconcierto, de una lucidez estructurada en círculos de los cuales no puede (ni quiere) escapar, se dedica a recopilar, desde dentro de su vida actual y su pretérito, los índices de una especie de subdesarrollo espiritual en tanto correlato mediato del subdesarrollo económico. Convertido en sistema, en *modus operandi*, su método analítico se diría que comulga inconscientemente con algunos preceptos del denominado «materialismo histórico», toda vez que busca y halla una relación indisputable, por muy tortuosa que sea, entre la conducta de los individuos y el devenir inmediato, entre el hablar cotidiano y la transformación de la sociedad, entre el color de la urbe y la vibración *distinta* de sus gentes.

Si no fuera porque Desnoes escribe afianzado en el tránsito espinoso y desgarrador de la historia por la intimidad visceral del sujeto, cabría decir que su prosa, al menos en esta narración enamorada de las postrimerías del yo, mantiene más de un vínculo con las formas del Beckett de *Malone muere*. Desde luego, no se trata de empatías en sentido directo, pues Beckett nos hace ir al fin de la vida dentro de la corrupción metastásica de la vida misma, su prolongación abstrusa hasta la aterradora comicidad del cuerpo que declina. Esas empatías son las del ansia de recuperar la impiedad como instrumento de búsqueda de la identidad. La impiedad y el desacato (inobservancia de las convenciones que describen al sujeto de equilibrio en equilibrio) como maneras de huir de la ilusión.

Memorias del subdesarrollo es la radiografía de la añoranza de un refinamiento complejo en cuya base está la edificación, también compleja, de un mundo alejado de las fealdades, vicios, costumbres y atractivos del trópico, emblematizados por una fórmula tremenda en la que se incluyen los frijoles negros, los bohíos y algo realmente inefable: la *sabrosura*. El personaje, un escritor que ejerce el periodismo, queda recortado sobre el territorio difuso de una clase media que siente a Europa en el corazón pero que lleva en el intelecto a la cómoda (en principio por cercana) Norteamérica. Se trata de un hombre hiperconsciente, con dosis de perspicacia tales que le permiten acceder a una dolorosa (pero no tanto: ¿no hay en el descreimiento cierto tipo de valentía?) intuición de lo que le rodea y, sobre todo, de sí mismo, al par que experimenta, como quien somatiza su contacto inmediato con el mundo, el paulatino e irreversible alejamiento de su personalidad y su hábitat con respecto al fenómeno de la Revolución. Desnoes fabrica con extraordinaria destreza la voz interior de este hombre contemplativo, al partir de una premisa invalorable con la que podemos aquilatar su carácter: una honestidad *casi* cínica.

Por el camino de la honestidad se puede llegar al cinismo, mientras que por el de las bondades de la devoción y la querencia se puede acceder a la hipocresía. Contra esto se defienden Desnoes y su personaje, creo, y lo hacen, para mayor rotundidad del relato, por medio de un *alter* que pasa de ser Eddy (el novelista Eddy) a ser Edmundo Desnoes en persona. La voz narrativa se revierte en voz autoral, pero dentro de un flexible sistema de cataduras, ordenamientos, revelaciones y desahogos. Es el hombre a quien, para decirlo con una gráfica expresión de nuestros días, le serruchan el piso y de inmediato se ofrece, mal que bien, a la reminiscencia (siempre vigilante de cualquier sensiblería) de aquellas personas y cosas en virtud de las cuales conciliaba antes su siesta.

El personaje lee una novela del tal Eddy, un libro que, de acuerdo con sus referencias, bien podría ser *No hay problema*. Es muy crítico con Eddy, busca sus defectos; sabe perfectamente que ante ese espejo suyo –ese escritor-meta que no es sino un juego de la ficción, o un recurso de distanciamiento– siente el repudio y la admiración, la envidia y la perplejidad. Eddy, la literatura cubana, los novelistas cubanos, los propósitos y despropósitos de la escritura, hacen de *Memorias del subdesarrollo*, por momentos, un ensayo ficcional sobre la mente del intelectual burgués en un momento crucial de la historia del mundo, cuando, a la hora de la Revolución cubana, empezaba la última etapa de la Modernidad en el arte y el pensamiento cultural, y nuevos proyectos sociales, adscritos con mayor o menor energía al derrotero del utopismo, se abrían un camino en última instancia contrario al del capital y el neocolonialismo.

El *no saber qué decir* del narrador constituye una especie de parálisis creativa de donde brotan palabras cada vez más restringidas, cada vez más sometidas al filtro de lo necesario, de la *pertinencia* en su relación con los criterios de su emisor en el acto de autodesnudamiento del yo. El asombro escéptico beckettiano es aquí un gran gesto sin los símbolos de la ruina corporal, como he dicho antes, y sin la necesidad de compendiar la historia oscura del hombre contemporáneo por medio de analogías del sufrimiento. En el foco del dilema se halla un periodista habanero, autor de varios cuentos defectuosos, y que ha sido abandonado por su mujer. Un cubano mirón que no puede, sin embargo, desprenderse de las palabras ni de su aburrimiento esencial, en medio de una gran irresolución que compromete su destino inmediato. Debe asirse al examen del entorno; se entretiene en la búsqueda ociosa de Laura, su mujer, detrás de la estudiada frivolidad de los objetos que le pertenecieron (la obscenidad fálica de sus creyones de labios, por ejemplo), y pasa los días tejiendo un discurso alternativo y autoerotizante acerca de la doméstica Noemí, respetando siempre un principio básico de su existencia: el no compromiso, el no buscarse líos.

Desnoes armó una prosa apta para los escrutinios vehementes y las disensiones abrillantadas por el escepticismo. Una prosa trabada por lexicalizaciones oportunas y cubanismos capaces de concentrar la eficacia de ciertos momentos de la escritura, en la cual –y esto es muy importante– el discurso se separa con ímpetu de la mera corrección y del lado tonto (los primores, las lindezas) de lo literario. Desnoes llevó su estilo hacia un lugar desde donde podía hurgar en la intrahistoria, *sin testificaciones periodísticas*, como sucede en los episodios dedicados a la seducción y conquista de Elena, cuya «deshonra» en el pretérito de la narración es, para el Desnoes del presente autoral, un indicador casero, familiar, del subdesarrollo, obsesión esta que deviene hipótesis de trabajo y que, de acuerdo con la poética del texto, se coloca en el centro de su estudio moral, en cuyos párrafos finales leemos: «Yo era culpable de mi educación». Una educación que se suma, en tanto origen o circunstancia, a una perspectiva de entendimiento que empieza a bordear el espacio del sujeto alienado y que lo excluye, empero, de una conducta antiheroica para resaltar la querella (perentoriamente humana, qué duda cabe) por conocer el sitio que debería ocupar el sujeto en momentos de excepción.

Yo he visto demasiado para ser inocente. Ellos tienen demasiada oscuridad en la cabeza para ser culpables, declara el narrador. El *ellos* es una demarcación casi ontológica. Define a los demás, a todos los otros, pero también especifica y señala a los hacedores y simpatizantes de la Revolución. He aquí una objetividad de índole casi suicida, que inscribe al personaje en un reducto por completo inestable y en una ciudad –lugar tangible, jaula que se abre y se cierra, organismo lateralizado y atmosférico– monstruosa, personalizada entre grises cromáticos, amarillos y blancos. Una ciudad que, en lo más hondo del narrador, él necesita atraer a un significativo dualismo: la realidad de esos grises, blancos y amarillos contra el espejismo deseable que, luego de Playa Girón y la Crisis de Octubre, nace en un cuadro de Portocarrero aludido al final del texto.

De la entomología como ciencia oculta

Hace poco más de diez años, cuando resolví escribir los ensayos de *Ezequiel Vieta y el bosque cifrado* –título que en su segunda parte alude a *The Sacred Wood*, un libro de T. S. Eliot–, tropecé con el pequeño cuadro que René Portocarrero decidió pintar luego de leer *Vivir en Candonga,* la novela de Vieta premiada en 1965, en la primera edición del concurso de la UNEAC. Para la portada de la obra Portocarrero había elaborado una mariposa bastante preliminar –la que figura hoy al frente de aquella edición– y con cuya factura no estaba conforme. Entonces hizo aquel cuadrito revelador que casi nadie ha visto y que yo solía mirar con Vieta en la soledad de su estudio, mientras conversábamos.

Vivir en Candonga es una novela ambigua sobre un entomólogo que busca una extraña mariposa en circunstancias de guerra. Tropas rebeldes y tropas batistianas están enfrentándose en las inmediaciones de Candonga, o en el pueblo mismo, pero el profesor Waldo Utiello continúa la búsqueda de su *Stella Aequalis*, un espécimen de belleza algo siniestra —tiene la forma de una estrella y los colores salvajes de un insecto agresivo— y con poderes que, gracias a la magia de la literatura, se relacionan con la poesía, la anunciación mágica del destino y el uso cotidiano de los símbolos. El profesor encuentra la mariposa bajo el pañuelo de un jefe rebelde, y después dialoga significativamente con Fidel Castro acerca del seductor y misterioso lepidóptero. Pero al final Utiello muere bajo las bombas y no hay nada que hacer.

Resulta fácil aceptar que el eje *visual* y *fonocéntrico* de una estructura como la de *Vivir en Candonga* se encuentra en esa mariposa angelical y demoníaca. Recuerdo perfectamente que Portocarrero hizo descansar la perspectiva de su creación en los valores del negro y el rojo, y que añadió zonas dibujadas a tinta. Se había dado cuenta de que la *Stella Aequalis* se hallaba, para Vieta, en un territorio suspensivo, entre lo bello y lo horrendo, oposición clásica (un símbolo aglutinante) que en la novela se constituye en una equivalencia posible de la *utopía* del profesor y la *utopía* de los rebeldes, unificadas ambas dentro de un punto de vista muy controvertido y cuya proyección es la de una *ambigüedad* política que en aquel momento, 1966, debió de ejercer un efecto de primer orden.

Como novela política o filosófica, la tesis que encierra *Vivir en Candonga* se resume en esa posición doble donde las razones del arte y la ciencia son tan valiosas como las razones de la historia y la de los *megasujetos* en crisis. Utiello estandariza una conducta reservada a la plenitud del yo, mientras que los rebeldes representan algo así como un yo de sustantividad plural. Hay un plexo estético donde la escritura se hace artefacto, y esto ocurre cuando nos damos cuenta de que la mariposa *Stella Aequalis* es una «Estrella de la Igualdad», nombre de la utopía del profesor y enunciación posible de la utopía revolucionaria.

El texto, sin embargo, es un documento objetivista y manipulador. Está escrito con una voluntad de escrutinio en la que hay numerosas anticipaciones y regresiones, tantas que, a veces, tenemos la impresión de que se trata del informe novelado de un problema: el caso Utiello. Asimismo, es casi imposible hallar momentos de tensión subjetiva en relación con el suceder o la conducta del entomólogo; hay tan sólo hechos tercos, ensamblados en forma de ecuación para matemáticos del alma al servicio de la historia social. Y en cuanto a la manipulación detectable en la escritura: toda emoción estética proviene de una inducción, de un ajuste previo con el que se anhela causar un efecto. Vieta desea formular una interrogación crucial: *cómo conciliar, caso de que sea posible, la búsqueda de la plenitud del individuo con la búsqueda de la plenitud del organismo social.*

Nunca ha dejado de parecerme equívoca la necesidad artística y filosófica que Vieta intentó solucionar (yo creo que él tuvo esa necesidad) por medio de un texto como *Vivir en Candonga*: dotar a la época inicial de la Revolución de un artilugio o artificio mitopoético –una novela-ensayo– desde donde el proceso mismo de la Revolución alcanzara a constituirse en una fluencia autorreflexiva en su vínculo ineludible con la cultura. Si *Vivir en Candonga* es ese artilugio, esa arquitectura desiderativa en torno a la construcción del sujeto *como meta de la Revolución social*, entonces Utiello es una figura imperiosa (por inexcusable) y claramente indeterminante, pues el texto novelesco existe para funcionar allí como pregunta y no para emitir juicios de valor o respuestas cerradas.

Es un verdadero acierto dramatúrgico el hecho de que la mariposa sea el propósito vital del profesor, y que también lo sea para los rebeldes *aunque ellos no lo sepan*. Uno percibe, por ejemplo, en el diálogo del entomólogo con Fidel Castro, cómo el tema de la *Stella Aequalis* tiende a seducir al guerrillero. Pero lo más significativo se encuentra en la capacidad oracular del insecto; algo ve Utiello en la mariposa, en su belleza aterradora. Lucía, su ayudante, le dice con sobresalto y asco que hay que deshacerse de ella. Y cuando la *Stella Aequalis* desaparece en medio de la destrucción, Lucía le asegura al profesor que *esa* no podía ser su mariposa. ¿Por qué?

Para Lucía, un espécimen con tales virtudes tenía que ser algo bello, sin esa fealdad numinosa. Utiello, sin embargo, quería ver en las alas de la *Stella Aequalis* la huella de la guerra. Estaba seguro de poder vislumbrar el destino, el futuro inmediato, abismándose en la contemplación de esa metáfora viva de la historia, la metáfora que Portocarrero pintó con trazos casi barrocos y colores primordiales y dionisíacos. Una imagen nodal y estereoscópica del mundo íntimo de Utiello y de la isla en tanto espacio para la modificación histórica.

Cuando aún no sabemos nada del éxito del entomólogo (puesto en duda por Lucía) en su búsqueda de la mariposa, éste ha invocado todo el tiempo a Cristóbal Colón y Humboldt, dos testigos posibles e irrefutables de la existencia de la *Stella Aequalis*. Y cuando la mariposa es un hecho palmario, Lucía insiste en asegurarle que lo encontrado por él no es el mítico espécimen, sino una criatura ominosa y nauseabunda.

¿Halló o no Utiello lo que buscaba? Aunque objetivista, como he dicho, el estilo de Vieta es difuso y paranoico. Hace resúmenes confiables y no confiables de lo que sucederá, y después expresa ese suceder mediante circunvoluciones entrecortadas. Se dirige a nuestra receptividad de lectores a punto de quedarnos con una historia de excepción, pero también apela, con dispositivos como la cita apócrifa y la testificación invisible, a nuestra capacidad de recelar de esa historia que, envuelta en situaciones absurdas y a veces grotescas, o graficada con la presencia de ciertas identidades que subrayan el *verosímil artístico*, elabora, al final, un juego perentorio y delicado acerca del destino del intelectual y el artista en medio de las revoluciones.

El cimarrón y la escritura reversible

La afirmación de que Miguel Barnet dio a conocer, con *Biografía de un cimarrón*, un libro único, es cierta y se funda en motivos que no le abren paso a la crítica fácilmente. Se ha hablado una y mil veces de ese carácter, y sabemos que él queda establecido a partir de consideraciones sobre la voz viva, propia, que se halla detrás de la escritura. Una voz real, sólidamente inevitable y que al cabo nos llega filtrada, cuando se aposenta en una estructura del verosímil lingüístico, del verosímil del relato en tanto sistema de sucesos, aplazamientos, anticipaciones y regresiones. Esteban Montejo es el hombre que *informa* (es quien *enuncia y revela*, pero también *quien da forma a las cosas*); es la voz que elucida a ese hombre (como sujeto antecesor) y, también, el artificio que germina de esa estructura cuando Barnet la pone a funcionar.

La crítica sobre *Biografía de un cimarrón*, constante y profusa, es hija tal vez de esa imposibilidad (la crítica como circunvolución, como *circumambulatio*) que tiene su origen en el éxtasis al que nos somete el libro con fuerza renovada. ¿De dónde proviene ese éxtasis, qué efecto causa en la reflexión? Acaso su fuente primaria se encuentra en la índole real, comprobable, de un acto de testificación que se aparta del documento escrito (de las palabras asentadas). La voz de Esteban Montejo no es, en puridad, un documento. Más bien tiende a él. Me refiero, en suma, al mismo éxtasis que brota de aquello en lo cual no es posible penetrar. O mejor dicho: un éxtasis que florece en un objeto en principio no fonocéntrico, o que al menos se presenta como un objeto que existe y pervive, incluso, *más allá de su inevitable fonocentralidad*.

La crítica literaria es un ejercicio que necesita de las palabras del otro en tanto texto. La voz de Esteban Montejo no es un texto. Ni siquiera es escritura. En cualquier caso es un sistema abierto (y extremadamente móvil) de recuerdos. La astucia agradecible de Barnet consistió en transformarlo en escritura *próxima* al texto, a la imposible fijación. Pero, sobre todo, en una escritura que no pierde de vista la no literariedad de Esteban Montejo, fenómeno este que pone en jaque a la crítica y, en especial, a la crítica interpretativa. ¿Qué se interpreta, qué vamos a interpretar allí, en *Biografía de un cimarrón*? Como no sea el calibre y el carácter celebratorio de una visión del mundo universalista y en armonía con los dominios centrales de lo real –el mundo de lo visible, el mundo de lo invisible–, en *Biografía de un cimarrón* no habría que interpretar nada.

La ilusión de excepcionalidad de la voz de Esteban Montejo, uno de los efectos cruciales del libro, admite un esclarecimiento quizás razonable. Montejo es un hombre hablando de lo remoto, explicando un tipo de vida que hoy ya no existe, y rememorando costumbres y hechos que forman parte de una intrahistoria por un lado sorprendentemente vecina de nuestro mundo, y por el otro totalmente ajena, sumida en el sepia convencional de las visiones que poco o nada tienen que ver con nuestra existencia. Ese hablar de Montejo va conformando un tejido cuyos referentes son él mismo y su experiencia transformada en memoria efable. Y como allí, en el hablar, el artificio no obra sino *a posteriori*, o sea, en la estructura a que se somete ese fluir –una oralidad que no es texto, ni siquiera escritura–, lo que permanece en nosotros, oyentes más que lectores, no es, pues, la representación, sino la voz misma hurgando aquí y allá, en el tiempo. La voz prístina, sin el artefacto del libro.

Michel Foucault ha aclarado muchísimas cosas sobre el origen del autor en tanto categoría (y construcción) indispensable de la modernidad, acompañado por el concepto de obra, que se espectraliza cada vez más. Nos induce a creer, desde sus consideraciones, que la academia instaura y fija una colaboración irrompible (y casi fuera de las diversas erosiones de la cultura, o *separada* de esas erosiones) entre autor y obra: el primer concepto se ve como *henchido* por el segundo y viceversa. A mediados de la década del sesenta –*Biografía de un cimarrón*, obra de sesgo etnológico, se publicó en 1966– era imposible que Barnet conociera estas reflexiones. De hecho empezaban tan sólo a nacer.

¿Cuánto de autor hay en Barnet, cuánto de obra en *Biografía de un cimarrón*? ¿Hay entre aquél y el texto una relación moderna, o tendremos que revisarla debido a su precariedad en tanto vínculo simbiótico? Cuando nos enfrentamos a una arquitectura con esas características, ocurre que la lectura se ralentiza: leemos a Barnet y oímos la voz de Montejo. Todo a un tiempo. La voz garantiza la existencia del texto (digamos que *sí hay un texto*). El texto garantiza la perenne audibilidad de la voz.

El *prepared piano* de John Cage y la simultaneidad de voz y texto son circunstancias (aisladas, pero relacionables) de una experiencia en cuya base está el problema de la imaginación como lenguaje posible. Cage soñaba con la interrupción de la armonía porque también soñaba con la lírica natural del atonalismo. Colocaba pedacitos de madera entre las cuerdas del piano, trozos de goma, de metal, de plástico. Interrumpía el sonido con variaciones de forma, timbre, tesitura, dinámica y altura. Pero lo que estaba interrumpiendo era el sistema del artificio secular, la armonía creada desde un artefacto auditivo. ¿Naturaleza y artificio? ¿Naturaleza y sobrenaturaleza? ¿O quizás artificio de primer grado contra artificio de segundo grado?

Barnet modula la voz de Esteban Montejo. El cimarrón habla desordenadamente, hace frecuentes interpolaciones, se pierde con facilidad y regala fragmentos espléndidos de una prosa oral intocable por espontánea y natural. Digamos que así fue. Barnet ordena, sistematiza, limpia. Pero se emplea a fondo en una tarea de primera magnitud de la que acaso no fue consciente hasta el momento en que Alejo Carpentier lo llama un día y le pregunta si sabía lo que había creado allí, en *Biografía de un cimarrón*, para decirle inmediatamente después que el libro era una especie de complemento de *El reino de este mundo*.

Esa tarea esencial fue la de devolverle a Montejo la coherencia que se presumía detrás de su voz, acreditando así (por medio de un texto móvil, escritural) la dimensión estereoscópica (y lírica) de su memoria. Barnet interviene, con el artificio melódico de la armonía lingüística, en el lesionado pero portentoso discurso de Montejo. La voz de Montejo expresa una naturalidad sin riesgos. Pertenece no al frágil y virtual sistema de la literatura, sino al de una comprobable y real tradición utilitaria premoderna.

Cuando la materialidad evidente de una praxis –la vivencia testificable, la tradición que se hace utilitaria– se virtualiza y comunica gracias al lenguaje y sin perder el camino de regreso al sistema que precede al libro (que lo prefigura en la oralidad), sucede que estamos ante una escritura reversible. Creo que ese es el acierto mayor de Barnet, más allá de haber elegido una voz que habla, con serenidad extraordinaria, sobre el lugar y los desempeños del hombre entre los hombres, sumergido en la historia y amparado por la naturaleza toda. Y no estoy proponiendo una jerarquía del artificio con respecto a la naturaleza (o de la naturaleza en relación con el artificio, qué más da). Más bien quiero subrayar que *Biografía de un cimarrón* es un distinguido modelo articulatorio en el que ambas regiones dialogan y se interpenetran. Libro y autor fundan, así, un espécimen que se renueva con el paso de los años.

ROUGE MELÉ, O EL DELPHI DESCIENDE A LOS INFIERNOS

Las antiutopías que se escriben aproximadamente desde fines de la Segunda Guerra Mundial, y que revelan la existencia de ciertas ucronías, son, por lo general, documentos capaces de testificar la complejidad del pensamiento en torno a los poderes representacionales del lenguaje en la cima de la Modernidad y en el ámbito cultural de la posvanguardia. El único novelista cubano contemporáneo que se ha interesado, con actitud exploratoria, en la inversión del utopismo desde el presupuesto de lo ucrónico fue Virgilio Piñera, quien, al transitar por ese camino, dio a conocer en Buenos Aires, en 1952, *La carne de René*, y luego, en 1967 –en la colección Contemporáneos de Ediciones Unión–, *Presiones y diamantes*.

La acción de esta obra transcurre en una ciudad imaginaria que empieza a despoblarse; el narrador de la historia, un sujeto atento a los detalles de la vida, una especie de sibarita de las microtransformaciones de lo real, trabaja en la compraventa de alhajas y es el único que se percata de las metamorfosis (en apariencia inocuas, pero en íntima relación con un plan secreto: una enorme conspiración) experimentadas por los demás. Hombre modesto, de restringida sociabilidad, es testigo de todo cuanto sucede dentro del medio social al que puede acceder –negociantes, aristócratas, dandys, financistas–, pero también se muestra capaz de captar la extrañeza de la vida cotidiana.

Todo gira en torno a la presión. No la presión atmosférica ni la presión arterial –como aclara el narrador al inicio de su descacharrante y maravilloso relato–, sino la presión humana, ejercida por todos los hombres y entre ellos mismos. Un conjunto de fuerzas que van alterando la realidad de las cosas y que acaban por anular el sentido de la existencia, ya que al final ésta se encuentra cubierta por una especie de velo grisáceo, uniformador, que borra, de la percepción de los hombres, los encantos de la vida.

La ficción que Piñera nos pone delante es una de esas historias clásicas que pertenecen a una clara y notoria tipología: un testigo excepcional de hechos atroces se halla, de pronto, en la disyuntiva de optar por enfrentarse al delirio aparente de los hombres, o entregarse a la locura que ellos promueven. Al ser el único en darse cuenta de lo que realmente ocurre, él mismo se vuelve una voz modulada para las confidencias, después de establecer la necesaria distancia entre él –la cordura activa– y los otros –la enajenación pasiva o activa–, un acto que acaba por convertirlo en un paria al revés.

La situación posee una estructura dramática muy semejante a la que podemos observar en ciertos relatos canónicos de Poe, Lovecraft y Orwell, en quienes se produce una curiosa combinación de horror fantástico y absurdo ritual, una mezcla cuyo moderno sabor no se aleja mucho del que percibimos en *Presiones y diamantes*. Sólo que el texto y su tono han sido elaborados desde un ensueño tragicómico del destino humano, una reflexión que se encuentra constantemente marcada por las cualidades de la voz narrativa, la voz de un sujeto capaz de sumergirse en el escepticismo, pero que confía en la regeneración del ser humano, o en su bondad. Sin embargo, esa voz combina la elegancia afectada (propia de un individuo de escasos recursos, como es el caso) con una liviandad expresiva que nos hace dudar (pero sólo hasta un límite) de la seriedad de sus preocupaciones. Se trata de un personaje que casi todo el tiempo utiliza las lexicalizaciones y las frases idiomáticas como si no pudiera evitar paladearlas. Y esto produce la impresión –tenue, sutil– de una impudicia frívola, aun cuando sabemos de las turbaciones e inquietudes del personaje por el futuro de sus amigos y conocidos y por el destino de la ciudad y el mundo.

Este impaciente adorador de las alhajas pertenece al trust joyero de los hermanos Rosenfeld, adversarios eternos de la firma Lowenthal, poseedora de un célebre brillante: el Delphi. En realidad, el punto de giro de los hechos se manifiesta cuando el interés que despierta la piedra empieza a desaparecer, y, al mismo tiempo, un nutrido grupo de personas se da a jugar canasta (en el Salón Canasta 86) y mascar chiclets, ocupaciones que embargan cada vez más a los personajes y que conforman, a la larga, un ensimismamiento comunicativo dentro de la gran ilusión del intercambio humano. Sin otras tareas que realizar, pues descubren la banalidad de ese intercambio, los amigos y conocidos del narrador se aprestan a viajar. Sin embargo, el viaje se realiza dentro del tiempo: el proceso de hibernación del doctor Gil. Y Piñera vuelve a tensar, en esta novela, el problema del sentido común en condiciones de excepción.

El autor de *Pequeñas maniobras*, un relato, como ya dije, acerca del pánico al compromiso –sentimental, social, estético–, hace advertencias en *Presiones y diamantes* sobre un nocivo poder de seducción cuando el negociante de joyas se refiere a la escritura que cuenta una peripecia, que refiere *sucesos*. En un territorio donde la enajenación es algo cotidiano y la existencia real –el actuar testificable de los individuos– no se toma en consideración ya que ha perdido todo atractivo, el gesto (representativo de aquellos sujetos que se oponen a la lucha del narrador contra el desinterés por la vida) de no tomar en cuenta a la escritura, no fijarla, no *precisarla* por medio de un relato, resulta un imperativo de primera magnitud y de buen gusto. La escritura como habla, o cierto modo de hablar que se desublima y convierte en escritura. La escritura como prueba de vida.

La ausencia de escritura es ausencia de saber y, a la larga, ausencia de lenguaje y de pensamiento. Confirmar de manera práctica esa extraña y sugestiva posibilidad es el propósito de quienes se convierten al credo de la hibernación, un viaje de la inmovilidad en el interior del no saber, viaje que es asimismo una deserción con respecto a la experiencia. Sin estar muertos, los «hielonautas» tampoco están vivos; sucede que no se resisten ya a sí mismos, sienten un hastío supremo y reducen el existir a su mínima expresión. La expectativa de lo real es nula y necesitan «darle tiempo» a lo real. *Lo real es un enorme descrédito.* Hay que escapar de la Tierra.

El fracaso de la subasta del Delphi indica que el desinterés es ya enfermizo. ¿De qué sirven las joyas en el mundo de la congelación? A una piedra de dos millones se le pone un precio de salida de cien mil dólares. Nadie la compra. Los asistentes observan con curiosidad lo que ocurre, como si comprobaran la realización de una expectativa o un deseo. Al final es el narrador quien adquiere el Delphi, pero por cien dólares. Cuando llega a su casa y le cuenta a Julia, su mujer, ella se asombra y le pregunta por qué ha malgastado el dinero en algo que ya no vale nada. Toma el Delphi (hallado en Nepal en 1850) y lo tira al inodoro. Y descarga.

Piñera construye su novela sobre la idea de unos personajes que descubren el tejido fútil y evanescente de la realidad; abstraídos antes en esa misma realidad, que se observa a distancia o automáticamente, ahora se detienen en la vigilancia aterrada de esa trama llena de patetismo y hasta risible que la conforma.

El Delphi baja a los infiernos, a los sucios conductos de las profundidades, y esa alegoría del desmerecimiento mueve al narrador a arengar a la multitud; prepara un discurso con el que delata la conspiración, pero nadie le cree. Aun así todos empiezan a esconderse, y uno a uno los personajes van siendo apresados por un terror impalpable llamado el Presionador. El despoblamiento del planeta es inminente. Al inicio de la novela se habla de una intriga ideada por criaturas extraterrestres –disponer la Tierra para una ulterior invasión–, y de hecho lo que leemos deja un margen presuntivo en el cual aparecen, convocados por la imaginación, seres replicantes capaces de adueñarse del cuerpo humano cautelosamente. Pero Piñera disuelve (y acentúa) esa sospecha. La genealogía de su novela es tan clara como imprecisa. Los personajes acaban por perder el habla y sólo articulan una frase, entonada con acentos diversos: *Rouge Melé*. Estas hipnóticas palabras dicen mucho y no dicen nada.

Soñador irredento, el protagonista de *Presiones y diamantes* quiere enfrentarse a la epidemia de mudos que reducen el hablar a un sintagma de resonancias misteriosas, terroríficas y hasta cómicas. De hecho, hace intentos de sacar a algunos amigos de su marasmo. Pero todo esfuerzo es inútil. Incluso recibe un anónimo burlón donde lo invitan a disfrazarse de Quijote. El origen de la comparación es obvio y el hombre, en un rapto de valentía, se va al Salón Canasta 86, donde los juramentados (víctimas y victimarios) suelen reunirse largas horas. Y allí los descubre a punto de escapar de la ciudad, de la Tierra –en ese instante millones de ellos están a punto de hacerlo–, metidos en capuchas de nylon que poseen todo el aspecto de condones gigantes. Estas envolturas transparentes y elásticas se inflan, y así los conjurados pueden elevarse a alturas estratosféricas en una especie de suicidio masivo. Y allá, fuera de la atmósfera o a punto de escapar de ella, quedan reducidos a polvo cósmico.

La metáfora que el desenlace de *Presiones y diamantes* encierra nos permite retrotraernos al compromiso como fantasma que sobrecoge, pertinaz, a los personajes de Piñera. Los conjurados son como grandes falos recubiertos por una membrana aisladora. Falos que exigen, performáticos, la asepsia, la profilaxis en relación con la existencia, y que se protegen de ese modo contra la vida. Piñera ha descrito, en clave parabólica, una catástrofe, y ha hecho una crispada y moderna advertencia. Sin embargo, su personaje no cree en la muerte voluntaria de quienes escapan del mundo y declara, pues, su esperanza de que regresen algún día. El vigor de ese sentimiento se pone de manifiesto en la línea final de la novela: «Mi última ilusión será confiar en la buena fe de los hombres».

La construcción de una voz

En lo que toca (al menos) a las lecturas de la narrativa cubana del siglo veinte –y más si se trata de esas lecturas sucesivas, a las que se someten varios fenómenos capaces de admitir la reformulación–, la adscripción temática es una especie de subproducto de un diálogo tenso; por un lado habla la Historia, la gran voz que lo subsume todo, y por el otro habla el individuo, al intentar sobreponerse y procurar hacerse escuchar por un sistema de fuerzas que parecen dominar la vida entera. Pero si el estilo, en su nivel puramente compositivo, alcanza a elaborar una distinción, sucede entonces que el problema de la adscripción se hace más claro (o se complejiza).

Siempre la muerte, su paso breve, la novela con que Reynaldo González obtuvo en 1968 la primera mención del concurso Casa de las Américas, se publicó ese año rodeada –fuertemente custodiada, si se me permite la broma– por expresiones de un realismo social con las que mantuvo siempre un alto grado de congruencia. Sin embargo, su compromiso con la Historia –la del pasado que entonces le resultaba más inmediato– estaba comprendido dentro de un proceso de estratificaciones nuevas que iban, por situar dos cotas más o menos precisas, de la referenciación general del entorno y el uso de una paleta costumbrista, hasta la inquisición (muy extremada en eso que los críticos anglosajones llaman *stylistic craft*) del mundo interior del sujeto en condiciones de percepción que propiciaron un acercamiento sicológico relevante (y muy difícil y absorbente y estremecedor y doloroso) para la comprensión última del texto, y, por suerte, sin el peligro de convertirse en un buceo falsamente ecumenicista.

Siempre la muerte... propone el examen de un espacio mítico, Ciego del Ánima, que se justifica no en la presencia de hechos únicos, sino debido a la fundación y establecimiento de una atmósfera que los encierra a todos (a todos los hechos: típicos y atípicos) al dotarlos de una especie de excepcionalidad cotidiana, en especial allí donde lo inmediato se hace materia de deslumbramientos adolescentes, o que trascienden ese ámbito. En la narrativa latinoamericana los espacios míticos ya eran complementos atributivos que se ligaban a la visión mitopoética de la historia, pero Reynaldo González va, como he dicho, de la prestigiosa articulación costumbrista –sumergida en la asepsia de un narrador que usa, en la distancia cortés del *usted*, una segunda persona casi fantasmal, al tiempo que echa mano del *tú* y del *ustedes*– a la pesquisa de los descubrimientos vitales del yo; se vale siempre, además, de una voz que pasea lo mismo por la superficie de los acontecimientos y las cosas, que por su envés conflictivo.

La voz a que hago alusión es un artificio astuto y tenaz; brota de un encapsulamiento cognoscitivo que participa del secreto, y pendula, con el rigor de una avidez compendiadora, entre la acción –las peripecias centrales del libro– y las reflexiones de los personajes; se trata de una voz espectralizada y por medio de la cual los sujetos de la novela, ellos mismos también hablantes inquietos y averiguadores, pueden separarse de sí y observar su condición o su pasado. Una voz, en fin, fragmentaria, sibilina, poseedora de la virtud de espejarse en otras y en los avatares que deja tras su enunciación a lo largo de la novela.

Ciego del Ánima es una localidad provinciana que se aturde entre las vivencias nuevas y el sopor que ralentiza el «estudio de lo real», en lo concerniente a nuestro adentramiento cómplice en un universo íntimamente sacudido por la experiencia de todos los días y por sucesos cruciales que marcan el destino de algunos jóvenes. Reynaldo González atomiza todo hasta conseguir una fluencia lo bastante dúctil y maleable como para que el lector la asuma en tanto efecto de simultaneidad. Un efecto que adviene sin traicionar su categoría de artificio, pero que esconde su tramoya al insuflar una consistencia volumétrica al orbe presentado en *Siempre la muerte...*, ese micromundo que se densifica a causa del encargo existencial cumplido por la novela desde la inoculación en la trama social, en la disensión política, en la voluta cultural y en el forcejeo sicológico.

El paso breve de la muerte y su constancia, su ubicuidad sofocante, son metáforas que agravan el tono de la escritura hasta hacer de ella una suerte de magma donde comparecen lo profético, la majestuosidad de lo numinoso y lo confidencial; el ardid de la voz incorpora, en un movimiento centrípeto, esas metáforas y esos efectos, de manera que las lecturas –la que se hizo en las postrimerías de la década del sesenta, la de los primeros años ochenta, en una segunda edición de la novela, y la que podemos hacer ahora mismo en plan de arqueólogos– se producen siempre en esa tesitura de recepción de la que hablaba Roland Barthes cuando se refería a la separación, gracias al arbitraje constante de un estilo deflagrado, del texto y su mundo respecto de la Historia o la idea que nos hacemos de ella.

Siempre la muerte... es la historia, común y diversificada, de varios jóvenes, o, más exactamente, el desenvolvimiento de un grupo de vidas justo a partir del instante en que ellas empiezan a personalizar la realidad desde el ángulo de sus respectivas identidades en formación. Pero la *metavoz* de la novela, aunque se ocupa de todas, privilegia la focalización del Rubio, Silvestre y Moisés. Los tres tienen aproximadamente la misma edad, han crecido en las mismas circunstancias, escuchado casi las mismas cosas, visto los mismos paisajes y, sin embargo, enrumban (y no al mismo tiempo ni con la misma intensidad) caminos dispares que se cruzan con frecuencia hasta conformar una minuciosa red de dilemas humanos que Reynaldo González colocó, como si tal cosa, en el singular territorio literario de fines de los años sesenta. Si me expreso así es para apresurarme a subrayar no sólo la naturalidad, estremecida o serena, con que un escritor puede y debe expresar esa complejidad legítima e insobornable de la existencia, sino también para aludir siquiera a las causas del aura de herejía –con ojeriza, con desconfianza– que envolvió a la novela desde entonces.

Porque el Rubio nace a la vida en plenitud buscando referencias, contrastando hechos –suyos y de otros; de su carne, de su espíritu y de quienes lo convierten en un intenso testificador del mundo que lo rodea, al par que consigue colocarse a la altura de ese mundo–, y conoce a Moisés, el inquieto y lúcido y romántico Moisés, un aprendiz de revolucionario que crece interiormente a gran velocidad, y también conoce a Silvestre, otra personalidad fuerte, que no esconde sus preferencias homosexuales y que escribe cuentos breves, tocados por la introspección y que por lo general reflejan la desnudez sufriente de la otredad y de la *diferencia* radical del sujeto. Hay un intervalo casi impalpable en el que el Rubio, quien no teme a la progresión de su alma ni se sobresalta ante sus propias emociones, se halla equidistante, a causa de puras y tornadizas atracciones –tornadizas en cuanto a temperatura, relieve y *conocimiento del otro*–, entre el amanerado y sólido Silvestre –un hombre que no por saberse muy joven deja de creer en sí mismo y en su destino, sea cual sea– y el enérgico y casi angélico Moisés, quien también cree en sí mismo y representa una tipología inexcusable del guía en términos románticos; tanto el hacedor de cuentos como el revolucionario en ciernes encandilan breve y fuertemente al Rubio; casi se podría decir que esa anómala, desgarrada tantalización, se desenvuelve bajo el signo de lo proteico en lo que toca a Silvestre, ya que la distancia entre él y el Rubio se acorta cada vez más (Silvestre elige, diríamos, no seducir al Rubio por razones en verdad muy grandes, razones que se explican tan bien en algunas novelas de Hermann Hesse), y ese estado de lo proteico viene a resolverse, definitivamente, en el vínculo del Rubio con Moisés, un lazo que también tiene su miga y su sedición somática por lo que tiene de sedición espiritual. Bien entendidas las cosas, el Rubio se va a la guerra a causa de Moisés y porque no puede (ni quiere) escapar de su órbita. Se trata de su exorcismo en medio de la aventura personal y la gravitación de la muerte.

Estos personajes que se despedazan ante sus propios espejos interiores hasta verse *tal cual son o creen que son*, y que reciben, de la voz de la novela, una iluminación más enfática y significativa, pertenecen al grupo de los más importantes de la prosa de ficción dada a conocer en Cuba en la segunda mitad del siglo veinte. La voz, como he observado, exhibe un costado fantasmático que se reparte materialmente en las flexiones del punto de vista, pero es, en tanto vehículo unitario de interpelación emocional, el más completo acierto de *Siempre la muerte, su paso breve*, una novela con la que Reynaldo González redramatizó la retórica del peligro, las convenciones estéticas de la violencia revolucionaria y el claroscuro de la vida social cubana durante los años inmediatamente anteriores al triunfo de la Revolución.

Toda sonora ella

Severo Sarduy dijo alguna vez que sus libros eran notas al pie de la obra monumental de Lezama Lima, lo cual es incierto. Aunque mucho le debe a

Lezama la escritura de Sarduy, una especie de *demarcación* irrepetida se produce con su libro de 1968, *De donde son los cantantes,* que definió para siempre los moldes de su trayectoria y el aroma pertinaz que despiden sus ambientes. Cuando uso la palabra demarcación deseo indicar que Sarduy se separa allí no sólo de una obra anterior, *Gestos* (1963), hecho bastante obvio, sino sobre todo de esos mundos compactos y de gran organización sistemática –Carpentier, Piñera, Cabrera Infante, el propio Lezama– presentes ya en la narrativa cubana de aquellos años.

Que *Paradiso* sea un texto casi coetáneo de *De donde son los cantantes* libra lo justo a Sarduy de un epigonismo que algunos críticos aderezan, para decir que no es un buen narrador y sí un buen ensayista. Pero la cuestión no es esa: ser o no ser un buen narrador, o un gran narrador. La cuestión es determinar qué tipologías elaboró Sarduy (si elaboró alguna, lo que yo no pondría en duda) por medio de la concepción y el trazado de un universo definible, como de costumbre, desde los horizontes del neobarroco que él promulgó, o, simplemente, desde ese barroco que en Lezama es síntoma de modernidad y en él, en Sarduy, indicio de autoconciencia de la escritura y de devaluación de ciertos mitos modernos, como el del *aprendizaje de lo trascendental*, pongamos por caso, según sucede en la armadura progresiva de un personaje como José Cemí.

Las diferencias con Lezama, ese padre respetado y ultrajado, se descubren, creo, en un hecho muy relevante. Si en la *escritura Lezama* –objeto aquí de una devoración ritual–, el *cuerpo gay* y el *cuerpo del varón deseado* arman una intensidad híbrida (historia tangible y *poiesis*) que ni se conjura con energía ni se exorciza del todo, en la *escritura Sarduy* dichos cuerpos son personajes ofreciéndose a la lluvia de estímulos del mundo y que aparecen ocupando, restallantes y acrisolados, un primer plano. Como centros irradiadores, el *cuerpo gay* –travestido o no– y el *cuerpo del varón deseado* aparejan un contrapunto productor (y reproductor) de discursos en forma de capas. El neobarroco de Sarduy consiste en seguirles la pista a todos o casi todos esos discursos. Por ese motivo su prosa es, diríamos, un ejemplo genuino de *adicción al fragmento* y *puesta en escena* de la *diegesis*, que, como se sabe, no es simplemente un análogo de la historia contada, del relato mondo y lirondo, sino el conjunto de todas aquellas *condiciones y circunstancias de narratividad*.

La primera edición de *De donde son los cantantes* no fue cubana, de manera que apenas podemos sospechar qué efecto causó en los lectores-narradores de la isla. Sarduy escribió el texto en París a mediados de los sesenta y lo dio a conocer en México, en la editorial Joaquín Mortiz. En La Habana apareció en 1995, veintisiete años después, como una especie de oculto texto de culto, ajeno hasta entonces –o eso suponemos– a los vaivenes de la vida literaria nacional. Sarduy había muerto dos años antes. Mi tendencia al *what if* hace que me pregunte qué habría sucedido si él hubiera regresado de Francia (disfrutaba de una beca, creo) y hubiera publicado el libro en Cuba. O qué habría sucedido, para poner otro ejemplo, si Ezequiel Vieta hubiera completado la escritura de *Pailock* y hubiera dado a conocer esa novela en su momento. O qué habría sucedido si Cabrera Infante hubiera regresado a la isla y los lectores de entonces hubieran asistido al nacimiento editorial de *Tres tristes tigres*, un artefacto tan distinto de *Así en la paz como en la guerra*. Sin embargo, candores y suspicacias aparte, ¿de veras habrían podido ellos publicar esos libros entonces? ¿Habrían sido aceptados en el movedizo territorio de la literatura cubana del segundo lustro de la década del sesenta?

En tanto título y enunciado, *De donde son los cantantes* es una alusión a la geografía cultural y fonocéntrica de la isla, una alusión a lo cubano, pero desde una perspectiva centrípeta, capaz de subrayar la calidad panóptica del relato o los relatos posibles insertados en el texto. El cuerpo de acciones (de la indeterminación a la evidencia) ejecutado por Auxilio y Socorro, promotoras/es del disfraz y la intimidación, de las postergaciones de sentido, constituye una materia densa e irresoluta, especie de agujero negro adonde van a dar otros personajes –Dolores Rondón, la mulata camagüeyana; Mortal Pérez, el senador; Cenizas de Rosa, metamorfoseada a veces en Flor de Loto– y que alimenta ese sentido del tapiz, el detalle y la amplificación que poseyó Sarduy. *De donde son los cantantes* es un tríptico precedido por ese paratexto engañoso que él llama «Curriculum cubense», y no es posible dejar de tomar en cuenta que las tres partes –«Junto al río de Cenizas de Rosa», «La Dolores Rondón» y «La entrada de Cristo en La Habana»– elaboran para la lectura una construcción del tipo tesis-antítesis-síntesis, en especial cuando, después de la muerte de ese Cristo disparatado –amalgama cultural, espectro, carne de sexo, blasfemia, ilusión rota y renacida–, una especie de apoteosis tiene lugar.

Pero la escritura de Sarduy, que sólo a ratos *telescopia* la de Lezama, tiene un origen al que va a parar también, de regreso, la del autor de *Paradiso*. En el camino de ese recorrido inverso está la sombra extraña y resplandeciente de Julián del Casal, paseándose por la Habana intramural entre jarrones chinos, recuerdos (probables o improbables) de los cuadros simbolistas de Gustave Moreau y mulatos insolentes y lascivos. Sólo que Sarduy, un modernista sin *spleen* ni decadencia, verosímilmente sabía –es un ejemplo– de la amante de Baudelaire (Jeanne Duval, la mujer de la isla Mauricio, al este de Madagascar);

le pone música al conjunto de sus transferencias lingüísticas y se fabrica un nivel lexical donde coinciden frases idiomáticas del *cubaneo* más pintoresco y una adjetivación estupefaciente, casi procaz. Si adicionamos todo esto a la preeminencia que le concede Sarduy a la representación de la representación, es decir, la *graficación* (en el relato) de hechos y personajes que se hallan *graficando* sus vidas *todo el tiempo*, tendremos una idea de la estructura de su estilo. Se trata de lo que ya conocemos como carnavalización, pero en la fase de mayor voltaje de la Modernidad.

Ese procedimiento o credo estético, bien visible en clásicos del pretérito (o en la lectura que el presente hace de ellos), se reformula constante y sospechosamente en la época actual; Sarduy, que entregó su pensamiento en libros como *Escrito sobre un cuerpo* (1969) y *Barroco* (1974), conocía el valor de la escritura como lectura, el alcance de la escritura *distanciada de sí* a expensas de una *productividad* espectacular. Fue un intelectual *escriturado* por el arrebato de la ficción, por los rejuegos del estructuralismo francés y por la posibilidad de sensualizar el lenguaje, operatoria esta que Calabrese destaca en *La era neobarroca* (1989) cuando habla de la interrelación de los saberes por medio de figuraciones comunes, capaces de tejer un rizoma encadenador de fenómenos sin un vínculo manifiesto.

Esas figuraciones están impresas (son simulacros) sobre la piel metastásica de Auxilio y Socorro, Cenizas de Rosa, Flor de Loto (no hay que preocuparse por saber si estas dos últimas son o no son una sola), Dolores Rondón, Mortal Pérez y los Narradores –Uno y Dos–, seres estos mediante los cuales Sarduy problematiza la interlocución del texto y regulariza la conciencia que poseen los personajes de ser hijos de un gesto vocálico, articulatorio y de cierta manera efímero. Y en tanto visión inestable y compendiadora de lo cubano, de la historia de la isla, de lo universal en tierras del Caribe y del Nuevo Mundo, *De donde son los cantantes* atomiza el suceder ficcional hasta un punto en el que cualquier descripción minuciosa de sus contenidos resultará insuficiente. La escritura neobarroca actualiza los procedimientos paródicos, *interviene* en las fuentes y las convenciones, y «completa» ciertos referentes con el propósito de restaurar una y otra vez el rizoma en que se sostiene. Y por eso es también geometría fractal, cuestión de perímetros y volúmenes que no soportan los escrutinios contabilizadores.

Una esfera armilar

No parece desacertado proclamar que los años sesenta fueron el primer gran hiato reconstructivo (y lleno de *invenciones deseantes*, si se me permite una expresión algo pomposa) de la «reflexión sobre la vida» —vida a escala planetaria, quiero decir—, dentro y después de ese momento de convalecencia y desconcierto que ha dado en llamarse Guerra Fría. Contexto seguro para las reacciones de la inteligencia (en tanto compañía del espíritu) y el instinto (en tanto análogo de la idea de libertad: del yo, del otro, de los mundos interiores), o para ciertas respuestas neorrománticas que indicaban la presencia redentora del hombre cósmico y del hombre actuante en un mundo *tan mal concebido como mal hecho*, los años sesenta fueron, además, el escenario del utopismo revolucionario más activo y la plataforma de despegue de ciertos refinamientos —que hoy constituyen una evidencia incuestionable— de la evolución del capitalismo tardío.

La *poematización* de lo real, o el acogimiento de lo *poemático* como instrumento de modelación, fue una de las consecuencias de la *contracultura* (cuando utilizo esa palabra, hablo en términos bien amplios); tuvo lugar una especie de violencia «física» y verbal, inspirada en la rearmadura de los mecanismos de recepción cultural y en prácticas creativas que formaron un pliegue muy dinámico, directamente vinculado a la herencia de las vanguardias. Me gustaría subrayar en lo *poemático* una cualidad: no la que se refiere al poema literario y su conceptualización de lo real, sino la que tiene que ver especialmente con su índole desautomatizante al aludir, como *constructo*, a un fragmento (añadido o ya existente) de lo real o a una realidad *totalizada*.

Alleguémonos, pues, a la experiencia formal visible en una novela *totalizada* como *Los niños se despiden*, del poeta Pablo Armando Fernández, con la que obtuvo en 1968 el premio Casa de las Américas. Una texto galáctico que soporta esa denominación —novela— gracias a un argumento tenaz, atomizado por la *vocalización* (oral) del poema —del *epos* del poema y su vida en la articulación sonora—, gracias a la pertinacia dramática de sus personajes, y que, en principio, se encuentra atravesada por esa vocación ecuménica, cósmica y coral en la que descansó buena parte de lo más significativo de la novelística latinoamericana desde fines de los años cuarenta, una tradición donde se insertan *Al filo del agua* (1947), del mexicano Agustín Yánez; *Adán Buenosayres* (1948), del argentino Leopoldo Marechal; *Gran Sertón: veredas* (1956), del brasileño Joao Guimarães Rosa, e *Hijo de hombre* (1960), del paraguayo Augusto Roa Bastos, entre algunas otras. Una novela, en fin, que expresa una inquietud numinosa del sujeto despierto, del sujeto para quien la vida es un sobresalto lírico y un discurrir en busca de determinada plenitud.

La tradición a que he aludido incorpora, en sus realizaciones de mayor alcance, el mito como elemento de estructuración de los significantes y de reconexión de los elementos dramatúrgicos con ciertas zonas de la cultura que poseen una anchura enciclopédica. Pablo Armando Fernández no acude a esos grandes mitos –bíblicos en Yánez y Roa Bastos, urbanos y literarios en Marechal, arquetípicos en Guimaraes Rosa–, sino que se instala, con la soltura y los medios propios del *narrative poem*, en el centro mismo de la historia: Cuba, ciertos cruceros míticos de su pretérito, ciertos acontecimientos remotos (y de repente actualizados por la metáfora) que se *revisitan* sin que las voces narrativas abandonen el presente del relato.

En el centro de *Los niños se despiden*, como una corriente que fluye junto a la de una trama de aparente baja densidad diegética, encontramos la historia, sus compendios, sus visitaciones angulares, demoradas o fugaces; alrededor de la historia y la trama (una médula *básica* con incrustaciones de *individuación*) hay una capa de mitos, un proceso agitado y laborioso donde determinados elementos con funciones identitarias adquieren un peso decisivo: el mar, la isla, la tierra y los hombres. O sus análogos metafóricos: el misterio de los viajeros, la geografía mágica que propicia la invención de una *imago mundi*, el monte oracular y secreto con sus dioses fundadores, y la estirpe generadora de los héroes.

De momento ignoro la causa, pero de algún modo esta novela –probablemente la mejor de Pablo Armando Fernández hasta hoy– reproduce las formas y el movimiento de una esfera armilar, ese arcaico y notorio instrumento astronómico que deja de pertenecer a la ciencia para integrarse en el museo de los artefactos poéticos. Sus rotaciones paralelas, sus anticipaciones y regresiones, esa vibración coherente y prevista, creo, desde su mismo plan, la convierten en un libro de excepción, casi aislado, en las postrimerías de la década.

Ahí, en el extenso (y tenso) texto de *Los niños se despiden*, las oscilaciones del tiempo y sus marcas (señales de una indexación muy dosificada) vienen a constituir una temporalidad, lo he dicho ya, poemática; un devenir que, sin dejar de ser narrativo, se lleva mejor con la lenta respiración del poema y del conocimiento que anhela comunicarnos. Debido a esto, en ocasiones tenemos la impresión de que el libro está como dominado por una rara inmovilidad, desmentida al cabo por los paisajes y hechos que surgen en el segundo plano de la escritura. Este fenómeno es hijo, acaso, de algo que Pablo Armando Fernández consigue en la novela: ir del movimiento centrífugo al centrípeto y viceversa. Se diría que él ha sabido disolver las jerarquías de la historia, de los mitos y de los distintos saberes discursivos de los personajes para lograr una ilusión de desplazamientos continuos. Desplazamientos que son como tropismos causantes de una forma proteica, sujeta a varias modificaciones.

Es así que *Los niños se despiden* mantiene su congruencia con la barthesiana *cámara de ecos*, un artilugio crítico del que la *novela total* no es sino un avatar, ya que se trata, en este último caso, de un concepto impreciso, pues Barthes, por el contrario, usa un significante imaginable y sencillo, no una categoría despojada de parámetros. Trampa de ecos, trampa vocálica, el libro se hace cantata, concilia su fluir con las enumeraciones —creadoras de superficies *verosímiles*— y no puede menos que articularse con el sinfonismo contemporáneo y su resonancia épica.

La idea de que todo está vivo, de que nada fenece del todo porque deja una suerte de huella en el aire, en la luz o en el alma memoriosa de los hombres, es uno de los ejes de *Los niños se despiden*. Esa latencia conmovida, tan visible en la exaltación a que nos somete la escritura de Pablo Armando Fernández en ese libro, dialoga públicamente con la representación casi sideral de lo que Miguel de Unamuno llamaba la intrahistoria. Además, los muertos y los vivos están juntos; los tiempos se acumulan, se solapan y saltan encima de los personajes, empapándolos de una extraña sapiencia. Y esta acumulación es posible porque todo —la historia, los mitos, la imaginación, los objetos y las palabras— ha llegado a un remanso que es plexo y espacio-tiempo para el examen y el recuento: la Revolución cubana. Sin embargo, la motivación esencial de *Los niños se despiden* es la de fundar una revisión gozosa del ser en lo cubano y desde el alumbramiento de la *poiesis* y la metáfora; escrutar sus umbrales, inquirir en su sitio dentro del mundo, la realidad inmediata y la historia.

Fray Servando, o la desproporción

Cuando la editorial mexicana Diógenes publicó en 1969 la segunda novela de Reinaldo Arenas, *El mundo alucinante*, algo sucedió (o debió de suceder) en el contexto de la narrativa cubana de aquellos años. La aclaración entre paréntesis se origina en una circunstancia ineludible: la lectura de la novela, siempre en ediciones extranjeras incluso hasta hoy, constituyó un proceso de aplazamientos, de retardos, de encuentros y desencuentros marcados por la suposición y el aislamiento. Usualmente se ha tratado de una recepción anómala, irregular, agravada luego por la estigmatización de Arenas y de algunos libros suyos dados a conocer con posterioridad a su radicación en los Estados Unidos.

A mi modo de ver, y a causa de su calibre, *El mundo alucinante* debería contrastarse tan sólo con las fuerzas desatadas por lo que denominé «un triunvirato inexorable»: *El siglo de las luces, Paradiso* y *Tres tristes tigres*. Ya Carpentier había sido el responsable –al poner en circulación estructuras novelescas de una lógica impecable– de las nuevas nominaciones dentro del mundo americano, a partir de la Historia y su tenso diálogo con la intrahistoria. Lezama Lima acababa de alcanzar, con *Paradiso*, ciertos límites en la construcción de un estilo marcado por el *sobrecogimiento desde la metáfora*, efecto lleno de astucia poética, sabiduría ritual y poder de sistematización. Por su lado, Cabrera Infante conseguía transformar el aire nocturno de la ciudad –su paraíso, su infierno y su limbo presumibles– en un cosmos sostenido por la articulación sucesiva de las voces y por su propia ilusión de realidad. Lezama fabuló los peligros necesarios y los asombros del yo interior (y poematizable) en el proceso de descubrimiento de la vida y sus significados. Carpentier elaboró teoremas sobre la visión (y sus espejismos) del sujeto abrumado por la Naturaleza y la Historia y lleno, al mismo tiempo, de interrogaciones con respecto a su identidad. Cabrera Infante se acercó a las pulsiones y certezas del caos insular, pero desde la óptica del mundo urbano en tanto espacio central de nuestra época, núcleo de las nuevas mitologías y semilla de los ritos finales de la modernidad. contestar

Sin embargo, Arenas llegó a donde nadie había llegado entonces. *El mundo alucinante*, obra aturdidora, representa la *prueba de la imaginación*, dibuja la frontera de las hipérboles encadenadas (y desencadenadas) por la Historia, y soluciona la enemistad del *delirio histórico* con la *ponderación realista*, ya que es capaz, en una especie de emulsión prodigiosa, de amistar tradiciones encontradas y distantes. Y todo ello en virtud de un personaje de vida azarosa y rara, un hombre asomado a lo moderno desde el balcón del ideal libertario de los románticos: el mexicano Fray Servando Teresa de Mier.

La novelística cubana no conoce aún un texto con la facundia y la capacidad de invención presentes en *El mundo alucinante*. Ambas –facundia, invención– se resuelven dentro de un lenguaje impetuoso, lleno de atolondramientos sincopados que se suscitan en el nivel de los hechos. Los hechos son lo que aquí importa más. Desde los que se sitúan en el nivel de los macroenunciados de la acción –las posturas generales de Fray Servando ante la ignorancia, el ejercicio del poder y la manipulación religiosa, por ejemplo– hasta los microenunciados, caracterizadores de la impregnación fantástica –el fraile cruzando los Alpes en un vuelo maravilloso, o aherrojado con miles de cadenas en una descripción paroxística y minuciosa– y que nos mueven a preguntar dónde se halla el término de ese abultamiento de sucesos, esa neoplasia de las palabras.

El fraile es un viajero y la tipología del viaje accidentado se desarrolla aquí clásicamente. Después de ser apresado y condenado por su sermón acerca de los orígenes prehispánicos de la Virgen de Guadalupe, es trasladado a España en calidad de prisionero peligroso por sus ideas. Y a partir de aquí empieza un sorprendente peregrinar, desde la aventura –no hay que olvidar el subtítulo de este libro: «Una novela de aventuras»– en el barco que lo conduce a España, donde hay un combate con unos piratas casi griegos que a su vez atacan un barco negrero, hasta el desenlace de la escabrosa existencia de Fray Servando, cuando el presidente Guadalupe Victoria lo instala, lleno de honores y dueño de una paz relativa, en el excéntrico Palacio de Gobierno, lugar donde conversa y discute con el poeta desterrado José María Heredia.

El odio a España y su opresión, la despreciativa manera en que llama a Europa «la sucia», se verifican a cada paso y de modo muy concreto. El fraile llega a las costas de Cádiz en el lomo de una ballena y es apresado, pero escapa al lanzarse de la ventana de su calabozo con la ayuda de un paraguas; de ahí va a Valladolid, donde conoce a un cura norteamericano que fornica, incansable, con las mujeres a quienes confiesa, y sale en busca del Rey para pedirle justicia en relación con su estado de hombre fugitivo. Es entonces cuando conoce los Jardines del Rey (una sucesión de excesos alrededor de la lascivia cortesana, expuesta en forma de sueño moralizador) y se marcha a Pamplona, bajo la identidad del doctor Maniau, en compañía de clérigos contrabandistas. Allí desbarra contra la estrecha noción del hombre americano, hasta ese momento (y mucho después) considerado una criatura mágica cuyos guías son el instinto y la pasión y que vive entre el sol y el agua, en ambientes paradisíacos, siempre descubierto por ojos ajenos, desconocidos.

De enormidad en enormidad transcurre *El mundo alucinante*, un texto a punto de ser agreste y ruidoso si no fuera por su encanto de espectáculo visual bien armonizado, o por el ropaje que también usa: el de una extensa sinfonía sobre la libertad, la necesidad de poesía, el carácter asombroso del mundo, la intolerancia, la sumisión humana y la índole universal del alma romántica siempre inconforme. Para lograr eso, Arenas aglutinó las elocuentes y flexibles estructuras de la ficción de origen árabe con el orden de la novela picaresca (sin forzar sus estereotipos), y asimismo bebió del lenguaje de los cronistas de la historia de América, desde el descubrimiento hasta la época virreinal. Esas tres grandes tradiciones se hallan ensambladas por la tendencia constante del fraile a la *iluminación* y la verbosidad disparada, lo que nos hace recordar las actitudes abiertas (a lo extraño, a lo sobrenatural) de William Blake, las visiones de Swedenborg, las invectivas (no así las ideas) de Joseph de Maistre, la prosa de Quevedo, la acuciosidad de Humboldt, o las ricas ensoñaciones laberínticas del aristócrata polaco Jan Potocki.

Servando evita el sexo y ve sexo por todas partes, como una incitación que le habla del fin de los tiempos. Al escribir en un español rumboso, pero alígero, del desfogue, Arenas queda sutilmente preso dentro de un orbe cuya encarnadura brota de un léxico exultante, gozoso, gestualizado por ese sinfonismo al que he hecho alusión. En la novela es usual el ofrecimiento de dos versiones de los episodios fundamentales: la primera, por completo dependiente de lo fantástico, subraya el heroísmo épico del fraile, tan contrario y tan parecido al del dieciochesco barón de Münchhausen; la segunda, donde el tono se rebaja un poco y las situaciones se aproximan a lo verosímil, coloca el énfasis en una sinuosa autenticidad que se gana por contraste. Este recurso pone en marcha una suerte de extrañamiento con el que Arenas pretende dar a conocer los desvaríos deducibles de su personaje (no los ocurridos, sino los que pudieron haber sobrevenido en la mente de los testigos, para conformar el mito de la persona) y puntualizar, además, el sendero extraordinario por el que toma su historia.

Pero esa historia, como se sabe, alcanza a ser vertiginosa. El fraile va a Bayona desde Pamplona (donde tiene lugar el episodio de Raquel, la judía ninfómana que lo reserva para sí), y después a Burdeos (con el conde Gijón, un millonario procedente del Perú) y a París. Esta ciudad es para Arenas un escenario *de la literariedad*. Fray Servando encuentra allí a Simón Rodríguez, junto al cual traduce *Atala*, de Chateaubriand, a quien ambos frecuentan; Rodríguez, cuyo pretérito Arenas reinventa con profusión, le presenta nada menos que a Bolívar, su discípulo; traba amistad con madame Récamier, expulsada por Napoleón a causa de su lealtad a la monarquía; tiene largas conversaciones científicas con Humboldt en su castillo, y se entretiene con las agudezas de madame de Staël en su salón. Y todos estos encuentros, repetidos y atomizados entre bambalinas, se producen mayormente en la residencia de Fanny, al parecer la misma cortesana británica que inmortalizó John Cleland en *Memoirs of a Woman of Pleasure*, un notorio texto de la literatura erótica europea.

El tejido de Arenas es intrincado y va armándose a gran velocidad, con el propósito de abarcar una vida y transformarla en una especie de *fuerza natural del espíritu*. Pero la transmutación del fraile es paulatina, y así lo vemos urdir una conspiración en Sicilia para derrocar al Papa, y más tarde irse a Génova, a

Barcelona, y de nuevo a Madrid, para entonces visitar Lisboa y Londres, donde se relaciona ambiguamente con lady Orlando, el personaje transgenérico de Virginia Woolf. A una emocionada y llorosa lady Hamilton le cuenta (Servando ha presenciado la batalla de Trafalgar) la muerte del almirante Nelson, su marido. Con el guerrillero español Francisco Javier Mina embarca rumbo a los Estados Unidos (ambos quieren invadir México), pero deben pagar el impuesto de aduana y trabajan en una plantación de algodón para recaudar fondos; allí encuentran a un rico viudo que les facilita el dinero, y pisan suelo mexicano. Estamos en 1817. El último gran periplo del fraile, después de salir de la cárcel de Veracruz, lo lleva a La Habana, en cuyas callejuelas, embozado dentro de un coche, atropella a la perra de las condesas de Aguasclaras. Las autoridades lo persiguen por este acontecimiento –la perra es poco menos que una personalidad y las campanas de la catedral habanera tocan a rebato cuando la noticia se divulga– y otra vez huye el fraile. Llega a nado a las costas de la Florida, regresa a México, se enfrenta al pomposo emperador Iturbide (Agustín I) y condena la política hipócritamente federalista de Antonio López de Santa Anna.

El último gran personaje con quien tropieza Fray Servando es, como dije, el poeta Heredia, curioso polemista lleno aquí de una sintomática impavidez. Son dos identidades fuertes en oposición: el yo del fraile, superlativo y a punto de ser soberbio, y el yo de Heredia, que es también el de la emancipación humana, pero sin apartarse de su origen en la belleza y la poesía. Servando es ya, en ese momento, un hombre viejo. Y está cansado. Sus alucinaciones adoptan la forma de revelaciones. Cuando poco después muere, no es muy consciente de la muerte. Acaso por ese motivo no hay reposo para él: momificado, su cuerpo alimenta la avidez de extrañeza de un célebre circo en Bélgica, donde es exhibido como una víctima de la Santa Inquisición.

Heredero parcial del Novás Calvo de *El negrero* (1933), y precursor, en algún sentido, de determinados procedimientos estilísticos del Fernando del Paso de *Palinuro de México* (1977), del Miguel Otero Silva de *Lope de Aguirre, príncipe de la libertad* (1979), del Carpentier de *El arpa y la sombra* (1979), y del Denzil Romero de *La tragedia del Generalísimo* (1983), Reinaldo Arenas añadió novedad al panorama narrativo hispanoamericano a fines de los años sesenta. Asoció y ajustó –en una maquinaria verbal chisporroteante, nutrida por la demasía, la búsqueda de toda emancipación y el caos del corazón humano– los ritmos y aciertos de los sistemas de fabulación que le precedieron, y escribió la que es, sin duda, unas de las mejores novelas del ámbito de nuestra lengua.

A MODO DE EPÍLOGO

Aunque este libro dialoga, de manera bastante exclusiva, con los textos que he convocado, resulta obvio que, por encima de esos registros particulares, o por debajo de ellos, hay fuerzas de conexión y desconexión.

El contexto cultural cubano de los sesenta, signado muy al principio por la intensidad del intercambio con la cultura mundial –y en ese sentido la labor de *Lunes de Revolución*, por ejemplo, es incomparable[1]–, iba reproduciendo aquí y allá, con las prescripciones y autoprescripciones de rigor, el clima juvenil, utopista y desenfadado que envolvía a la creación en aquel momento. La idea de la revolución social dialogaba de manera urgente y viva con la idea de la revolución en la cultura. Sin embargo, el hecho mismo de una Revolución en el poder, más el poder concreto de una Revolución, formularon desde el inicio (y formulan aún) preguntas en torno al sitio del arte, la literatura y el papel –de la índole que fuera, siempre que se tratase de un desempeño articulable con el programa revolucionario– de los intelectuales, artistas y escritores.

Los sesenta fueron la nebulosidad de la *New Age*, la crisis de la alta cultura, el movimiento *hippie*, los condenados de la tierra de Franz Fanon, la sucesión de golpes de estado en países de América Latina y África, el LSD y el «efecto Huxley», la visualidad *otra* de la *nouvelle vague*, las frívolas y serias conversaciones con la cultura oriental, el pensamiento (y asesinato) de los líderes negros norteamericanos, el feminismo velludo, la música de *The Beatles*, las formas emulsionadas del vanguardismo internacional –los *graffiti*, el *pop art*, el *happening*, la instalación, el *collage*, el arte conceptual, el *comic* erótico–, la derrota de la invasión imperialista en Playa Girón, la generación *beat* (con sus *beatniks* y, desde luego, con los *angry young men*, sus homólogos británicos), el reacomodo (más mental que social) de las llamadas sexualidades periféricas, el «Cordobazo», el turbio asesinato de J. F. Kennedy, los tanques soviéticos

---

[1] Podríamos, asimismo, pensar en lo que aportaron revistas entonces emergentes, en especial la labor, en los primeros años sesenta, de *La Gaceta de Cuba* y *Unión*, ambas de la UNEAC.

entrando en Praga y terminando con la llamada «Primavera de Praga», el no a la guerra y el sí a los sensuales chicos y chicas de las flores, el surgimiento del llamado Nuevo Cine Latinoamericano, la muerte del Che Guevara en Bolivia, la rebelión de París −con su literariedad llena de doctrinas («seamos realistas: pidamos lo imposible») y Jean-Paul Sartre repartiendo octavillas−, la matanza de estudiantes en Tlatelolco, el *Marat/Sade* de Peter Weiss/Peter Brook, la guerra de Vietnam, la labor de la Casa de las Américas, el festival de rock de Woodstock −símbolo durante mucho tiempo de la contracultura y maniobra comercial de la Capitol Records−, la creación en Chile de la coalición Unidad Popular, la celebración de *Documenta* (la II, III y IV ediciones de ese importante encuentro de las artes visuales), el rechazo (romántico y muy juvenil) del materialismo en tanto estilo de vida[2], el no pensar que las personas de otras culturas son peligrosas (una ingenuidad)[3], y el intento de transformación espiritual del individuo (otra ingenuidad) mediante el pensamiento trascendentalista y su nexo con las llamadas energías cósmicas.

Para lo que fue el *humus* creativo[4] de aquellos años en el campo de la escritura de ficciones en Cuba, la aparición de ciertas obras −*El astillero* (1960), de

---

[2] Pensemos en la película *El graduado* (1967), de Mike Nichols, con su preciso ambiente, la glamorosa (y hoy nostálgica) música de Simon & Garfunkel y el choque del ideal práctico de la señora Robinson con la descacharrante ingenuidad del protagonista.

[3] O sea, la intención era que ese «no pensar que...» tuviera un efecto de realidad muy inmediato, muy utópico, muy radical, pero sabemos que la historia de la xenofobia, por lo menos desde los sesenta hasta hoy, es también, en parte, la historia de la crueldad humana, la guerra, la opresión y la indignidad de la mayor parte de los gobiernos y las teocracias fundamentalistas.

[4] La constancia de las erupciones culturales en los sesenta se revela bien, por ejemplo, dentro del contexto de las publicaciones dedicadas al pensamiento, la información y el debate sobre el arte y la literatura. No hay más que observar las experiencias generales y personales de quienes, como mínimo, fueron testigos de las polémicas (abiertas o soterradas) de aquellos años. Las reuniones de Fidel Castro con los intelectuales, el ICAIC, *Lunes de Revolución*, el Consejo Nacional de Cultura, las visitas de Jean-Paul Sartre, las sesiones del Congreso Cultural de La Habana, las revistas de la UNEAC, las jornadas del Salón de Mayo, o un documento (una misiva de talante ensayístico) tan revelador como el que se conoce bajo el título de *El socialismo y el hombre el Cuba*, del Che Guevara, son espacios, hitos y vivencias que en conjunto resultaron acuciantes y aleccionadoras y cuyo mejor saldo, el auténticamente creativo, vino a malograrse pocos años más tarde bajo los efectos del Congreso Nacional de Educación y Cultura, en 1971. Sin embargo, ya desde antes habían empezado a verse y sentirse los signos de una especie de preludio de aquel dislate político. La información acerca de diversos movimientos artísticos de la posvanguardia europea y norteamericana comenzó a ausentarse hasta casi apagarse, y la sustituyeron −es un mero ejemplo− abstrusas selecciones de literatura húngara, polaca, checa, búlgara y de otros países socialistas. El cambio, que me abstengo de juzgar en una nota al pie, señaló una etapa de eslavofilia programática capaz, en principio, de marcar muy bien la

Juan Carlos Onetti; *Sobre héroes y tumbas* (1961), de Ernesto Sábato; *La ciudad y los perros* (1962), de Mario Vargas Llosa; *El Siglo de las Luces* (1962), de Alejo Carpentier; *La muerte de Artemio Cruz* (1962), de Carlos Fuentes; *Rayuela* (1963), de Julio Cortázar; *Paradiso* (1966), de José Lezama Lima, y *Cien años de soledad* (1967), de Gabriel García Márquez, por citar sólo algunas– significó el levantamiento de referentes canonizables que, al ser poco menos que refractarios a la imitación (no así a un vasto influjo aleccionador), se transformaron de inmediato en pautas de excelencia estilístico-compositiva. Por otra parte, y en última instancia, eran muy vigorosos los poderes gravitatorios de los asuntos traídos por la Revolución, tópicos a los que se adiciona el concierto de preocupaciones estéticas emanadas de un campo cultural de extrema movilidad, cuyo tejido fue inseparable de las radicales transformaciones sociopolíticas ocurridas después de 1959.

La congruencia (más o menos relativa) que podemos establecer, al referirnos en bloque a los años sesenta, entre el magma de búsquedas de índole conceptual –graficadas en tipos de discurso que, de alguna manera, expresan la sobresaturación del pensamiento cultural– y las escrituras propuestas por la ficción en un cuerpo de obras que aluden *casi todo el tiempo* a la realidad cubana (la del presente de entonces, la del pasado inmediato que forcejea con ese presente), es algo que puede comprobarse sobre todo si tomamos en cuenta las proposiciones (por lo general interrogativas, dueñas de un talante ecuménico y que señalan diversos microprocesos de desautomatización formal) de textos como *Los niños se despiden*, de Pablo Armando Fernández; *Biografía de un cimarrón*, de Miguel Barnet; *El Siglo de las Luces*, de Alejo Carpentier; *Los años duros*, de Jesús Díaz; *Tres tristes tigres*, de Guillermo Cabrera Infante; *Paradiso*, de José Lezama Lima; *El mundo alucinante*, de Reinaldo Arenas; *El viaje*, de Miguel Collazo; *Memorias del subdesarrollo*, de Edmundo Desnoes;

---

diferencia y de anunciar el tipo de preceptiva cultural que se avecinaba, hija de la intención de borrar –y debemos situarnos en las mentes de quienes trazaron los fundamentos de aquel esbozo de política cultural, entre la Santa Inquisición y la Santa Estulticia– las amenazas de eso que se llamó diversionismo ideológico, mientras la eslavofilia se metamorfoseaba en una burbuja artificiosa cuya prosperidad no fue por suerte, si pensamos en ese estatuto delirante que se llamó *realismo socialista*, un hecho *rítmico* (con una asiduidad real y efectiva, quiero decir) dentro de la narrativa cubana de entonces. Recomiendo vivamente la lectura de *Polémicas culturales de los 60* (compilación y prólogo de Graziella Pogolotti, Editorial Letras Cubanas, 2006), en especial el «cruce de espadas» que me parece más interesante en relación con mis indagaciones: la discusión, en 1964, de Ambrosio Fornet con José Antonio Portuondo (o de Portuondo con Fornet) a partir del prólogo que escribió Portuondo a *El derrumbe*, novela de José Soler Puig dada a conocer a inicios de la década.

Vivir en Candonga, de Ezequiel Vieta; *El escudo de hojas secas*, de Antonio Benítez Rojo; *Adire y el tiempo roto*, de Manuel Granados; *Pasión de Urbino*, de Lisandro Otero; *Siempre la muerte, su paso breve*, de Reynaldo González; *Circulando el cuadrado*, de César López; *De donde son los cantantes*, de Severo Sarduy, y *Presiones y diamantes*, de Virgilio Piñera, entre otros.

En ese núcleo esencialmente novelesco, donde se propone la fundación o de hecho se fundan sistemas de escritura capaces de modelar sus correspondientes mundos, se hila y enrama un espacio interlocutivo en sintonía con las esencias (o las que creemos que son las esencias) de una época. En lo que respecta a dichas obras, el lector ideal del momento es testigo, entre otras cosas, del sinfonismo cultural en torno a lo cubano, la otredad lírica de la historia en sus fuentes identitarias fundamentales, los desempeños del sujeto en *condiciones de Revolución*, la verdad de la Historia como verdad también ficcional, la *poiesis* del yo en tanto viaje iniciático, el drama de las revoluciones dentro del individuo *despierto*, las figuraciones emblemáticas de la deshumanización a causa de la violencia y la neurosis global, y la fisiología de la identidad periférica como desplazamiento hacia una centralidad inocultable.

Si mis *estudios del natural* (como los definí al inicio de este libro) no mienten, o si alcanzan a describir analíticamente el núcleo de determinados fenómenos, aun cuando mis consideraciones se sitúen dentro de un margen de subjetividad crítica presuntiva, podré creer, pues, en el hecho de que las luces y las sombras de la narrativa cubana de los años sesenta contribuyeron a dramatizar una puesta en escena donde se desplegó, con todas sus singularidades y anomalías, la disputa por el lenguaje de la Modernidad, por el acople con las exigencias estéticas (ya perentorias) de lo moderno. Y esa querella, ni más ni menos que un ansia de recuperación y concurrencia, en lo artístico, respecto de las viejas (pero latentes) incitaciones de las vanguardias, se realiza en medio del complejo diálogo entre dos organismos: el insular, como sistema de historia y cultura secularmente abierto, y el de la Revolución como sistema emergente, en la cima de la Modernidad, para la refundación (práctica, simbólica) de la Utopía.

La Habana,
noviembre de 2004 - febrero de 2008

Bibliografía

Abascal, Jesús (1963): *Soroche y otros cuentos*. La Habana: Ediciones El Puente.
— (1967): *Staccato*. La Habana: Unión.
Alonso, Dora (1966): *Ponolani*. La Habana: Ediciones R, Serie del Dragón.
Arenal, Humberto (1964): *El tiempo ha descendido*. La Habana: Ediciones R.
— (1967): *Los animales sagrados*. La Habana: Instituto del Libro.
Arenas, Reinaldo (1967): *Celestino antes del alba*. La Habana: Unión.
— (1969): *El mundo alucinante*. Madrid: Diógenes.
Arrufat, Antón (1964): *Mi antagonista y otras observaciones*. La Habana: Ediciones R.
Auden, Wystan Hugh (1977): *La mano del teñidor*. Barcelona: Seix Barral.
Auerbach, Erich (1960): *Mimesis*. México DF: Fondo de Cultura Económica.
Barnet, Miguel (1966): *Biografía de un cimarrón*. La Habana: Instituto de Etnología y Folklore.
— (1969): *Canción de Rachel*. La Habana: Instituto del Libro.
Bellemin-Noël, Jean (2002): «Lo fantástico y el inconsciente». En *Quimera* 218-219: 51-56.
Benítez Rojo, Antonio (1967): *Tute de Reyes*. La Habana: Casa de las Américas.
— (1969): *El escudo de hojas secas*. La Habana: Unión.
Bourdieu, Pierre (1967): «Campo intelectual y proyecto creador». En Aa.Vv.: *Problemas del estructuralismo*. México DF: Siglo xxi Editores, 135-182.
Brunette, Peter & Wills, David: (2006): «Las artes espaciales. Una entrevista con Jacques Derrida». En *Acción Paralela: ensayo, teoría y crítica del arte contemporáneo* 1: <http://www.accpar.org/numero1/derrida1.htm>.
Buchloh, Benjamin & Chevrier, Jean-François & David, Catherine (2006): «El potencial político del arte». En *Acción Paralela: ensayo, teoría y crítica del arte contemporáneo* 4: <http://www.accpar.org/numero4/buchloh.htm>.
Cabrera Infante, Guillermo (1960): *Así en la paz como en la guerra*. La Habana: Ediciones R.

— (1989): *Tres tristes tigres*. Caracas: Biblioteca Ayacucho.
CALABRESE, Omar (1989): *La era neobarroca*. Madrid: Cátedra.
CARPENTIER, Alejo (1962): *El Siglo de las Luces*. La Habana: Ediciones R.
— (2003): *La cultura en Cuba y en el mundo*. La Habana: Letras Cubanas.
CASEY, Calvert (1962): *El regreso*. La Habana: Ediciones R.
COFIÑO, Manuel (1969): *Tiempo de cambio*. La Habana: Ministerio de las Fuerzas Armadas Revolucionarias.
COLLAZO, Miguel (1966): *El libro fantástico de Oaj*. La Habana: Unión.
— (1968): *El viaje*. La Habana: Unión.
CULLER, Jonathan (1982): *Sobre la deconstrucción*. Madrid: Cátedra.
CHAPLE, Sergio (1969): *Usted sí puede tener un Buick*. La Habana: Instituto del Libro.
CHIAMPI, Irlemar (1986): *El realismo maravilloso*. Caracas: Monte Ávila.
DESNOES, Edmundo (1961): *No hay problema*. La Habana: Ediciones R.
— (1965): *Memorias del subdesarrollo*. La Habana.
DÍAZ, Jesús (1966): *Los años duros*. La Habana: Casa de las Américas.
DÍAZ LLANILLO, Esther (1966): *El castigo*. La Habana: Ediciones R.
EGUREN, Gustavo (1969): *Algo para la palidez y una ventana sobre el regreso*. La Habana: Unión.
EMPSON, William (1961): *Seven Types of Ambiguity*. London: Penguin Books.
FEIJÓO, Samuel (1964): *Juan Quinquín en Pueblo Mocho*. Santa Clara: Universidad Central de Las Villas.
FERNÁNDEZ, Pablo Armando (1968): *Los niños se despiden*. La Habana: Casa de las Américas.
FISH, Stanley (1972): *Self-Consuming Artifacts*. Berkeley: Berkeley University Press.
FOUCAULT, Michel (1980): «El ojo del poder». En Bentham, Jeremy: *El panóptico*. Barcelona: Ediciones La Piqueta.
— (1989): *Las palabras y las cosas*. México, DF: Siglo XXI Editores.
FUENTES, Norberto (1989): *Condenados de Condado*. La Habana: Casa de las Américas.
GADAMER, Hans-Georg (1996): «El elemento lúdico del arte». En *La actualidad de lo bello*. Barcelona: Paidós, 66-83.
GARCÍA CANCLINI, Néstor (1990): *Culturas híbridas. Estrategias para entrar y salir de la modernidad*. México, DF: Grijalbo.
GARCÍA VEGA, Lorenzo (1960): *Cetrería del títere*. Santa Clara: Universidad Central de Las Villas.
GONZÁLEZ DE CASCORRO, Raúl (1962): *Gente de Playa Girón*. La Habana: Casa de las Américas.
GONZÁLEZ, Reynaldo (1964): *Miel sobre hojuelas*. La Habana: Ediciones R.
— (1968): *Siempre la muerte, su paso breve*. La Habana: Casa de las Américas.
GONZÁLEZ ECHEVARRÍA, Roberto (1999): *La prole de Celestina. Continuidades del barroco en las literaturas española e hispanoamericana*. Madrid: Colibrí.

GRANADOS, Manuel (1967): *Adire y el tiempo roto*. La Habana: Casa de las Américas.
HERAS León, Eduardo (1968): *La guerra tuvo seis nombres*. La Habana: Casa de las Américas.
HERRERO, Juan Luis (1967): *Tigres en El Vedado*. La Habana: Unión.
HOBSBAWM, Eric (1998): «La historia es universal o no es». En *El Mercurio* de Chile, 22 de noviembre, Sección Artes y Letras: <http://members.tripod.com/~propolco/monograf/hobsbawm.htm>.
JAMESON, Frederic (1986): «El posmodernismo o la lógica cultural del capitalismo tardío». En *Casa de las Américas* 155-156, marzo-junio: 141-173.
JORGE CARDOSO, Onelio (1960): *El caballo de coral*. Santa Clara: Departamento de Cultura del Gobierno Municipal Revolucionario.
— (1964): *La otra muerte del gato*. La Habana: Unión.
— (1966): *Iba caminando*. La Habana: Ediciones Granma.
— (1969): *Abrir y cerrar los ojos*. La Habana: Unión.
LEZAMA LIMA, José (1966): *Paradiso*. La Habana: Unión.
LITTLE, Edmund (1989): «Towards a definition of fantasy». En *Essays in Poetics* 5 (2): 66-83.
LÓPEZ, César (1963): *Circulando el cuadrado*. La Habana: Ediciones R.
LORENZO FUENTES, José (1968): *Después de la gaviota*. La Habana: Casa de las Américas.
LLANA, María Elena (1965): *La reja*. La Habana: Ediciones R.
LLOPIS, Rogelio (1962): *La guerra y los basiliscos*. La Habana: Unión.
MILLER, Henry (1965): *El ojo cosmológico*. Buenos Aires: Siglo Veinte.
MORAWSKI, Stefan (1994): «Reflexiones polémicas sobre el postmodernismo». En *Criterios* 32: 29-55.
NAVARRO, Noel (1968): *El plano inclinado*. La Habana: Instituto del Libro.
OTERO, Lisandro (1963): *La situación*. La Habana: Casa de las Américas.
— (1967): *Pasión de Urbino*. La Habana: Instituto del Libro.
PIÑERA, Virgilio (1963): *Pequeñas maniobras*. La Habana: Ediciones R.
— (1967): *Presiones y diamantes*. La Habana: Unión.
POGOLOTTI, Graziella (2003): *Experiencia de la crítica*. La Habana: Letras Cubanas.
— (ed.) (2006): *Polémicas culturales de los 60*. La Habana: Letras Cubanas.
RODRÍGUEZ, Nelson (1964): *El regalo*. La Habana: Ediciones R.
SARDUY, Severo (1968): *De donde son los cantantes*. México DF: Joaquín Mortiz.
SARUSKY, Jaime (1961): *La búsqueda*. La Habana: Ediciones R.
— (1967): *Rebelión en la octava casa*. La Habana: Instituto del Libro.
SARRAUTE, Nathalie (1967): *La era del recelo*. Madrid: Guadarrama.
SEGRE, Cesare (1985): «La ficción literaria». En *Principios de análisis del texto literario*. Barcelona: Crítica.
SOLER PUIG, José (1960): *Bertillón 166*. La Habana: Casa de las Américas.

SONTAG, Susan (1996): *Contra la interpretación*. Barcelona: Alfaguara.
TAMAYO, Évora (1965): *La vieja y la mar*. La Habana: Ediciones R.
TEJERA, Nivaria (1959): *El barranco*. Santa Clara: Universidad Central de Las Villas.
VALÉRY, Paul (2002): «Recuerdos literarios». En *Reflexiones*. México DF: UNAM.
VIETA, Ezequiel (1963): *Libro de los epílogos*. La Habana: Unión.
— (1966): *Vivir en Candonga*. La Habana: Unión.

www.ingramcontent.com/pod-product-compliance
Lightning Source LLC
Chambersburg PA
CBHW020613300426
44113CB00007B/622